दर्रा-दर्रा हिमालय

साहसिक यायावरी की गाथा

अजय सोडानी

दर्रा-दर्रा हिमालय

साहसिक यायावरी की गाथा

राजकमल प्रकाशन

पहली बार राजकमल प्रकाशन के उपक्रम **सार्थक** से 2014 में प्रकाशित

ISBN : 978-81-267-2672-1

मूल्य : ₹695

पहला संस्करण : 2014
दूसरा संस्करण : 2024

प्रकाशक : राजकमल प्रकाशन प्रा. लि.
1-बी, नेताजी सुभाष मार्ग, दरियागंज
नई दिल्ली-110 002
शाखाएँ : अशोक राजपथ, साइंस कॉलेज के सामने, पटना-800 006
पहली मंजिल, दरबारी बिल्डिंग, महात्मा गांधी मार्ग, प्रयागराज-211 001
1, अनमोल सोराबजी संतुक लेन, धोबी तलाव, मरीन लाइंस, मुम्बई-400 002
वेबसाइट : www.rajkamalprakashan.com
ई-मेल : info@rajkamalprakashan.com

मुद्रक : विकास कंप्यूटर एंड प्रिंटर्स
ट्रॉनिका सिटी-201 102

DARRA-DARRA HIMALAYA
by Ajoy Sodani

माँ के लिए
जिसने यह जीवन दिया
प्रेमिका (अब पत्नी) के लिए
जिसने उसे जीवन्त किया

आभार

मेरे मित्र राकेश शर्मा, राजेश शर्मा, पंकज अग्रवाल और ज्योति जैन का—यात्रानुभवों को लिपिबद्ध करने को मुझे बाध्य करने के लिए

अपने परिवार का—एकाधिक दुर्घटनाओं के बावजूद पुनः-पुनः हिमालय पर लौटने की अनुमति देने के लिए

राजकमल प्रकाशन का—एक अनाम लेखक का लिखा आप तक पहुँचाने का साहस करने के लिए

और

सोनी (राजीव रावत), रनी, बिहारी तथा उन अनाम कुलियों का—जिनके बिना ये यात्राएँ असम्भव थीं

GHASTOLI

क्रम

ऑडेन कॉल अभियान

कुछ क़दम पांडवों के पदचिन्हों पर

प्रवेशिका

हिमालय पर हमारी यात्राओं का श्रीगणेश गढ़वाल स्थित चार धामों की यात्रा की तैयारियों के साथ सन् 2001 में हुआ। हिमालय पर जाने के सिर्फ़ ख़याल मात्र ने मन को एक विचित्र तरह के भय और उत्कंठा मिश्रित आनन्द से भर दिया था। उस समय तक हिमालय के बारे में मेरा ज्ञान तीन स्रोतों पर आधारित था—पहला स्रोत था स्कूली पुस्तकें—जिनसे तेनझिंग आदि पर्वतारोहियों के बारे में मालूमात हुई, दूसरा स्रोत था पौराणिक कथाएँ जिनमें से अधिकांशत: मैंने बचपन में कथावाचकों के मुख से सुनी थीं। तीसरा, सबसे महत्त्वपूर्ण तथा दिल के सर्वाधिक क़रीब स्रोत था घर के बड़े-बुज़ुर्ग और उनमें भी मेरी नानी जो कि 1972-73 में गढ़वाल हिमालय में गई थीं। वहाँ एक भीषण बस दुर्घटना से चमत्कारिक रूप से बचकर वे न सिर्फ़ लौटीं बल्कि उस दुर्घटना में स्वयं के हाथ-पैर तुड़वाने तथा अपनी सगी बहन को गँवाने के बावजूद, कुछ वर्षों पश्चात ही वे हिमालय पर लौट गईं, अधूरी यात्रा पूरी करने हेतु! बालमन के किसी कोने पर अंकित ये बातें ही आज मन में भय और उत्कंठा मिश्रित भाव पैदा कर रही थीं।

समय के साथ एक बात न जाने कहाँ से दिल में समा गई कि यदि हिमालय को महसूस करना है तो पौराणिक कथाओं में दर्शाए स्थलों एवं मार्गों पर एक बार फिर चलकर देखना चाहिए। चुनांचे उन मार्गों और ऐसे स्थलों की दरियाफ़्त ज़ोर-शोर से आरम्भ हो गई। इस दौरान एक ऐसे मार्ग की जानकारी हासिल हुई, जिससे होकर

हमारे पूर्वज गंगोत्तरी से केदारनाथ तक पैदल जाया करते थे। यह मार्ग लाटा ग्राम से शुरू होकर, बेलाक होते हुए, बूढ़ा केदार तक जाता है तथा आज भी अपने पुराने स्वरूप में महफ़ूज़ है। पूर्वजों के पदचिह्नों को खोजने हेतु, हमारी पहली पैदल यात्रा, इसी मार्ग पर मई, 2001 में प्रारम्भ हुई।

हिमालय की घाटियों में विचरती वायु में ऐसा कुछ घुला है कि वह फेफड़ों में प्रवेश करते ही आपको मदमस्त कर देती है। हिमालय पर यत्र-तत्र बिखरे झरनों के जल में जाने क्या है कि उसका घूँट मात्र ही हलक़ के नीचे जाते-न-जाते आप मदहोश हो जाते हैं। हिमालय के उत्तुंग हिम शिखरों में, घने जंगलों में और उसके हृदय को चीरकर निकले रंगीन पुष्पों में न जाने क्या है कि उन पर नज़र डालते ही आप मस्तमौला हो जाते हैं, विवश हो जाते हैं—पुनः-पुनः वहाँ लौटने के लिए। ऐसा ही कुछ हमारे साथ भी हुआ।

पौराणिक कथाओं की सत्यता जाँचने, हिमालय के विलुप्त हो रहे सौन्दर्य को मापने और वहाँ के जनजीवन को भाँपने के आग्रह से शुरू हुई ये यात्राएँ न जाने कब स्वयं को ढूँढ़ने की प्रक्रिया में तब्दील हो गईं—मालूम ही नहीं पड़ा। स्वयं से छुपे बैठे स्वयं को ढूँढ़ने की लालसा और बेचैनी हमें साल-दर-साल हिमालय के ऊँचे-ऊँचे दर्रों पर ले जाने लगी। इसी बेख़ुदी में हम तब से—कुश कल्याण, बूढ़ा केदार, ऋषियों की साधना स्थली-तपोवन, बालीपास (17500 फ़ीट), कालिन्दी खाल पास (19890 फ़ीट), दरवा टॉप (14500 फ़ीट), गणेश की जन्मस्थली-डोडी ताल, शंकर एवं काली माँ की मिलन स्थली-रूपकुंड, दुर्योधन के छुपने के गुप्त स्थल-हर की दून, महादेव की नृत्य स्थली-रुदुगैरा, पांडवों द्वारा पदाक्रान्त-ऑडेन कॉल (17800 फ़ीट) एवं धूमधार कांडी (18000 फ़ीट) तथा लद्दाख हिमालय के दर्रों में—अब तक भटक रहे हैं। इस यायावरी के दौरान अपना स्वरूप बदलते गंगोत्तरी, खतलिंग, रुदुगैरा, कालानाग आदि अनेक ग्लेशियर मेरे कैमरे में छुप महफ़ूज़ हो गए, तथा इसी दौरान अपनी दुकानदारी समेटने को उद्यत कई सरोवरों से भी मुलाक़ात हुई, जैसे कि वासुकी ताल, बेदनी ताल, सोकर लेक आदि। मेरे इष्ट-मित्रों का मानना है

कि इन दिशाहीन, लक्ष्यविहीन यात्राओं से न तो हमें कुछ मिला है न ही आगे कुछ हासिल होगा। वे हमेशा समझाते हैं कि हिमालय का पीछा छोड़ अब हमें विदेश यात्राएँ कर दुनिया के साथ चलना आरम्भ करना चाहिए। अति दबाव के बावजूद जब हिमालय नहीं छूटा तब मैं यह मानने लगा कि मुझे हिमालय की लत पड़ गई थी तथा स्वयं की तलब पूर्ति हेतु मैं साल दर साल अपने मासूम बच्चे एवं पत्नी की जान जोखिम में डालता हूँ। इस ख़याल ने मुझे विषादग्रस्त कर दिया था। ख़ुद अपने अनुभव को छुपाता कि उनको सुन लोग हँसेंगे। यहाँ तक कि तसवीरें एवं चलचित्र भी कभी इस डर से किसी के साथ पूरी तरह साझा नहीं किए कि लोग बोर हो जाएँगे। पर कालान्तर में हुई एक घटना से मुझे संकेत मिला कि कुछ लोग दुनिया के इस हिस्से से नितान्त अपरिचित हैं तथा उनमें हिमालय के बारे में जानने की चाहत है। वह वाक़िआ बिना किसी काट-छाँट के आपके समक्ष रखता हूँ—

सितम्बर, 2009 की बात है। एक प्रसिद्ध फ़ोटो प्रोसेसिंग लैब में, पच्चीस वर्षीय नवयुवक—पांडे के साथ बैठकर अपने 'ऑडेन कॉल अभियान' के फ़ोटो प्रोसेस करवा रहा था। फ़ोटो प्रिंटिंग की कला में दक्ष पांडे की आँखें प्रिंट्स देखकर विस्फारित हो गईं—

"ये क्या स्विट्ज़रलैंड के फ़ोटो हैं?" उसने एक प्रिंट को ग़ौर से देखते हुए पूछा।

"नहीं, यह हिमालय है।" मैंने उत्तर दिया।

"यही तो, अपने देश में ऐसी सुन्दर जगह कहाँ है?" उसने अपने सहकर्मी को वह फ़ोटो देखने को देते हुए कहा। उसकी वाणी में एक 'असुन्दर' देश में रहने का दर्द साफ़ झलक रहा था।

पांडे के इस उत्तर से मैं कुछ हड़बड़ाया, लगा कि वह पढ़ा-लिखा, कम्प्यूटर एक्सपर्ट, शायद मज़ाक़ कर रहा हो। लेकिन वह तो पूरी गम्भीरता से एक के बाद दूसरा प्रिंट हाथ में उठाकर, उसका अवलोकन कर, अपने सहकर्मियों को दे रहा था। उसके साथी भी पूरी तल्लीनता के साथ फ़ोटो के मज़े ले रहे थे—बिना किसी असमंजस का भाव चेहरे पर लाए।

मुझसे नहीं रहा गया, "पर पांडे जी, हिमालय तो हमारे देश का हिस्सा ही है।"

"अच्छा, कहाँ है यह?" पांडे ने बड़ी संजीदगी से पूछा।

शिक्षा के कूप में पले-बढ़े इन मंडूकों ने मेरे हृदय-स्थल को हिलाकर रख दिया। उसी क्षण मन में विचार आया एक पुस्तक के रूप में अपने अनुभवों को लिपिबद्ध करने का जो सबको आकर्षित करे हिमालय की ओर, प्रकृति की ओर तथा प्राकृतिक विपदाओं के सम्भावित कारणों की ओर। मन में उबलते क्रोध और ग्लानि को पराभूत करने की चेष्टा करते हुए मैंने पांडे तथा उसके साथियों की एक क्लास ले डाली हिमालय पर।

"पांडे जी" मैंने कहा, "'हिम' का मतलब होता है बर्फ़ और 'आलय' का मतलब होता है 'घर' यानी बर्फ़ का घर। हिमालय किसी एक पहाड़ या स्थान विशेष का नाम नहीं है। यह पहाड़ों की एक अविरत श्रृंखला है जो कि भारत के उत्तर में, पूर्व से पश्चिम की ओर, लगभग पन्द्रह सौ मील तक फैली है। यहाँ उत्तरी एवं दक्षिणी ध्रुवों के पश्चात सबसे ज़्यादा बर्फ़ है अतएव इसे दुनिया का तीसरा ध्रुव या 'थर्ड पोल' भी कहा जाता है। हालाँकि हिमालय का काफ़ी हिस्सा पाकिस्तान, चीन, नेपाल, तिब्बत, भूटान आदि देशों में भी है लेकिन उसका एक बड़ा एवं सबसे महत्त्वपूर्ण हिस्सा हमारे देश का मुकुट है। आप लोगों ने बद्रीविशाल या अमरनाथ आदि नाम तो सुने ही होंगे, ये दोनों हिमालय श्रृंखला में ही स्थित हैं।"

"ओ! हाँ अमरनाथ, क्या वह भी हिमालय में है, मैं तो समझता था कि वह कश्मीर में है?" धन्यवाद धर्म पर की जा रही राजनीति का जिसके चलते 'अमरनाथ' की गूँज हर भारतीय कान में पड़ चुकी थी।

"पांडे भाई, पूरा का पूरा कश्मीर हिमालय की गोद में बसा है—अमरनाथ हिमालय श्रृंखला के उस हिस्से में है जिसे मानवों ने नक़्शे पर 'जम्मू कश्मीर' कहकर चिह्नित किया है, इसी तरह बद्रीनाथ गढ़वाल हिमालय में है।"

"गढ़वाल?" पांडे के स्वर में प्रश्न था!

"भारत के नक़्शे के उत्तरी हिस्से को ध्यान में लाओ जरा।

सिंधु नदी, जो इस हिस्से के पश्चिम में है और ब्रह्मपुत्र नदी जो कि इसके पूर्व में है—इसके मध्य में स्थित पर्वतों की शृंखला हिमालय कहलाती है—इस शृंखला के लगभग मध्यवाला जो हिस्सा है वह 'गढ़वाल' कहलाता है। सैकड़ों वर्ष पूर्व यह हिस्सा छोटी-छोटी बावन रियासतों में बँटा था और हर रियासत में एक गढ़ या दुर्ग हुआ करता था—अत: इसको 'गढ़वाल' कहा जाने लगा। इन रियासतों में आपस में सदा युद्ध होते रहते थे। कोई पाँच सौ वर्ष पूर्व किसी महारथी ने इनमें से इक्यावन गढ़ों को जीतकर एक बड़ी रियासत को जन्म दिया। 'गढ़वाल' और बची हुई इकलौती रियासत 'कुमाऊँ' कहलाई। आप लोगों ने अपने बचपन में गणेश जन्म, शंकर के तांडव, गंगा के मृत्युलोक में अवतरण, काली का शंकर के सीने पर पाँव रखकर खड़े होना या पांडवों का स्वर्ग की ओर पैदल जाना, ऐसी अनेक कथाएँ सुनी होंगी—पौराणिक साहित्य के अनुसार ये सारी घटनाएँ हिमालय के गढ़वाल एवं कुमाऊँ में ही घटित हुई थीं।"

"ये सब तो हमने कभी पढ़ा नहीं, लेकिन आपकी बातें सुनकर और ये छायाचित्र देखकर अब हमारी भी इच्छा हो रही है कि एक बार हिमालय पर जाएँ।"

मैंने सन्तुष्टि भरी एक निगाह पांडे और उसके साथियों पर डाली, 'ऑडेन कॉल' अभियान के छायाचित्र समेटे और उठकर बाहर आ गया। बाहर हल्की बारिश हो रही थी, बारिश की बूँदों ने मेरे मन में पड़ गए 'दर्रा-दर्रा हिमालय' के बीजों को सींचना शुरू कर दिया था।

*

इस पुस्तक के माध्यम से आपके समक्ष कालिन्दी खाल और ऑडेन कॉल के अभियानों के दौरान हुए कुछ अनुभवों तथा इसी दौरान उपजे कुछ विचारों को रखने की मंशा है। पुस्तक के प्रथम कुछ पृष्ठ पढ़ते ही भाषा एवं भूगोल को लेकर मेरी अज्ञता आपके समक्ष उजागर हो ही जाएगी, अत: बेहतर होगा कि त्रुटियों के लिए क्षमा-याचना के साथ

मैं स्वयं स्वीकार कर लूँ कि मेरा भाषा का ज्ञान शून्य है और भूगोल तथा भौगोलिक परिवर्तनों को लेकर मेरा कोई विद्वत्ता का आग्रह नहीं है। परन्तु एहसास भाषा का मोहताज कहाँ होता है—शब्दों में गुँथे ये स्पन्दन यदि किसी एक हृदय तक भी पहुँच जाएँ तो अगली हिमालय यात्रा विषादमुक्त हो कर पाऊँगा।

42, कालिन्दी कुंज, पिपलियाहाना
इन्दौर-452016

—अजय सोडानी

दर्रा-दर्रा हिमालय

भाग : एक

कालिन्दी खाल

दर्रों का सिरमौर

अभियान काल

18 मई, 2005 से 7 जून, 2005

अभियान दल

अपर्णा सोडानी
अद्वैत सोडानी
राजीव रावत (गाइड)
नवीन (कुक)
रनवीर सिंह (एच.ए.पी.)
धान बहादुर (एच.ए.पी.)
रथ बहादुर (एच.ए.पी.)
सात कुली
तथा
मैं

***लिम्का बुक ऑफ़ रिकार्ड, 2006* में**
इस दर्रे को पार करनेवाले प्रथम परिवार के रूप में दर्ज

वर्ष 2001 के सितम्बर में जब हम लोग गोमुख से तपोवन जा रहे थे, तब गोमुख ग्लेशियर (बमक) पर एक बन्दर को अकेले तपोवन से विपरीत दिशा में जाता देख मैं दंग रह गया। समूह में रहने वाला एक प्राणी यहाँ अकेला किस ग़रज़ से भटक रहा था, यह ख़याल बरबस ज़ेहन में आया। भालू, सियार या तेंदुए की प्रजातियाँ तो बर्फ़ पर पाई जाती हैं, लेकिन लाल मुँह के बन्दर का बर्फ़ पर रहना सिर्फ़ किंवदन्ती में ही सुना था। तो क्या यह वह बन्दर है? किंवदन्ती के अनुसार एक बन्दर (हनुमान का अवतार) वर्षों से तपोवन में तपस्या कर रहा है और वह वर्ष में दो बार बद्रीधाम जाता है—पहाड़-पहाड़—कालिन्दी खाल पास को पार करके—एक बार बद्रीधाम के पट खुलने पर एवं दूसरी बार राखी पर। उस दिन वह वानर किधर गया, मालूम नहीं किन्तु जगा गया मेरे भीतर एक तीव्र इच्छा, संकल्प—बद्रीधाम ऊपर ही ऊपर कालिन्दी खाल पास पार करके जाने की।

सारी जानकारियाँ एकत्र कीं। कालिन्दी पास का नाम सुनकर मेरे गढ़वाली मित्र चमक जाते थे। यह कोई सुगम्य पास नहीं था। मालूम हुआ कि वह हिमालय का ही नहीं अपितु संसार का सबसे ऊँचा ट्रेकेबल पास है। इसकी ऊँचाई 19500 फ़ीट से कुछ अधिक आँकी गई है। इस पास को पार करते समय आप भारत-चीन सीमा के एकदम नज़दीक आ जाते हैं, अत: यहाँ प्रवेश के लिए परमिट बनवाना होता है। इस पास को भारतीय पर्वतारोहण संस्थान ने अभियान (Expedition) का दर्जा दिया हुआ है। इस पर जाने से पहले उक्त संस्थान से भी अनुमति लेनी होती है।

मैंने उत्तरकाशी स्थित नेहरू पर्वतारोहण संस्थान के पूर्व छात्र एवं वर्तमान में वहीं मानद शिक्षक, राजीव रावत (उर्फ़ सोनी) से फ़ोन पर सम्पर्क कर हमारे इस

अभियान का पथ प्रदर्शक बनने का निवेदन किया। कई फ़ोन किए, हर बार उसने साफ़ मना कर दिया। कारण पूछने पर कहने लगा—

"सर, कोई और ट्रेक कर लेते हैं, यह तो बेकार ट्रेक है।"

"ऐसा है तो लोग क्यों इसे पार करने को आतुर रहते हैं, सोनी?" मैंने पूछा।

बहुत सोचते हुए सोनी बोला—"सर हर साल बहुत से लोग ट्राय करते हैं कालिन्दी करने का लेकिन रेयर ही कोई पूरा करता है इसको।"

"और उसका क्या कारण है?" मैं भी कहाँ मानने वाला था।

"कई हैं सर, पर सबसे बड़ा कारण है कठिन रास्ता। वह सारा इलाक़ा मोरेन, बोल्डरों से अँटा हुआ है। सारे रास्ते क्रेवास ही क्रेवास हैं।" वह गम्भीर स्वर में बोला।

"यह तो कोई ख़ास बात नहीं हुई। इंटरनेट पर थोड़ा-बहुत जो भी उपलब्ध है मैंने पढ़ा है और मैं इस रास्ते के लिए मानसिक रूप से तैयार हूँ।" मैं अपनी ज़िद पर अड़ा रहा।

"सर बात यह भी है कि हर साल इस मार्ग पर दुर्घटनाएँ होती हैं, लोग मरते हैं। पिछले साल भी चार-पाँच लोग अपनी जान गँवा चुके हैं। छह ग्लेशियरों को पार करने में कम से कम दो सप्ताह का समय लग जाएगा, ऐसे में मौसम ख़राब हुआ तो हम मैडम और बच्चे के साथ कैसे सामना करेंगे?"

"मैडम और बच्चे को लेकर तुम्हारी चिन्ता जायज़ है सोनी, लेकिन वे दोनों भी मानसिक रूप से तैयार हैं, हर होनी-अनहोनी के लिए। प्लीज़ अब परमिट लेने की तैयारी करो।" मैं उसे मनाने की भरसक कोशिश कर रहा था, लेकिन वह कहाँ मानने वाला था, पलटकर बोला—

"सर इस पास पर भूत रहते हैं।"

"सोनी अब ऐसी बेतुकी बातों से मुझे बहकाओ मत।"

"नहीं सर, सच में। अब तक जितनी टीमें वहाँ गई हैं सब के साथ कुछ न कुछ अनहोनी हुई है। कभी लोगों को पेशाब में ख़ून आने लगता है, तो कभी वे ख़ून की उल्टी करने लगते हैं, कभी-कभी तो लोग पागल हो जाते हैं तथा पास पार करने के बाद मर जाते हैं।" सोनी ने अपना अन्तिम दाँव फेंका।

"सोनी मैं डरकर तो पीछे हटूँगा नहीं। एक बार ठान लिया है कि बद्रीधाम के दर्शन इस मार्ग से जाकर ही करना है तो वही करेंगे, तुम देख लो कि इन्तज़ाम कैसे करना है—बाक़ी ईश्वर पर छोड़ दो।" कहकर मैंने फ़ोन रख दिया।

बहुत जद्दोजहद से परमिट बने। हमें 18 मई से 28 मई के बीच अपना ट्रेक करने का परमिट मिला एसडीएम उत्तरकाशी से, हालाँकि भारतीय पर्वतारोहण संस्थान ने हमें 18 मई से 5 जून तक का समय दिया था! सुबह-शाम तीन से पाँच किलोमीटर पैदल चलना और रविवार को रालामंडल की पहाड़ी पर चढ़ना—इन्दौर में हमारी तैयारी का हिस्सा था—जो कि क़रीब दो माह तक चली। 43 डिग्री सेल्सियस पर तपते इन्दौर को छोड़ हम 17 मई, 2005 को उत्तरकाशी पहुँचे और नेहरू पर्वतारोहण संस्थान में रुके। यह एक अर्धसैनिक संस्थान है जहाँ प्रिंसिपल एवं डॉक्टर सेना से प्रतिनियुक्ति पर आते हैं। यहाँ सैनिकों एवं सामान्य जनों को पर्वतारोहण का प्रशिक्षण दिया जाता है। संस्थान के शिक्षक एवं अन्य कर्मचारियों ने जैसे ही जाना कि मैं सपरिवार कालिन्दी जाने को उद्धत हूँ, सब आश्चर्यचकित हो हमसे मिलने आए। हर व्यक्ति हमें कुछ न कुछ समझा रहा था—कोई कहता कि ऊँचाई पर पानी ख़ूब पीना, कुछ समझाते कि चूँकि इस बार बर्फ़बारी अब तक चल रही है, अत: हो सकता है कि ऊँचाई पर तापमान शून्य से भी कम मिले, अतएव स्वयं को ठंड से बचाना अत्यन्त आवश्यक है। उन लोगों ने आगे बढ़कर हमें अच्छे टेंट, कोफ्लाज (बर्फ़ पर पहनने वाले डबल जूते), गेटर्स, फेदर जैकेट, रस्सी, बर्फ़ की कुल्हाड़ी और शयन हेतु थैलों का चयन करने में सहायता की।

साथ ही साथ हमारी झोलियाँ ठसाठस भर दीं, शुभकामनाओं से। उन शुभकामनाओं से ऊर्जा ग्रहण कर हम निकल पड़े अपने अभियान पर, 19 मई, 2005 की सुबह, गंगोत्तरी की ओर।

गंगोत्तरी से भोजवासा

जीप से चार घंटे की यात्रा हमें गंगोत्तरी ले आई।

वर्षों पूर्व, 1973 में, मेरी नानी गंगोत्तरी आई थीं। उनके मुख से जो सुना था वैसा कुछ गंगोत्तरी में अभी देखने को नहीं मिल रहा था। तब तो मोटर मार्ग हर्षिल गाँव तक ही बना था। वहाँ से भैरोघाटी होते हुए गंगोत्तरी तक पैदल आना होता था। बड़े-बुजुर्ग स्वयं अपना सामान अपने सिर पर ढोते और 'हर हर गंगे' का उद्घोष करते हुए कच्चे मार्ग पर चलते—घने जंगलों के बीच तेज़ी से बहती भागीरथी नदी की लोमहर्षक आवाज़ सुनते हुए। भैरोघाटी, जहाँ तिब्बत से आने वाली जाठ गंगा का भागीरथी से मिलन होता है, पर बड़ा पुल बनने के बाद से अब तो सड़क ऐन गंगोत्तरी तक पहुँच गई है। सड़क से होकर लाखों की संख्या में सैलानी और तीर्थयात्री गंगोत्तरी पहुँचने लगे हैं। उनको सँभालने के लिए खुले छोटे-बड़े होटलों, ढाबों और दुकानों ने गंगोत्तरी मन्दिर को टिड्डीदल की तरह घेरकर छुपा दिया है। सड़क ने सिर्फ़ धर्मपिपासुओं को ही आसान मार्ग नहीं दिया उसने धनपिपासुओं की भी चाँदी कर दी। लोगों ने मार्ग में जगह-जगह पहाड़ों को खुरच-खुरचकर उसे निर्वस्त्र कर दिया। समतल मैदानों को बड़े-बड़े आश्रमों ने लील लिया और निश्छल भागीरथी को लँगड़ी मारकर रोकने के प्रयास करने वालों को सड़क ने विकास के नाम पर प्रकृति को खुलकर लूटने की छूट प्रदान कर दी।

गंगोत्तरी में सोनी हमें होटल में नहीं बैठने दे रहा था। उसकी यह सतत कोशिश रहती कि हम उस क्षेत्र में टहलते रहें। यह अनुकूलन (acclimatization) के लिए बहुत आवश्यक होता है कि व्यक्ति 8000 फ़ीट पर पहुँचने के बाद एक दिन में 1000 फ़ीट से ज़्यादा ऊँचाई न नापे तथा नई ऊँचाई पर पहुँचकर आराम करने के बजाय थोड़ा ऊपर-नीचे घूमे। दो दिनों तक यही सिलसिला चला। गंगोत्तरी और

उसके आसपास के इलाक़े को छान मारा दो दिनों में। गंगोत्तरी मन्दिर के पास राजा भगीरथ की मूर्ति को देख ख़याल आया कि यदि इस मूर्ति में प्राण आ जाएँ तो वर्तमान की गंगोत्तरी का यह रूप देखकर राजा कितना विचलित हो जाएगा। अपने पूर्वजों की भटकती आत्मा की मुक्ति के लिए अपने भगीरथ प्रयासों द्वारा स्वर्ग से उतारी गई गंगा के पहले घाट पर ही अपार कचरा—मल-मूत्र देख उसका दिल टूट जाएगा। जिस गंगा को धरा पर लाने के लिए उसे ब्रह्मा के आगे इतनी चिरौरी करनी पड़ी, जिस गंगा के प्रताप से धरा को डूबने से बचाने के लिए शंकर की कितने वर्षों तक चिलम भरनी पड़ी, उस गंगा का छोटे-बड़े बाँधों से किया जा रहा मानमर्दन क्या वह सह पाएगा? कोई आश्चर्य नहीं कि आवेश में आकर राजा भगीरथ फिर तपस्या करने बैठ जाएँ, गंगा को पुन: ब्रह्मा के कमंडल में भर दिए जाने का हठ लेकर या वह ढूँढ़ निकाले मुनि जानू को और उनसे आग्रह करे गंगा को पुन: पी जाने का!

इसी उधेड़-बुन में दो दिन कब व्यतीत हो गए मालूम नहीं पड़ा। 21 मई, 2005 को सुबह आठ बजे हमारी पैदल यात्रा का शुभारम्भ हुआ। रात्रि विश्राम चिरवासा के जंगल कैम्प में किया और 22 मई की दोपहर तक पहुँच गए भोजवासा।

भोजवासा! कहते हैं कि कभी यहाँ असंख्य भोज वृक्ष हुआ करते थे। हम सब चार वर्ष पूर्व भी यहाँ आए थे। पेड़ तो तब भी नहीं थे—हाँ भोज वृक्ष के कुछ रोपे तब लगाए जा रहे थे। उस प्रयोग की सफलता के कोई लक्षण तो नज़र नहीं आ रहे अलबत्ता पगडंडी के आसपास अब अनेक छोटे-छोटे ढाबे ज़रूर उग आए हैं। 'बेक-पेक' टूरिस्ट एवं घोड़े वालों के लिए ये ढाबे जीवन रेखा हैं—जहाँ सस्ता एवं साफ़ भोजन आसानी से मिलता है, साथ ही सस्ते में रात्रि विश्राम की सुविधा भी उपलब्ध होती है। 'बेक-पेक' टूरिस्ट एवं घोड़े वालों तथा कुछ काँवड़ियों के अतिरिक्त एक और तरह के प्राणी यहाँ इस बार विचरते दिख रहे हैं—विदेशी लोग—बाल बढ़ाए, भगवा धारण किए, नंगे पाँव या खड़ाऊँ पहने। इनमें से अधिकांश या तो जर्मन हैं या इजराइली। 20-30 वर्ष के ये विदेशी धार्मिक सैलानी एकाकी ही घूमते हैं और भारतीय परिपाटियों तथा रूढ़ियों को बिना समझे-बूझे निभाते हैं। कुछएक तो थाली के चारों ओर अँजुरी से जल डालकर एवं गो-ग्रास निकालकर भोजन प्रारम्भ करते हैं। गौ-माता तो यहाँ होतीं नहीं, अत: कौओं—जिनकी चोंच पीली

होती है—की ख़ूब दावत उड़ती है। इन सब दिन के 'महात्माओं' को शाम ढलते ही आसपास बैठे बाबाओं की संगत में चिलम के धुएँ में शान्ति प्राप्त करते देखा जा सकता है। जहाँ सामिष भोजन—यहाँ तक की अंडा पकाने की भी मनाही है—वहाँ पर गाँजा आदि आसानी से मिल सकता है। गुजरात हो या गंगोत्तरी 'चाहने' वाले और रोकने वाले दोनों 'मालामाल' होकर मस्त रहते हैं। पर हमें इनसे क्या—हमें तो नीचे उतर नदी के पास के उस बड़े मैदान में जाना है, जहाँ लाल बाबा का आश्रम और मौसम विभाग की फाइबर की कुछ झोंपड़ियाँ हैं। भोज वृक्ष के रोपे गए पौधे तो इन चार वर्षों में चार भी पनपे हों, ऐसा नहीं लगा लेकिन लाल बाबा का आश्रम ख़ूब फैल गया है। हमारे देश की ज़मीन बहुत उपजाऊ है—बंजर से बंजर ज़मीन, जहाँ बबूल भी न पनपे, वहाँ भी धर्मगुरु मज़े से फलते-फूलते हैं!

आश्रम से कुछ दूर हमने अपने टेंट लगाए। इस बार बहुत भीड़ थी—कम से कम पचास-एक टेंट लगे होंगे भागीरथी नदी के पास के इस मैदान में। सोनी थोड़ी ही देर में तफ़तीश कर आया—इनमें से अधिकांश गोमुख से लौट रहे थे, कुछ तपोवन जाने वाले थे। मुख्य रूप से बंगाली एवं गुजराती मानुष! हमें यहाँ दो रात व्यतीत कर आगे गोमुख के आसपास कहीं डेरा डालना था। इन दो दिनों को कैसे गुज़ारना है यह बड़ा प्रश्न था। अनुकूलन हेतु जगह-जगह रुकने की अनिवार्यता समय काटने के सभी साधनों को बौना सिद्ध कर रही थी। कुछ दिनों के बाद जब हमारे साथ चल रहे सहयोगियों से एकात्म स्थापित हो जाएगा तब क़िस्सागोई ही मुख्य साधन होगा समय काटने का। लेकिन अभी तो हमारी पूरी टीम आना बाक़ी है और जो आ पहुँची है उनसे अभी ठीक-ठाक जान-पहचान भी नहीं हुई है। सो अगले दो दिन काटने के उपायों पर विचार करते हुए शाम को छह-सात बजे टेंट में लेटे ही थे कि पास के किसी टेंट से बहुत ज़ोर-ज़ोर से बात करने की आवाज़ आने लगी। ऐसा लगा कुछ लोग नशा कर रहे हों। घंटों तक ये आवाज़ें हमें मानवों से अनवरत घिरा होने का एहसास कराती रहीं, पर जैसे ही ख़ामोशी का पलड़ा भारी पड़ने लगता कि फिर कुछ चीत्कार होती तदनंतर ख़ामोशी हमें पुन: अपनी गिरफ़्त में ले लेती! सन्नाटे और शोरगुल के बीच इस दंगल के मध्य में पड़ा नींद का झीना पर्दा तेज़ शोर के कारण अचानक भरभराकर गिरा। टेंट से बाहर निकलकर देखा तो मैदान का नज़ारा बदला हुआ था। रात भर हुई हल्की-हल्की बर्फ़बारी ने पूरे मैदान को तीन-चार इंच के बर्फ़ के कालीन से ढक दिया था। हमारे टेंट से थोड़ा ऊपर, जहाँ गढ़वाल टूरिज़्म वालों का विश्राम स्थल

था, वहाँ से ज़ोर-ज़ोर से चीख़ने की आवाज़ें आ रही थीं। हम (मैं, अपर्णा, सोनी) हमारा दवाओं का बैग लेकर उस ओर भागे। इन दूर-दराज़ इलाक़ों में दवाओं का बैग बहुत काम आता है—अभी कल शाम को ही इस बैग ने अपना कमाल दिखाया था। हुआ यूँ कि एक व्यक्ति गोमुख से लौटते हुए लगातार उल्टियाँ कर रहा था। बहुत हंगामा हुआ था। मालूम पड़ते ही हम लोग उसे ऊपर पगडंडियों के पास एक ढाबे में (जहाँ वह लेटा था) देखने पहुँचे। निश्चित रूप से 'हाई एल्टीट्यूड सिकनेस' से ग्रसित होने के लक्षण थे—तेज़ सिर दर्द, और वमन। महाशय एक दिन पूर्व ही गंगोत्तरी पहुँचे थे, वहाँ एक रात रुककर घोड़े से सीधे गोमुख आ गए। 10,000 फ़ीट से एकदम 12,600 फ़ीट और अब बड़बड़ा रहे हैं, उल्टियाँ कर रहे हैं—इसका इलाज एक ही था—तुरन्त नीचे उतर जाना। मैंने उन्हें कुछ डायमाक्स की गोलियाँ दीं, एक डेक्सोना का इंजेक्शन नस में लगाया और घोड़े पर आड़ा डालकर (महाशय सीधे बैठने के क़ाबिल न बचे थे), उसको तुरन्त नीचे दौड़ाने की हिदायत दी। गढ़वाल वालों के विश्राम-गृह से भी उल्टी तथा चीख़ने की आवाज़ें सुन लगा कि 'हाई एल्टीट्यूड सिकनेस' का एक और केस होगा, सो दवाओं का बैग साथ लेकर ही भागे उस ओर। चीख़ें लगभग पिछली रात सरीखी ही थीं। लगा या तो नशा ज़्यादा हो गया होगा या नशा करने के कारण 'हाई-एल्टीट्यूड सिकनेस' हो गई होगी (इन ऊँचाइयों पर नशा, ख़ासकर शराब का, नहीं करना चाहिए)। वहाँ पहुँचे तो नज़ारा देखने लायक़ था—दो हैरान-परेशान बंगाली भद्र पुरुष दस-पन्द्रह व्यक्तियों से घिरे थे। उनमें से एक बैठा था—और रह-रहकर उल्टी कर रहा था—दूसरा खड़ा-खड़ा झूमते हुए ऊलजलूल बक रहा था—"साला पाजी-बोका चो...कोथाकार, ज़दी पाई साला के मेरे फेलबो...(साला बदमाश, बेवक़ूफ़...यदि हाथ में आया तो मार डालूँगा)। गढ़वाल टूरिज़्म के मैनेजर ने बताया कि दोनों तपोवन जाने हेतु कोलकाता से आए थे। हरिद्वार स्टेशन से इन्होंने किसी नेपाली को अपने साथ रखा था, खाना बनाने और सामान उठाने के लिए। पहले दो दिन तो सब बढ़िया चला पर कल रात उस नेपाली ने दोनों को दारू पिलाई और अपने साथ लाई सिगरेटें भी इन्हें दीं। रात भर इन्हीं की मदमस्त आवाज़ें वादियों को हिला रही थीं! सुबह जब नशा कम हुआ और चाय की गुहार का उत्तर न मिला तब इन्हें एहसास हुआ कि नेपाली नदारद था—साथ में नदारद थे इनका कैमरा, दारू की बोतलें (जिनकी चोरी से वह लड़खड़ाता व्यक्ति ज़्यादा दुखी था) और पाँच हज़ार रुपयों से भरा एक पर्स। इस नशे का कोई तोड़ नहीं

था—सो चुपचाप वापस आ गए, अपने तम्बू में—उन दोनों को विश्राम-गृह के मैनेजर के हवाले करके।

भोजवासा में पूरे दिन हल्की बर्फ़ गिरती रही, उसके साथ गिरता रहा हमारा मनोबल। बर्फ़बारी हमारे आगे के अभियान को खटाई में डाल सकती थी। इसी चिन्ता में किचन टेंट में बैठे थे कि तभी एक दुबला-पतला सा लड़का, कड़क पैंट-शर्ट पहने, हमारे टेंट में घुसा। इतनी ठंड में, ताज़ा-ताज़ा नहाए एक साफ़-सुथरे और प्रेसबन्द कपड़े पहने लड़के को देख आश्चर्य हुआ। वह बोला—

"नमस्ते, मैं बलराम चौहान हूँ—बल्ली कह सकते हैं मुझे।"

सोनी उसे जानता था—सो उसका हाथ थामकर बोला—"अरे बल्ली, तू यहाँ कैसे?"

"कालिन्दी ले जा रहा हूँ ग्रुप को।" दूसरे हाथ से अपने शर्ट के कॉलर को कुछ ऊँचा करते हुए बल्ली बोला। बल्ली दिल्ली की किसी एडवेंचर कम्पनी के लिए काम करता था। मन को ढाढ़स हुआ कि चलो एक से भले दो—ऊपर अगर मौसम ख़राब हुआ तो उनके और हमारे साथ के लोग मिलकर काम कर सकते हैं।

"कब पहुँचे यहाँ?" सोनी मित्र को देखकर चहक रहा था।

"कोई दो घंटे पहले, और तू किधर के लिए आया है?" बल्ली सोनी की पकड़ से अपना हाथ छुड़ाते हुए बोला।

"कालिन्दी।"

"कालिन्दी, इनके साथ।" उसकी आवाज़ में व्यंग्य था, लेकिन उसने बड़ी ख़ूबसूरती से उस पर काबू किया और हम लोगों की तरफ़ गर्दन झुकाकर बोला—"गुड इवनिंग सर, गुड इवनिंग मैडम, चलिए आप लोगों को अपनी टीम से मिलवाऊँ।"

वह अपने साथ जर्मनी की टीम को लाया था जिसमें तीन लोग थे—दो पुरुष एवं एक महिला। विदेशियों की उम्र का आकलन करने में मैं हमेशा ही गच्चा खा जाता हूँ—कुछ बूढ़े बहुत जवान लगते हैं और कुछ जवान एकदम बूढ़े। इनकी उम्र का अन्दाज़ उनके चेहरों के बनिस्बत उनके हाथों को देखकर बेहतर होता है। बहरहाल इस टीम की महिला कोई तीस वर्ष की थीं और पुरुषों में एक पचास के पेटे में था तथा दूसरा साठ के। ये लोग ज़्यादा मिलनसार नहीं थे। बस 'गुड मॉर्निंग', गुड इवनिंग-फ्रेंडशिप!

बल्ली की आगे की योजना हमारी योजना से कुछ अलग थी। हमें कोई जल्दी नहीं थी, अत: हम भोजवासा में एक रात और रुककर कल गोमुख जाने वाले थे।

जबकि बल्ली को जल्दी थी, बारह दिन बाद एक नई टीम को लेकर आने की। और उसके साथ की वर्तमान टीम को जल्दी थी बारह दिन बाद की रिटर्न फ़्लाइट पकड़ने की। सो उनका कल ही भोजवासा से निकलकर गोमुख से आगे जाने का इरादा था। वे हमारी तरह गोमुख पर विश्राम किए बिना सीधे तपोवन जाएँगे तथा वहाँ एक रात रुककर नन्दनवन पहुँचेंगे। उनकी योजना में हड़बड़ाहट का पुट कुछ तो था ही लेकिन बल्ली की अधीरता ने इसके एहसास को कई गुना बढ़ा दिया था। कुछ ही देर में उसकी बातों से ऊब होने लगी सो टेंट से बाहर आकर, हल्की बर्फ़बारी के बावजूद घूमने निकल पड़े। अभी हमें टहलते हुए दस-पन्द्रह मिनट हुए होंगे कि सामने से हमारी टीम के कुछ नये सदस्य आते दिखे। अब हमारे साथ दो हाई-एल्टीट्यूड पोर्टर्स (HAP) थे, एक था बहुत शर्मीला बीस वर्ष का रथ बहादुर और दूसरा धान बहादुर—जिसे सब डी.एन. कहते थे। डी.एन. क़रीब चालीस साल का था और अब तक दो बार कालिन्दी पास कर चुका था। तीसरा हाई-एल्टीट्यूड पोर्टर नवीन था जो वह हमारे साथ बतौर कुक चल रहा था। ये तीनों ही नेपाली थे। नवीन एक सधा हुआ पर्वतारोही था, सतोपन्त, ब्लैक पीक, बेबी शिवलिंग, रुदुगैरा आदि अनेक अभियानों में जा चुका था—कालिन्दी हालाँकि पहली बार ही जा रहा था। इसके अलावा सात सामान ढोने वाले और थे हमारे साथ। कुछ दिनों तक साथ रहने के बाद जब सामान कुछ कम हो जाएगा तो इनमें से कुछ कुली बीच रास्ते से वापस हो जाएँगे। हमने अपने नये साथियों का परिचय अभी प्राप्त किया ही था कि बल्ली के कैम्प से सोनी लौट आया। वह कुछ उखड़ा-उखड़ा सा दिख रहा था।

"क्या हुआ भाई?" मेरे स्वर में जिज्ञासा का पुट था।

"कुछ नहीं सर, बस अब इज़्ज़त की बात है," विचारों में डूबे हुए ही सोनी ने जवाब दिया।

"अरे! किसने तुम्हारी इज़्ज़त पर नज़र डाल दी सोनी!" मैंने हौले से मुस्कराते हुए पूछा।

वह हड़बड़ाया, मानो नींद से जागा हो, बोला—"कुछ नहीं सर जी, अब तो कालिन्दी खाल करना ही करना है।"

"इसमें क्या शक है, हम आए ही इस एषणा को लेकर हैं।" उसके इस अनपेक्षित उत्तर से विचलित हो मैंने पूछा।

"सक कुछ नहीं सर, पर उनका कहना है कि आप लोग इसे कर ही नहीं सकते।" सोनी 'श' को 'स' बोलता था।

“किसका कहना है? कौन है वह?” अद्वैत गुस्से में बोला।

“बल्ली और नेताजी।”

“और ये नेताजी कौन हुए?” मैंने संयत स्वर में पूछा।

“हैं उत्तरकासी के मेरे मित्र।” सोनी ने जवाब दिया।

“ठीक है, कह दिया कि हम कालिन्दी नहीं पार कर पाएँगे तो कौन सा उनका कहा सच हो गया। इसमें इतना विचलित होने की क्या बात है? इज़्ज़त वाली क्या बात है?” मैंने सोनी और अद्वैत को, जो गुस्से से उबल रहा था, समझाने की ग़रज़ से कहा।

“सर्त लग गई है सर्त।”

“ओ तो यह बात है, कितने की लगी?” अपर्णा ने मुस्कराते हुए पूछा।

“पाँच सौ रुपये की।” सोनी बोला।

“बस पाँच सौ!”

“नहीं एक और बात है। यदि आप लोग बद्रीविशाल पहुँच गए तो नेताजी मूँछ मुँड़वाकर उत्तरकाशी में घूमेंगे।”

“नहीं तो?” अद्वैत ने कौतुक से पूछा।

“नहीं तो मुझे गंजा होना होगा।”

“ओ त्तेरी।” हम तीनों के मुँह से एक साथ निकला।

गोमुख से नन्दनवन

24 मई को भोजवासा से आगे बढ़, गोमुख से कोई एक किलोमीटर पहले ही हमने भागीरथी के किनारे कैम्प लगाया। अगली सुबह मौसम ठीक था, सिर का भारीपन तथा चलते समय भरने वाली साँस, दोनों ही काबू में आ गई थीं—अब हम और अधिक ऊँचाई पर जाने को तैयार थे। गोमुख पर यह हमारा दूसरा फेरा था। वह इस बार बहुत ही सुन्दर नज़र आ रहा था—वास्तव में 'गो-मुख' जैसा ही। एक अतिविशाल गोमुख-विशाल ललाट, लम्बा जबड़ा, बड़ी आँखें और सामने को खुले नथुने। मानो किसी ने बर्फ़ पर गोमुख का गोदना गोद दिया हो। उसके दाहिने नथुने के पास से रह-रहकर पानी की धारा निकल रही थी, बर्फ़ के टुकड़ों को साथ समेटे। अभी बहुत साधारण-सी लग रही इस जलधार में वाबस्ता असीम शक्ति का ध्यान किया तो सारे शरीर में एक सिहरन-सी दौड़ गई। हम उस गंगा को निकलते देख रहे थे जो आगे चलकर असंख्य प्यासे कंठों को तर करेगी, क्षुधा से व्याकुल अनगिनत भूखे पेटों को पेट भरने के साधन मुहैया कराएगी। हमने अभी-अभी उस धारा को दौड़ते देखा है जो अनेक हृदयों को जोड़ेगी, अनेक मनों की मलिनता को धोएगी एवं अपने तटों पर बसी एक बड़ी संस्कृति को पुष्ट करेगी! हम सब उसके कुछ नज़दीक तक गए, ठंडे पानी को अपनी आँखों पर लगाया और उसका धन्यवाद किया—धरा पर आने के लिए, फिर गोमुख के बाईं ओर से शनैः-शनैः ऊपर चढ़ना शुरू किया। सारा समय गंगोत्तरी ग्लेशियर पर चलना था। हमारी बाईं ओर के पहाड़ से लगातार चट्टानें गिर रही थीं—यह बहुत ही लम्बा 'रॉक फाल' का क्षेत्र था। हम आज नन्दनवन के निचले हिस्से तक पहुँचना चाहते थे क्योंकि उसके पहले रुकने का कोई स्थान था ही नहीं। कुछ ही समय बाद हमें लाल-लाल सा ग्लेशियर सामने नज़र

आने लगा जो कि गंगोत्तरी ग्लेशियर की रंगत से एकदम जुदा था—यह था 'रक्त-वर्ण' ग्लेशियर।

सुबह उठकर चाय-नाश्ता करके जल्दी आगे बढ़ जाने का लक्ष्य हमेशा सामने रहता है। इसलिए रात्रि विश्राम भी जल्दी शुरू हो जाता है। खाना खाने के बाद अधिकांशत: हम लोग सात बजे तक तो अपने टेंट में समा ही जाते हैं। खाना भी एकदम सादा। लेकिन इस बार तो कुछ ज़्यादा ही सादा खाना नसीब में था। हमारा कुक नवीन एक अच्छा पर्वतारोही तो ज़रूर था लेकिन ख़ानसामा बहुत ही साधारण। उसे एक ही चीज़ ठीक-ठाक बनाना आती थी—खिचड़ी। काम पाने के चक्कर में वह अपने आपको कुक बताकर दल में शामिल हो गया लेकिन पहले तीन दिनों में ही सारे दल को यह समझ में आ गया था कि इस बार खिचड़ी के दलदल में चलते हुए ही यह यात्रा पूर्ण होगी! सुबह कुछ दिनों तक तो ठीक-ठाक कुछ मिलता रहेगा—जब तक साथ लाई गई डबल रोटी और कार्नफ्लेक्स हमारा साथ देते हैं। दोपहर का भोजन भी कामचलाऊ ही होता है—उबले आलू, उबले अंडे और टेट्रापैक वाला कोई जूस। इस बार सोनी 'बुरांस' के फूलों का जूस साथ

गोमुख, पीछे भागीरथी शिखर

लाया है। यह उत्तरांचल का एक ख़ास पेय है—पहले तो यह लगभग घर-घर में बना करता था—लेकिन अब इसकी बोतलें बाज़ार में मिलने लगी हैं। ग्लेशियर के ठंडे पानी में बुरांस का जूस मिलाने से जो पेय बनता है उसको हम सब अमृत मानकर ग्रहण करते हैं; भरी दोपहर में जब चलते-चलते शरीर बुरी तरह से क्लान्त हो जाता है तब इस पेय के कुछ घूँट शरीर में नये प्राण फूँक देते हैं—हुआ न अमृत!

दोपहर के तीन बज रहे थे। हमें चलते हुए सात घंटे से ज़्यादा समय हो गया था। अब हम ऐसे स्थान पर थे, जहाँ से चढ़ाई एकदम खड़ी थी। भूख लग रही थी, रात की खिचड़ी, सुबह का हल्का नाश्ता और लंच के दो उबले आलू बेचारे कब तक ज़ोर मारते। हल्की-हल्की बर्फ़ और बूँदा-बाँदी होने लगी थी। अपर्णा थकने लगी थी। वह थकने के बाद हमेशा बहुत चिड़चिड़ी हो जाती है और तब हम सबको, ख़ासकर मुझे और सोनी को बहुत डाँट पड़ती है। ऐसे में वह रह-रहकर एक ही राग आलापने लगती कि 'ये कैसी जगह है', 'बिना रास्ते की जगह पर ले आए हो' या फिर ज़िद करती कि वहीं उसी क्षण टेंट लगा दिए जाएँ। पिछले चार वर्षों में सोनी अपर्णा के इस स्वभाव से पूरी तरह से परिचित हो गया था और इसकी पहली झलक मिलते ही वह हमारा साथ छोड़ या तो बहुत पीछे रह जाता है या तेज़ी से आगे जाकर कैम्प लगवाता है—आज भी वह आगे निकल चुका था। लेकिन मैं बेचारा तो कहीं भाग नहीं सकता। चुपचाप सिर झुकाए अपर्णा की डाँट सुनते हुए चलना मेरी नियति बन जाती है—ट्रेक में लगभग हर दिन, दोपहर एक बजे के बाद से कैम्प में पहुँचने तक। ऐसे समय बहस करना ठीक नहीं होता, चुपचाप चलना ही मन को ख़राब होने से बचाने का सबसे बेहतरीन तरीक़ा होता है। रास्ते में कहीं कोई फूल पक्षी भी तो नहीं जो चलते रहने की एकरसता को कम कर श्रम शमित मन को कुछ स्फूर्ति प्रदान करें। हौले-हौले चलते हुए हम एक अद्भुत स्थान पर पहुँचे जो ग्लेशियरों का संगम स्थल था। यहाँ एक त्रिवेणी गंगोत्तरी, रक्तवर्ण एवं चतुरंगी बमकों के मिलाप से बनी थी। नदियों की त्रिवेणी से इस स्थल पर पवित्रता कई गुना ज़्यादा महसूस हुई। एक बड़ी सी चट्टान पर बैठ उस स्थान को निहारते हुए क्लान्त तन और श्रान्त मन जब कुछ स्फूर्ति पा गया तब हम आगे बढ़ नन्दनवन की ओर की अन्तिम तीव्र चढ़ाई से

पार पाने की जद्दोजहद करने लगे। बड़ी जानलेवा तथा थका देने वाली चढ़ाई थी वह। अब हम लोगों को चलते हुए आठ घंटे से ज़्यादा हो चले थे, ऊपर से मौसम भी ख़राब होने लगा था। बर्फ़ और बारिश तेज़ हो गई थी। ठंड बढ़ रही थी और उसी तेज़ी से अपर्णा का ग़ुस्सा। मेरी शामत आने ही वाली थी कि तभी सामने से एक हाथ में केटली और दूसरे में तश्तरी पकड़े डी.एन. आता दिखा। चाय और भजिए के दर्शन होते ही अपर्णा का चेहरा खिल उठा। सोनी जानता है कि 'मैडम' को शान्त सिर्फ़ चाय पिलाकर किया जा सकता है, सो ताबड़तोड़ कैम्प में पहुँचकर उसने यह इन्तज़ाम किया और हमारी अगले एक घंटे की यात्रा को और सुखकर बना दिया।

बहरहाल लगभग दस घंटे चलने के पश्चात गिरते-पड़ते नन्दनवन पहुँचे पर वहाँ के नज़ारों पर एक नज़र पड़ते ही—सारी थकान और चिढ़ काफ़ूर हो गई। नन्दनवन लगभग 14238 फ़ीट की ऊँचाई पर स्थित एक मैदान था—पेड़ तो ख़ैर इस ऊँचाई पर होते नहीं इस इलाक़े में 'ट्री लाइन' लगभग 12 हज़ार फ़ीट पर समाप्त हो जाती हैं—सो मालूम नहीं इसे 'वन' क्यों कहते हैं। यह स्थान है बड़े मज़े का और पर्वतारोहियों के लिए बहुत महत्त्वपूर्ण भी। चारों ओर से नामी-गिरामी पर्वत चोटियों से घिरा है यह इलाक़ा। यदि आप पूर्व की ओर मुँह करके खड़े होंगे तो आप उस तरफ़ देख रहे होंगे जिधर कालिन्दी की ओर जाने का मार्ग है, आपके दाहिनी ओर भागीरथी एक, दो, तीन तथा राजीव पर्वत; पीछे की ओर केदार डोम, केदार डोम को शिवलिंग से अलग करता हुआ कीर्ति ग्लेशियर और गंगोत्तरी ग्लेशियर का संगम, संगम के ठीक ऊपर इस इलाक़े की सबसे सुन्दर चोटी शिवलिंग एवं बेबी शिवलिंग रहेंगे। शिवलिंग को देख ऐसा लगा मानो बर्फ़ से ढके समुद्र में तैरती डॉल्फिन का 'फिन' बर्फ़ के ऊपर निकल आया हो। अन्य चोटियों के मुक़ाबले 'शिवलिंग' रेखागणित को पूरी इज़्ज़त देते हुए अपनी भुजाओं से तपोवन पर एक निर्दोष त्रिकोण के रूप में खड़ा दिखता है। शिवलिंग को एरिक शिपटन ने 'चाँदी के भाले' की उपमा दी थी! एरिक वे व्यक्ति हैं जिन्होंने अपने साथी टिलमेन के साथ 1934 में सबसे पहले (आधुनिक इतिहास में) बद्रीविशाल से गंगोत्तरी की यात्रा की थी और कालिन्दी पास को खोजा था। हालाँकि हमारा वैदिक साहित्य कहता है कि अनादिकाल से गंगोत्तरी, केदार और बद्रीविशाल में पूजा-अर्चना करने एक ही पुजारी जाता था—हर रोज़—लेकिन उसके आने-जाने के मार्ग का सटीक विवरण नहीं मिलता है। बहरहाल शिवलिंग को नन्दनवन से चाय का कप हाथ में

पकड़कर, ढलते सूरज की रोशनी में देख पाना एक अविस्मरणीय घटना थी। मौसम ने, लेकिन, ज़्यादा देर तक यह मज़ा लेने नहीं दिया, हल्की बारिश फिर शुरू हुई और देखते ही देखते अब बर्फ़बारी में तब्दील हो गई। सूप, पापड़ और नवीन की सदाबहार खिचड़ी खाकर हम तीनों (मैं, अपर्णा और अद्वैत) एक ही टेंट में घुस गए। बर्फ़ रात भर गिरती रही। हर थोड़ी देर में, बर्फ़ के भार से टेंट दबने लगता था—सो हममें से एक थोड़ी-थोड़ी देर में उठकर टेंट को हिलाकर बर्फ़ को गिरा देता—ऐसा करना बहुत ज़रूरी था—टेंट को क्षतिग्रस्त होने से बचाने के लिए। सुबह चार बजे जब बर्फ़बारी थमी तब जाकर टेंट से बाहर निकलने की हिम्मत हुई। बाहर का नज़ारा तो एकदम बदल गया था। चारों ओर बर्फ़ ही बर्फ़। कोई शिला-कोई पर्वत अलग से नज़र नहीं आ रहा था—सबको बर्फ़ ने अपनी सफ़ेद चादर में ढक लिया था—सिवा 'शिवलिंग' के। बर्फ़ की चादर उस पर या तो कुछ ओछी पड़ गई थी या फिर 'चाँदी के भाले' की नोक चादर को चीरकर बाहर आ गई थी!

सूर्योदय के पश्चात फिर आगे निकल पड़े, आज वासुकी-ताल पर जाना था—लेकिन दो घंटे चलकर ही रुकना पड़ा। मौसम फिर ख़राब हो गया था। चारों ओर धुंध छा गई और थोड़ी ही देर में बर्फ़बारी होने लगी।

27 मई, 2005 को सुबह आसमान एकदम साफ़ था। सामने भागीरथी—दो की चोटी नज़र आ रही थी। आगे की यात्रा शुरू की गई। आज कोई ग्लेशियर नहीं नज़र आ रहा था; हलकी लेकिन लगातार चढ़ाई से होकर हम उत्तर-पूर्व की ओर बढ़ रहे थे। रास्ता बड़ा ऊबड़-खाबड़ था—पथरीला—जिसे जियोलॉजिस्ट 'मोरेन' कहते हैं। बर्फ़ की हल्की परत होने से पत्थर बहुत फिसलन भरे हो गए थे। अभी कुछ आधे घंटे चले होंगे कि एक तेज़ आवाज़ से चौंक पीछे देखा और नज़ारा देख गश आने लगा। वह गर्जना पाउडर एवालांच की थी। पावडर एवालांच बड़ी-बड़ी चट्टानों को लुढ़काकर तेज़ी से उस स्थल को भर रहा था जहाँ रात को हमने टेंट लगाए थे; मानो हमारे छूने से उस स्थान का 'पहाड़ीपन' कम हो गया हो। प्रकृति ने हमारा दिया वह घाव पूरी तरह से ठीक कर दिया और लगे हाथ ऐसी व्यवस्था भी कर दी कि आने वाली कई शताब्दियों तक उस स्थान को कोई नापाक न कर पाए। बाल-बाल बचे।

हिमालय की सबसे सुन्दर चोटियों में शुमार 'शिवलिंग—जिसे देख शिपटन बौरा गया था

दोपहर के दो बजते-बजते हमारी आगे बढ़ने की शक्ति पूरी तरह चुक गई। बाईं ओर भागीरथी एवं राजीव पीक (राजीव गांधी के नाम पर) और दूर सामने वासुकी पर्वत की देखरेख में हमने अपने शामियाने लगाए। किचन टेंट काफ़ी बड़ा था। उसमें कुछ कुली तथा कुक रात को सो भी जाते थे और दिन ढलने से देर रात तक यही हम सबका 'क्लब हाउस' भी हुआ करता था। इसके अतिरिक्त तीन और टेंट भी लगाए गए—एक हम तीनों का, एक सोनी का और एक बचे हुए कुलियों के लिए। आज एक लम्बा दिन सामने था। अमूमन ऐसे दिनों में कैम्प स्थापित होते ही हम लोग या तो अपने 'क्लब हाउस' के अन्दर या आसपास के पत्थरों पर बैठे रहते थे। सोनी किसी भी हाल हमें न तो दोपहर में सोने देता और न ही हमें हमारे कान ढकने देता था। कान का ढकना तो चलते समय भी निषिद्ध था—सोनी के अनुसार ऐसा करने से ऊँचाई के लिए आवश्यक अनुकूलन ठीक प्रकार से नहीं होता है। कान तभी ढकना जब हवाएँ तेज़ हों या सूरज ढल गया हो या जब हम स्लीपिंग बैग से बाहर निकले हों। रात तक के लम्बे समय को काटने के लिए, ऐसे दिनों में, क़िस्सागोई करना ही एकमात्र साधन हो जाता। सब लोग 'क्लब हाउस' में इकट्ठा होकर बैठ जाते और पुराने क़िस्से, जिनमें से अधिकांश उन लोगों के साथ हुई दुर्घटनाओं से सम्बन्धित ही होते, सुनते थे। ये क़िस्से कभी-कभी बहुत डरा भी देते थे—सो हमारी कोशिश होती थी कि हम उनसे उनके घर-बार के बारे में बात करें या फिर ताश की बाज़ी जमाएँ। लेकिन आज कोई भी ताश खेलने में रुचि नहीं ले रहा था। सब हमें घेरकर बैठ गए और

आग्रह करने लगे कि आज हम उन्हें अपने ट्रेक से सम्बन्धित कोई क़िस्सा सुनाएँ। मुझे हमारी नर्मदा यात्रा के दौरान घटित एक बहुत ही रोचक घटना याद आई। मैंने सुनाना शुरू किया—

"बात है 2002 के दिसम्बर के महीने की। हाल ही में किसी से सुना था कि बागली के जंगलों के पास नर्मदा एक जगह कुछ ऊँचाई से नीचे एक खड्ड में गिरती है (नर्मदा वैसे भी सीधे कब चलती है, वेगड़ जी तो कहते हैं कि मैदानों में शान्त बहना गंगा का काम है नर्मदा तो अल्हड़ नदी है—इठलाती-बलखाती-उछलती-कूदती ही चलेगी)। उस खड्ड में गिरती नर्मदा एक अद्वितीय जलप्रपात बनाती है—कुछ नियाग्रा जलप्रपात जैसा—जो 'धाराजी' के नाम से सुविख्यात है। बुरी ख़बर यह थी कि धाराजी जलप्रपात आने वाले कुछ वर्षों में, ओंकारेश्वर के पास बन रहे बाँध के कारण, लुप्त हो जाने वाला था। सो हमने ठान ली कि 'धाराजी' जाना है—वो भी जल मार्ग से। ग़रज़ थी नर्मदा और उसके तटों को कैमरे में सँजो लेने की। बरसों से मन में छुपी एक इच्छा और थी—नर्मदा में रहने वाले मगरमच्छों के छायांकन की। चुनांचे हम जा पहुँचे महेश्वर, धाराजी से 180 किलोमीटर दूर और लगे ढूँढ़ने कोई नाविक जो हमारे साथ चलने को तैयार हो—नर्मदा में उलटी दिशा में चप्पू वाली नाव खेते हुए! बड़ी मुश्किल से दो लोग मिले—नर्मदा प्रसाद और उसका भांजा। धाराजी तक पहुँचने में दस दिन लगने की सम्भावना थी। चार दिन चलने के बाद हम एक ऐसी जगह पहुँचे जहाँ नर्मदा में बहुत से मगरमच्छ रहते थे"...सब साँस रोके मेरी बात सुन रहे थे। मैंने क़िस्सा जारी रखा..."वहाँ दोनों तरफ़ ऊँची-ऊँची पहाड़ियाँ थीं, नदी का किनारा बहुत सँकरा था। स्थान बन्द-बन्द सा था, लेकिन शाम हो जाने के कारण विश्राम वहीं लाज़िमी था। नर्मदा प्रसाद नदी के किनारे बैठ खाने का इन्तज़ाम कर रहा था और उससे कोई छह-सात फ़ीट ऊपर हमने एक छोटी सी सपाट जगह खोजकर अपना टेंट लगा लिया था। थोड़ी देर में अँधेरा हो गया। तभी नदी के बीच से एक विचित्र-सी आवाज़ आने लगी, छपाऽऽक-छपाऽऽक, लगा कि कोई तेज़ी से पानी काटता हुआ हमारी दिशा में ही बढ़ रहा था। इस बियाबान में कौन सूर्यास्त के पश्चात नदी में उतरा है? वह जो भी था उसकी साँसों की आवाज़ आसपास की पहाड़ियों से टकराकर गूँज रही थी। आदमी तो यह हो नहीं सकता, बहुत ध्यान से देखा पर कुछ दिखाई नहीं दिया। हाँ पानी की छपाक-छपाक और साँसों की हँऽऽहँऽऽ और नज़दीक महसूस होने लगी। अचानक नर्मदा प्रसाद और उसका साथी बनता खाना बीच में छोड़कर तेज़ी से

हमारे टेंट की ओर दौड़ पड़े। वे चिल्ला रहे थे, "साहब मगरमच्छ है मगरमच्छ, किनारे से ऊपर चढ़ेगा शायद—भागिए।" 'क्लब हाउस' में बैठे सब लोग साँस रोके विस्फारित नज़रों से मुझे घूर रहे थे, मैं स्टोव की हल्की रोशनी में भी उनके चेहरे के बदलते रंग देख पा रहा था।

"फिर क्या हुआ साब?" डी.एन. बोला।

"ज्यों ही सुना कि मगरमच्छ नदी से ऊपर आने को है, मेरी तो बाँछें खिल गईं। अपना कैमरा उठाया और दौड़ पड़ा उस आवाज़ की दिशा में। पीछे से अपर्णा और अन्य लोग चिल्लाने लगे—"पागल हो क्या? पागल हो क्या।" पर उत्साह के अतिरेक में मैं दौड़ते हुए बुदबुदाता जा रहा था, "मगरमच्छ—अरे कहाँ है मगरमच्छ।" तभी मुझे लगा कि एक छप्प की आवाज़ बिलकुल मेरे कान के पास हुई—हाथ में पकड़ी टॉर्च की रोशनी में उस जीव की आँखें चमकीं और मैं भी चमककर ज़ोर-ज़ोर से हँसने लगा..."

"हँसने लगे, वह क्यों?" सोनी ने अपनी पालथी खोल वज्रासन में बैठते हुए बड़ी बेचैनी से पूछा।

"अरे हँसता नहीं तो क्या रोता, सामने तो भैंस थी जो नदी पार करके इस ओर आई थी।"

"खोदा पहाड़ निकली चुहिया।" हँसते हुए सोनी बोला। यह बात सुन सब ठहाके लगाने लगे सिवा डी.एन. के। वह अधिक प्रभावित नहीं था इस कहानी से, वह तो हमारे ट्रेक सम्बन्धी कुछ ऐसे क़िस्से सुनना चाहता था जिनमें हमारे मौत से रूबरू होने का वृत्तान्त हो। मेरे इस वादे पर ही उसने मुझे सोने के लिए जाने दिया कि कल शाम की महफ़िल में उसे वे क़िस्से सुनाऊँगा जो हमारे 'बाली पास' अभियान के दौरान हुए थे (मेरा अनुमान है कि सोनी के मुँह से वह इन क़िस्सों को सुन चुका होगा तथा अब मेरे मुँह से सुनकर उनका सत्यापन करना चाहता था)।

रात को अमूमन बड़ी बेफ़िक्र नींद आती है। पलंग पर बिछे बिस्तर से ज़्यादा मुलायम लगती है रबड़नुमा चीज़ की बनी यह पतली सी मेट (दरी), जिस पर सोते हैं हम। पथरीली ज़मीन पर (या बर्फ़ पर) टेंट की पतली सी परत और उस पर यह कालीन और हमारा 'स्लीपिंग बैग'—कुल जमा दो या तीन इंच से ज़्यादा मोटाई नहीं होगी इन सबकी। मेरा ख़याल है कि नींद की गुणवत्ता बिछौने की क़ीमत पर निर्भर न होकर मन की स्थिरता तथा आसपास के वातावरण की निर्मलता पर ज़्यादा

निर्भर करती है। तभी तो माँ की गोद में सबसे अच्छी नींद आती है। ठीक वैसी ही नींद हमें हिमालय की गोद में आती है—पर हिमालय तो पुरुष है—क्या पुरुष की गोद भी किसी को सुकून से सुला सकती है? यह शायद इसलिए सम्भव है क्योंकि हर पुरुष आधा नारी ही तो है—जीवविज्ञानी भी तो यही कहते हैं पूर्ण स्त्री यानी XX, पुरुष यानी XY हे अर्द्धनारीश्वर हिमालय! मुझे अपनी गोद में सोने देने के लिए मैं तुम्हारा आभारी हूँ।

नन्दनवन से वासुकी ताल

अगले दिन कार्नफ्लेक्स-दूध खाकर आगे निकल पड़े, सुबह क़रीब साढ़े सात के आसपास। अब पगडंडियाँ समाप्त हो गई थीं, क्योंकि नन्दनवन से आगे बहुत कम आवक-जावक रहती है—सिर्फ़ वे ही यहाँ से आगे बढ़ते हैं जो सतोपन्त आदि चोटियों पर विजय पताका फहराने घर से निकले हों या फिर हमारी तरह कालिन्दी खाल पार कर बद्रीविशाल जाने को बेचैन हों।

अब लगातार ऊँचे-नीचे उतरना-चढ़ना था, कई बार तो बहुत ही सँकरे 'धारदार' रास्तों को पार करने की आवश्यकता पड़ रही थी। कई ऐसे स्थान भी थे जहाँ दोनों तरफ़ ग्लेशियर थे, अपने अनाम छोटे-बड़े 'ग्लेशियर तालाबों' के साथ। ग्लेशियर का सीना चीरकर बने ये ताल हल्की बर्फ़ से ऐसे ढके थे कि साधारण आँखें तो गच्चा ही खा जाएँ। पर हमें तो मालूम था कि ये सुन्दर, प्यारे, निर्मल से दिखने वाले तालाब वास्तव में ग्लेशियर ने बुने हैं। जैसे शिकारी बुनता है जाल या खोदकर छुपाता है घास से खड्ड, जानवरों को पकड़ने के लिए—ठीक वैसे ही ग्लेशियर इन तालाबों के ज़रिये शिकार करता है हमारे सरीखे लोगों का। अगर इसमें कोई गिरा तो उसका बाहर निकलना मुश्किल, जितना हाथ-पाँव मारो उतना धँसते जाओ—दलदल में फँसे जीव की तरह। उनके बीच में से—एक नट के मानिन्द—बिना दाएँ-बाएँ ध्यान दिए आगे बढ़ने की आवश्यकता थी। नज़र हटी-दुर्घटना घटी। ऊपर से अब साँसें भी कुछ तेज़ चल रही थीं लेकिन मन एवं शरीर की क्षमता बरकरार थी।

जर्मनी की टीम भी आ गई थी। वे लोग गोमुख के दाहिनी ओर से आगे बढ़े और तपोवन होकर नन्दनवन पहुँचे थे। ये लोग या तो बहुत जल्दी में थे या फिर हमसे दूरी बनाए रखना चाह रहे थे—तभी तो बिना कोई पहचान दिखाए वे हमारे

पास से निकले और आगे बढ़ गए। हमको ओवरटेक भी ऐसी जगह किया जहाँ साधारणतया कोई पर्वतारोही दूसरे के आगे जाने की कोशिश नहीं करता। हुआ यूँ कि एक अनाम पहाड़ को हम सब आड़ा पार कर रहे थे, नवीन बर्फ़ की कुल्हाड़ी से आगे-आगे स्टेप्स काट रहा था। दाईं तरफ़ सीधा पहाड़ और बाईं तरफ़ एकदम तीव्र ढलान जो लगभग पचास फ़ीट नीचे क्रेवासों से अटे चतुरंगी ग्लेशियर से मिल रही थी। ऐसे रास्तों पर चलना ध्यान करने जैसा होता है—इस वक़्त न तो आपको गहरी खाइयाँ नज़र आती हैं—न ऊँचाइयाँ—न जूते में घुसी बर्फ़ महसूस होती है और न आगे-पीछे चलने वालों का कोई भान रहता है—दिखती है तो सिर्फ़ अगला क़दम रखने की जगह और सुनाई देती है तो सिर्फ़ स्वयं की धड़कनें। ऐसे में अचानक मुझे अपने दाहिने कान के पास किसी की साँस की आवाज़ आई—मुझे लगा कि अपर्णा होगी पर तभी ख़याल आया कि वह और हमारी टीम के सारे लोग तो आगे चल रहे हैं—फ़ोटोग्राफ़ी की आवश्यकताओं के मद्देनज़र मैं सबसे पीछे था आज। लगा कि शायद स्वयं की श्वास से चौंकने वाला मैं दुनिया में एक बिरला ही होऊँगा कि तभी कोई मेरे कान के पास खाँसा या शायद गुर्राया अब यह तो वहम नहीं था, हड़बड़ाकर पीछे देखा और मेरा सन्तुलन बिगड़ गया—एक क्षण को लगा कि गए खाई में—लेकिन बाएँ हाथ की स्टिक ने पूरा साथ देकर मेरी नीचे की (और वहाँ से ऊपर की!) यात्रा को रोक दिया। खाँसने वाली बल्ली की टीम की महिला सदस्या थीं जो मेरे और पहाड़ के बीच से होकर मुझसे आगे बढ़ जाना चाह रही थीं। 'सॉरी' कहकर मैंने बड़ी मुश्किल से अपने को जितना सम्भव हो सका समेटा और उस महिला को आगे जाने दिया। बिना मेरी ओर देखे वह ऐसे आगे निकल गई मानो मैं सहयात्री या आदमज़ाद न होकर कोई पत्थर की शिला होऊँ जिस पर हाथ रख हम कई बार छोटे-मोटे गड्ढे कूद जाते हैं—बिना उसको देखे, बिना उसके सहयोग एवं योगदान को तवज्जोह दिए। मैंने अपनी टीम को आवाज़ देकर इस आगे बढ़ते ज़लज़ले के बारे में आगाह किया।

करीब चार-पाँच घंटे चलने के बाद हम पहुँचे एक ऐसे स्थान पर, जहाँ से नन्दनवन एक तीव्र उतार उतरकर वासुकी ग्लेशियर से मिल रहा था। यहाँ से हमें भी नीचे उतर वासुकी ग्लेशियर की चौड़ाई को पार कर सामने जाना था, 'वासुकी ताल' के किनारे लेकिन वासुकी ग्लेशियर के उस पार एक ऊँची,

खड़ी दीवार का रूप धरकर हिमालय हमारा रास्ता रोके खड़ा था। एक बात बताऊँ आपको कि यह दुरूह पहाड़ी दीवार पहले नहीं हुआ करती थी। इसका ज्ञान मुझे मिला इंटरनेट से, ख़ास करके श्री ओंकारकृष्ण मजूमदार की यात्रा विवरण को पढ़कर। जिन दिनों हम इस अभियान पर जाने की तैयारियाँ कर रहे थे, तब इस इलाक़े के बारे में जानकारी एकत्र करना भी बहुत मुश्किल काम लग रहा था। भारतीय पर्वतारोहण संस्थान को ई-मेल किए, पत्र लिखे लेकिन कोई उत्तर नहीं आया (अधिकांश भारतीय संस्थान पत्र और ई-मेल का जवाब देने की ज़हमत नहीं उठाते हैं, सो इस संस्थान को कठघरे में खड़ा करना उचित नहीं—नाम बदलने से चरित्र थोड़े ही बदल जाते हैं!) इन्दौर स्थित पुस्तकालय की ख़ाक छानी लेकिन नतीजा सिफ़र (पुस्तकालय भी तो 'पॉप्युलर डिमांड' के अनुसार ही पुस्तकें मँगाते हैं)। तब एस.आर. चौधरी द्वारा लिखे गए मजूमदार साहेब के यात्रा वृत्तान्त ने डूबते को सहारा दिया। इसी वृत्तान्त के अनुसार मजूमदार के देखते-देखते 1960 से 1996 के बीच वासुकी बमक के धँसने से यह दीवार उपजी। अब न मालूम हमारी सरकार सच्ची है (जो कहती है कि ग्लेशियर पिघलने और धँसने की बात एक मिथक है) या मजूमदार का कहा सत्य है (जो कि एक प्रकृति प्रेमी, नि:स्वार्थ ट्रैकर थे)। लेकिन हाल-फ़िलहाल तो मैं अपनी आँखों से देख रहा था उस 30-40 फ़ीट ऊँची दीवार को, नन्दनवन के मैदान के उस अन्तिम छोर पर खड़े होकर, जहाँ से एक पथरीले और पिघलती बर्फ़ के कारण फिसलन युक्त तीव्र उतार पर विजय प्राप्त करके मुझे वासुकी बमक पर पहुँचना था। जब मैं उस दीवार तक पहुँचा तब हमारी टीम के लोग उस पर रस्सी ठोंक रहे थे। बल्ली की टीम को वहाँ न देखकर मैंने सोनी से पूछा—

"बल्ली निकल गया क्या आगे?"

"हाँ सर, थोड़ी देर हुई वे निकल गए।"

"अरे! तो वह क्या बिना रोप के ही पार कर गए इस दीवार को?" इस प्रश्न का कारण यह था कि साधारणतया पहाड़ों पर लोग एक-दूसरे की सहायता करते चलते हैं। उदाहरण के लिए, यदि एक टीम कहीं रस्सी फिक्स करती है तो वह अपने ठीक पीछे चल रही टीम के लिए उसको छोड़ देती है, पीछे वाली टीम बाद में रस्सी को अपने साथ ले आती है पहली टीम को पुन: लौटाने के लिए।

"नहीं, रोप तो उन्होंने भी लगाई थी पर साथ ले गए निकालकर।" जवाब नवीन ने दिया जो लगभग आधी दीवार की ऊँचाई पर लटककर एक पत्थर में रस्सी

अटकाने की कोशिश कर रहा था। उसके साथ एक नया व्यक्ति दिखा—कोई पच्चीस वर्ष का छरहरा युवक—जो बड़ी फुर्ती से नवीन के काम में हाथ बँटा रहा था।

"वो कौन है सोनी?" उसको यूँ दौड़-दौड़कर काम करते देख मैंने सोनी से पूछा।

"कौन?"

"वह जो नवीन का हाथ बँटा रहा है।"

"वो रनवीर सिंह है, बल्ली की टीम का हाई-एल्टीट्यूड पोर्टर।"

"वह यहाँ क्यों, क्या तुमने बुलाया?" मेरा प्रश्न स्वाभाविक था।

"नहीं सर, पर वह एक मँजा हुआ पर्वतारोही है, जो पहाड़ पर एक दूसरे की सहायता करने का कोई मौक़ा नहीं चूकते।" यह कहते हुए सोनी का चेहरा गर्व से दमक उठा था।

यह रनवीर से, जिसको सब रनी कहकर पुकार रहे थे, हमारी पहली मुलाक़ात थी। और उसमें ही रनी ने हमारे मन पर अपनी अमिट छाप छोड़ दी।

उस दीवार को पार करने में हम सबको लगभग एक घंटे का समय लगा और दीवार के उस पार, काफ़ी देर चलने के बाद ही, हम पहुँच पाए हमारे आज (28 मई) के पड़ाव पर—जो कि वासुकी ताल के किनारे से कुछ दूरी पर लगाया

नन्दनवन से खड़ा पत्थर की ओर

गया था। इस ताल के बारे में भी ओमकृष्ण मजूमदार के यात्रा वृत्तान्त में पढ़ा था। उनके अनुसार पहले यह ताल गहरा था—कमर तक पानी आता ही था, हालाँकि इस वक़्त तो वह एकदम छिछला था। पर हाँ, ताल के चारों ओर का दृश्य बड़ा मनोरम था। ताल के छिछले जल में भागीरथी की ऊँची चोटी (21365 फ़ीट) अपना मुख निहारने के वास्ते ताल के दक्षिण स्थित विशाल वासुकी पर्वत (22275 फ़ीट) के नागफन नुमा शिखर से मुक़ाबला कर रही थी। और ताल के दक्षिण-पूर्व में नज़र आ रहा था बर्फ़ से पूरी तरह ढका हुआ सतोपन्त का शिखर (23210 फ़ीट)। यहाँ यह बताना ज़रूरी है कि वासुकी नाम का एक और ताल है—केदारनाथ के ऊपर। और सतोपन्त नाम का एक कॉल है बद्रीविशाल के नज़दीक, माना गाँव के पास! वैसे इस ताल का ज़िक्र एरिक की पुस्तक 'नन्दादेवी' में नहीं है—या तो उनका मार्ग अलग रहा होगा या उन्होंने इस ताल की तरफ़ ज़्यादा ध्यान नहीं दिया।

मौसम अच्छा था। धूप भी पूरे समय रही थी आज। सारे दिन की जद्दोजहद से थक-हार कर आज जल्दी विश्राम का मन था कि तभी सोनी का आदेश हुआ कि हम लोगों को बैठने के बजाय चहलक़दमी करना चाहिए—ऊपर जाकर फिर नीचे कैम्प में आएँ ताकि आगे की ऊँचाइयों के लिए हमारा सटीक अनुकूलन हो सके। सोनी भी न कभी-कभी बहुत ज़्यादती करता है—कई बार तो मुझे लगता है कि हम सबों की वह रैगिंग ले रहा हो! पर मरता क्या न करता, हम तीनों रोबोट की तरह उठे और जूते पहन चल पड़े ऊपर की ओर। आज अब तक मौसम खुला था, आसमाँ एकदम साफ़ था। कोई एक घंटे बाद लौटे तब शाम हो रही थी, धुँधलका होते ही वासुकी पर्वत ने अपना फन ताल से समेट लिया था। हालाँकि ठंड बढ़ रही थी फिर भी 'क्लब हाउस' में जाने का मन नहीं था। बहुत दिनों बाद साफ़ आसमान पाकर आज दिल पहाड़ों की नाइट लाइफ़ में शामिल होने का था। कहावत भी है—सूरज अस्त-पहाड़ मस्त! सच ही सूर्य की नाक के नीचे वह मस्ती तबीयत में नहीं आती जो चाँद और तारों की रोशनी दिलो-दिमाग़ में भर देती है! शहरों की तुलना में पहाड़ पर 'नाइट लाइफ़' जल्दी शुरू हो जाती है—सूरज के ढलते ही। यहाँ का 'नाइट क्लब' खुलता है नभ में तथा शहरों की तुलना में यहाँ शोर-शराबा भी क़तई कम नहीं रहता। चाँद और तारों को अगर आप शान्त समझते

वासुकी पर्वत शिखर के तले

हैं तो यहाँ इनकी भागमभाग देख और उससे पैदा होता शोरगुल सुन आप विस्मित रह जाएँगे। सत्य तो यह है कि तारों की उत्तरोत्तर बढ़ती संख्या के चलते, यहाँ आकाश में शोरगुल दिनोदिन बढ़ता ही जा रहा है—त्रस्त हो शहरों से पलायन कर चुके तारे इन बीहड़ों में ही तो शरण ले रहे हैं! 'नाइट क्लब' में चाँद अकसर अपनी अँजुरी में चाँदनी भर कभी इस शिखर पर, कभी उस चोटी पर, कभी इस ताल पर, कभी उस मैदान पर, यहाँ तक कि आप-हम पर भी, छींटते हुए आगे-आगे चलता है, उसके पीछे दौड़ते हैं तारे—सारे तारे। जैसे मोहल्ले का नेता आगे-आगे और उसके चमचे पीछे-पीछे! अकसर इनमें से कुछ गिर भी जाते हैं, वह भी टुन्न हुए बिना, होता यूँ है कि चाँदनी की ख़ैरात लूटने की तारों में बहुत होड़ रहती है, इतनी कि यदा-कदा तो कुछ तारे अपना सन्तुलन खो आसमान से गिर तक जाते हैं। अगर कोई पानी का ढबरा भरा दिख जाए तो चाँद कुछ देर उसमें अपना मुँह निहारे बिना आगे नहीं बढ़ता, इसी दर्पण में स्वयं को देखने की होड़ में भी तारे लड़खड़ाकर

गिर जाते हैं। विरहाग्नि से दग्ध मोनाल की दृष्टि ज्यों ही आकाशगंगा में टूटते तारों पर पड़ती है वह मन्नतें माँगते हुए निकल आता है औडार से बाहर खुले मैदानों में—घात लगाए बैठी लोमड़ी पर ध्यान दिए बिना। सच है कि चाँद प्रेमियों की जान आफ़त में डाल देता है। चाँद अपने चमचों के मज़े भी बहुत लेता है—कभी तो वह पूरा का पूरा मंच पर आता है और कभी अपने घर की मुँडेर से थोड़ा सा सिर भर निकाल इन्तज़ार कर रहे तारों को तड़पाता है। हद तो उस रात होती है जब वह वादा करके भी नहीं आता—बेचारे तारे उस रात बहुत दुखी हो जाते हैं।

वासुकी ताल से खड़ा पत्थर और सुराले बमक

अगले दिन सुबह टेंट से बाहर निकले तब आसमान साफ़ था। तुरन्त तैयार होकर आगे चल पड़े, चतुरंगी ग्लेशियर के किनारे की ऊँची धार पर हमारा अगला पड़ाव था 'खड़ा पत्थर'। चतुरंगी ग्लेशियर को यह नाम मिला था इसमें मिलने वाले चार रंगों के मोरेन के कारण जो कि सफ़ेद, काले, लाल और पीले रंग के बताए गए हैं। इसका नामकरण किया गया था गौरडॉन ऑसमेस्टन द्वारा 1935-36 में (charanikwordpress.com/kalindi-khal-txk/)। हालाँकि हिमाच्छादित होने के कारण हमें अब तक तो चतुरंगी के रंग दिखे नहीं थे। इसके रंग दिखने की उम्मीदों पर पूरी तरह पानी फिर गया जब हम खड़ा पत्थर पर हुई बर्फ़बारी में फँस गए। पूरे ढाई दिन तक, लगभग लगातार, बर्फ़ गिरती रही। चारों तरफ़ कमर-कमर तक बर्फ़ ही बर्फ़। लघुशंका के लिए भी टेंट से बाहर निकलना मुहाल हो गया था। ठंड के मारे बुरा हाल हो गया था। हमारी श्वास की नमी भी तो टेंट की छत पर चिपककर बर्फ़ में तब्दील हो रही थी। हम तीनों द्वारा, बारी-बारी से, टेंट को अन्दर से हिलाते रहने से टेंट दबने से तो बचता रहा, पर उसके आसपास कई-कई फ़ीट बर्फ़ जमा हो गई। जिसके चलते उसकी साइड की दीवारों से बर्फ़ की सीलन टेंट में रिसने लगी थी। लगभग साठ घंटों तक हम क़ैद रहे टेंट में—हमारा कोई साथी समय-समय पर आकर हमें चाय-वग़ैरह टेंट में ही दे जाता था। किचन टेंट का हाल तो और भी बुरा था—वहाँ लेटना तो दूर बैठना भी सम्भव नहीं था, नवीन के अलावा अन्य लोग आसपास की ओडारों में चले गए थे। सोनी ज़रूर दिन में कई बार आकर हमारे साथ हमारे टेंट में बैठता रहा—कभी ताश खेलते तो कभी स्क्रेबल।

लगातार गिरती बर्फ़ के साथ पूरी टीम का मनोबल भी लगातार गिर रहा था, अगर बर्फ़बारी नहीं रुकी तो जान के लाले पड़ जाएँगे। हमसे कुछ दूर ही

जर्मन टीम भी फँसी पड़ी थी। उनका मैनेजर बल्ली तो डर के मारे भी काँप रहा था—उसने अपने जीवन में कभी ऐसे ख़राब मौसम का सामना नहीं किया था, वह जुगाड़ लगा रहा था कि किसी तरह से अगर सन्देश नीचे (गोमुख) तक पहुँचे तो हेलीकॉप्टर मँगाकर यहाँ से निकल जाएँ, लेकिन ऐसी हालत में हरकारा बनकर नीचे जाए कौन? उनके साथ आया वॉकी-टॉकी नाकाम हो चुका था और हमारे पास तो कोई आधुनिक संचार साधन थे ही नहीं। हम तो सिर्फ़ यह इन्तज़ाम कर के निकले थे कि यदि पाँच जून तक घस्तौली नहीं पहुँचे तो हमारे रेस्क्यू के लिए सोनी के मित्रगण नेहरू पर्वतारोहण संस्थान को आवेदन कर दें। और अभी पाँच जून नौ दिन दूर था—पूरे नौ दिन!

पर ईश्वर हमारे साथ था—31 मई को सुबह आठ बजे बर्फ़बारी रुक गई। थोड़ी ही देर में आसमान ने अपनी रंगत बदल ली—वह नीला हो गया और सूर्य की किरणें 'खड़े पत्थर' पर हमें ढूँढ़ने को उतर पड़ीं। हम सब क़ैद से छूटकर बाहर निकले और बर्फ़ की परवाह किए बग़ैर खुले में घूमने लगे। किचन टेंट से, बर्फ़ पिघलाकर बनाया गया, गुनगुना पानी आ गया। तीन दिनों से ब्रश तक नहीं किया था—तो सबसे पहले मैंने पानी हाथों में लिया, चेहरे पर छींटे मारे और कुल्ले की गरज से मुँह भरा। इधर पानी मुँह के सम्पर्क में आया उधर मेरी इतनी ज़ोर से चीख़ निकली कि कुछ दूर किचन टेंट में बैठे सोनी और बल्ली घबराकर दौड़ते हुए मेरे पास आ गए। मुझे हथेलियों में चेहरे को दबाए कूदते देख वे परेशान थे—लेकिन क़िस्सा सुनने के बाद सब हँसने लगे। सोनी ने आगाह किया कि ऊँचाइयों पर, इतनी ठंड में, न तो ब्रश करना है न चेहरे पर पानी लगाना है—गर्म पानी में तौलिया डालकर कुछ स्पंजिंग कर लेना पर्याप्त होगा। यह समझाते हुए सोनी आगे बढ़ा और मेरे चेहरे पर अपनी हथेली रगड़ने लगा, तब मुझे एहसास हुआ कि चेहरे पर डाला पानी तो बर्फ़ में बदल चुका था! अपर्णा के अलावा हर आदमी मुझ पर हँस रहा था—अपर्णा हँस भी नहीं सकती थी क्योंकि वह चार दिन पूर्व ही वासुकी-ताल पर अपना मुँह बर्फ़ के साथ काला कर चुकी थी। हुआ यूँ कि वासुकी तक पहुँचते-पहुँचते तेज़ धूप के कारण उसका चेहरा जल गया था—जलन मिटाने के लिए अपर्णा ने आगे झुक कर बर्फ़ उठाई और चेहरे पर मल ली—उस समय वह भी चीख़ पड़ी थी। कुछ समय बाद उसके चेहरे की चमड़ी जलकर काली पड़ गई—धूप से सिर्फ़ लाल हुए थे—बर्फ़ से काले—हुआ न बर्फ़ के साथ मुँह काला करना!

बहरहाल पिछले दिनों हुई बर्फ़बारी ने सबके हौसले पस्त कर दिए थे—आगे जाने में ख़तरे कई गुना बढ़ गए थे। क्रेवासेस अब इस नर्म बर्फ़ के पर्दे में छुप गए होंगे—और उनको पहचानने में ज़रा भी ग़फ़लत हुई कि जान पर बन आएगी। लेकिन यह ख़तरा तो पीछे जाने में भी रहेगा—इतना ही या शायद इससे ज़्यादा। जब ख़तरा दोनों तरफ़ है तो सामना करके आगे बढ़ना ही श्रेयस्कर है—ऐसा मेरा, अपर्णा तथा सोनी का मत था। अद्वैत की थोड़ी चिन्ता ज़रूर थी, वह बहुत छोटा था—सिर्फ़ पन्द्रह वर्ष का। मुझे अपने आप पर बहुत ग़ुस्सा आ रहा था—इतने छोटे बच्चे को इस ख़तरे में डालने का कारण सिर्फ़ मैं और मेरी ज़िद ही तो थी। पर अद्वैत ने बहुत जीवटता दिखाई—एक क्षण के लिए भी उसके चेहरे पर पसोपेश के भाव नहीं उभरे। वह हम सबसे ज़्यादा उत्साह से आगे जाने की तैयारी में जुटा हुआ था।

जर्मनी की टीम के हौसले भी पस्त ही थे, टीम से ज़्यादा उनके लीडर बल्ली की घिग्घी बँधी हुई थी। उसकी वाचाल, सदा लपलपाती ज़ुबान छिपकली की तरह तालू से चिपक गई थी। वह मुँह से एक शब्द निकाले बिना पीछे लौटने की तैयारी कर रहा था। हमारे साथ के दो कुली भी अब आगे जाने को तैयार नहीं थे, सो वे भी लौटती टीम के साथ हो लिये। इस बीच हमने सोनी को सुझाव दिया कि वह रनी को हमारे साथ आगे चलने का प्रस्ताव दे। रनी प्रस्ताव सहर्ष स्वीकार कर हमारे साथ चल पड़ा, घुटने-घुटने से भी अधिक बर्फ़ में धँसते हुए आगे 'सुराले बमक' की ओर।

'सुराले बमक' की ओर बढ़ते-बढ़ते एक समस्या और ध्यान में आई। एस.डी. एम., उत्तरकाशी द्वारा दी गई अनुमति के अनुसार हमारा ट्रेक 28 मई को समाप्त हो जाना था, पर आज तारीख़ 31 मई, 2005 हो चुकी थी। इसका परिणाम न मालूम क्या होगा, पर अभी तो ध्यान आगे के मार्ग पर था जो कठिन से कठिनतर होता जा रहा था। पाँच-दस क़दम चलकर रुकने की ज़रूरत पड़ रही थी—सपाट मैदान तो नन्दनवन के बाद ही कम हो गए थे पर अब तो एक साथ पचास क़दम चलने जितनी भी समतल ज़मीन नज़र नहीं आ रही थी। खड़ा पत्थर से निकलते ही बर्फ़ की सीधी दीवार से सामना हुआ, जूते के अग्रभाग को ज़ोर से बर्फ़ पर मारकर पाँव जमाने का स्थान बनाते हुए ऊपर चढ़ना पड़ रहा था, उतरते समय एड़ियों को ज़ोर से मारकर जगह बनाई जा रही थी। सबसे ज़्यादा दुश्वारियाँ हो रही थीं ढलान

संतोपंत पर्वत शिखर

पर—आड़ा चलने में—क्योंकि ऐसे में जूतों को आड़ा मारकर पंजों के बाएँ या भीतरी किनारों पर ही सारे शरीर का (एवं पीठ पिट्ठू के बोझ का) वज़न डालकर आगे बढ़ना पड़ रहा था। ऊपर से पाँव की उँगलियाँ ठंड में ठिठुर रही थीं—उनके पोर हल्के लाल पड़ गए थे—जो कि 'फ्रॉस्ट बाइट' की पहली निशानी होती है। इतनी दुश्वारियों के साथ जल्दी चलना सम्भव ही नहीं था। निकल गई 28 मई तो निकल जाने दो, जो होगा सो होगा, पहले घस्तौली पहुँचें तो सही (घस्तौली में आई.टी.बी.पी. का चेक पोस्ट था, जहाँ हमारे परमिट आदि का निरीक्षण करके ही हमें माना गाँव की तरफ़ जाने दिया जाएगा)।

कुल तीन घंटे चल अभी सुराले ग्लेशियर में बस पहुँचे ही थे कि चारों ओर धुंध छा गई। कुछ देर पहले तक तो अच्छी-ख़ासी धूप थी और अब हालात ये थे कि चार फ़ीट दूर खड़ा व्यक्ति भी नज़र नहीं आ रहा था। ऐसी स्थिति में क्रेवासों से अँटे इस सुराले ग्लेशियर में आगे बढ़ना, जानते-बूझते मौत को दावत देना होता, सो वहीं मोरेन पर कैम्प लगाया, चूँकि वहाँ पत्थरों के गिरने का ख़तरा भी बहुत था—सो कुछ दूरी बनाते हुए—बड़ी-बड़ी चट्टानों की ओट में टेंट लगाए गए। चित्त पुन: व्याकुल हो गया था। अब क्या होगा? यदि यह बर्फ़बारी अनवरत जारी रही, तब तो यहाँ से निकलना असम्भव हो जाएगा। जिस जगह इस वक़्त हम थे वह सँकरी घाटी थी—हेलीकॉप्टर ऊपर से कितनी ही बार निकल जाए हमें देख नहीं सकता था। गोया कि यह प्रकृति की समझी-बूझी चाल हो, तीन घंटे की धूप ने बहला-फुसलाकर हमें खुले-खुले 'खड़ा पत्थर' के इलाक़े से सुराले के 'डेथ

ट्रैप' में फँसा दिया! लेकिन, अपर्णा मस्त थी। चाय का कप हाथ में पकड़ वह स-स्वर बशीर बद्र की पुस्तक से शेर पढ़ रही थी, सामने जाज़िम पर बैठ अद्वैत, रनी, डी.एन. और अन्य लोग हाथ उठा-उठा उनका लुत्फ़ उठा रहे थे। इस अद्‌भुत मुशायरे ने वातावरण में ग़ज़ब की ऊर्जा निर्मित की। मैंने महसूस किया उनका पूर्ण विश्वास, पूर्ण समर्पण ईश्वर के प्रति तथा पूर्ण आस्था अपनी क्षमताओं के प्रति। मन में आई क्षणिक दुर्बलता तुरन्त काफ़ूर हो गई, और उसके साथ ही काफ़ूर हो गई आसपास फैली धुंध एवं रुक गईं बर्फ़ की बौछारें भी! शायद मन की धुंध ही फैलकर हमारे जीवन को धूमिल कर देती है—शायद मन की हलचल ही जीवन में ज़लज़ले लाती है—मन शान्त होते ही कैसे सब शान्त हो जाता है—यह मैंने उस क्षण प्रत्यक्ष महसूस किया। प्रकृति ने मंत्र फूँका कान में 'मन के हारे हार है, मन के जीते जीत!' आज से प्रकृति तू ही मेरी गुरु हुई। तू भले मुझे अपना माने या नहीं किन्तु ऐ हिमालय! तू मुझे एकलव्य होने से तो रोक नहीं पाएगा।

कुछ समय पश्चात धरती और आकाश के बीच इन्तज़ार करती सूर्य की किरणें हौले-हौले धुंध की नज़र बचाकर वादियों में ऐसे प्रवेश करने लगीं जैसे दरबान की नज़र बचाकर बच्चे प्रवेश कर जाते हैं निषिद्ध स्थानों पर! धूप क्या आई मानो ज़लज़ला आ गया। वह घाटी जो कुछ क्षण पूर्व तक 'डेथ ट्रैप' सी लग रही थी, वहीं बिखरी सुन्दरता ने एक क्षण के लिए मन के सोचने-समझने की शक्ति को कुंद कर दिया। ठीक सामने उनींदा चन्द्रपर्वत खड़ा था, उसकी बाईं आस्तीन पर पड़ी बर्फ़ की सलवटें चुगली कर रही थीं कि वह कुछ क्षण पूर्व तक बाँह का सिरहाना किए लेटा हुआ था और अनपेक्षित रूप से जल्दी लौट आई सूर्य की किरणों को देख वह हड़बड़ाकर उठ बैठा था। चन्द्रपर्वत से कुछ दक्षिण की ओर सतोपन्त था जिसके सपाट शिखर पर सूरज ने धुंध से सीली किरणों को सूखने के लिए फैला दिया था। इस सुन्दर स्थान पर एक लम्बा दिन बिता देना कोई बुरा ख़याल नहीं था। टेंट में लेटे-लेटे मैंने एक निगाह चन्द्रपर्वत पर जमा रखी थी कि कहीं वह उठकर चल न दे, तो दूसरी निगाह से कुछ दूर सूखती उन किरणों पर नज़र रखे था कि कहीं हवा उन्हें उड़ा न ले जाए। कब निगाहें थक गईं मालूम नहीं—लेकिन सुबह नींद खुली तो गर्दन में हल्का दर्द था—शायद तिरछी रह गई होगी पकड़ा-पकड़ी में!

सुराले बमक से कालिन्दी बेस

1 जून, 2005 को सुन्दर शान्त नीले आसमान ने हमारा स्वागत किया। जल्द ही तैयार होकर आगे निकल पड़े। आप चाहें तो कह सकते हैं कि ऐसी तैयारी सज-धज के नाम पर कलंक ही है जिसमें नहाने का प्रश्न नहीं। कपड़े बदलना नहीं। आईना कोई साथ रखते नहीं तो मुँह तक देखना नहीं। तैयार होने से तात्पर्य है—चाय-नाश्ता करना। सिर्फ़ जुराबें बदलना, दस्ताने पहनना, कैमरे का सामान देखकर व्यवस्थित कर लेना, जूते पहनना और रनी के सामने खड़े हो जाना—क़तार में—ताकि वह हम तीनों को बारी-बारी गेटर्स पहना दें।

ठंड इतनी है कि सुबह जो गर्म पानी बोतलों में लेकर निकलते हैं—उसमें कुछ समय बाद ही गुठलियाँ पड़ जाती हैं। पर हमारी सहनशक्ति में भी काफ़ी इज़ाफ़ा हो चुका है—अब दस्तानों का उपयोग कम से कम, मफ़लर का उपयोग सिर्फ़ कैमरे की बैटरी को गर्म रखने के लिए, तथा कनटोपी का उपयोग कान के ऊपर—सिर्फ़ खोपड़ी को ढकने के लिए ही किया जा रहा था। खोपड़ी को ढकना नितान्त आवश्यक होता है—क्योंकि शरीर की ऊर्जा का एक बड़ा हिस्सा सिर से ही बाहर निकलता है—सिर यदि ठीक से नहीं ढका हो तो हाइपोथर्मिया से ग्रसित होना निश्चित है।

आज मौसम अच्छा है, मन में उत्साह अपने चरम पर है—क़दमों में दम है—कल के आराम ने बड़ा काम किया है। अब हम लोग पूर्वोत्तर की ओर बढ़ रहे थे। कई तीव्र चढ़ाइयों, तीखे उतारों एवं हिम तालाबों की ऊँची-ऊँची मुँडेरों से गुज़रकर जल्द ही हम श्वेता (या सीता?) ग्लेशियर के नज़दीक पहुँच गए। मार्ग में हमें एक गुफा दिखी—एक पहाड़ की तलहटी में—पहाड़ और ग्लेशियर के मुहाने पर। इतने दिनों में जानवरों के नाम पर गोमुख के पास कुछ भरल दिखे थे, नन्दनवन

में मोनाल का एक जोड़ा नज़र आया था—और हमारे वासुकी कैम्प के पास बर्फ़ की लोमड़ी के पदचापों को सुना तथा उसके पदचिह्नों को देखा था। इस इलाक़े में स्नो-लेपर्ड तथा भालू भी हैं ऐसा सुना ज़रूर था लेकिन दिखाई कोई नहीं दिया! कर्णश्रुतियों के अनुसार तो यहाँ हिममानव भी रहते हैं, सो बर्फ़ में बनी इतनी सुन्दर गुफा देख मन में उम्मीद जागी कि शायद इसमें कोई हो। इच्छा हुई कि पचास-साठ फ़ीट नीचे नज़र आ रही इस गुफा के द्वार तक उतर अन्दर का नज़ारा देख आऊँ, लेकिन साथ चल रहे रनवीर सिंह ने पुरज़ोर तरीक़े से मेरे इस विचार का विरोध कर मुझे बर्फ़ की क़ब्र में जाने से बचा लिया। वहीं थोड़ा इन्तज़ार किया—लेकिन न कोई यति था—न कोई जानवर—तो निकलता क्या?

दोपहर तीन बजे तक हम श्वेता ग्लेशियर पर काफ़ी आगे निकल आए थे—चन्द्रपर्वत के समक्ष उस स्थान पर, जहाँ से उसका चन्द्राकार शिखर पहली बार बिलकुल साफ़ नज़र आ रहा था। चन्द्रपर्वत के पास ही था बड़ा सा आइस फॉल—'माना आइस फॉल'। हमारी बाईं ओर, उत्तर-पूर्व में, नज़र आ रहा था कालिन्दी नाले का प्रवेश द्वार जिसमें प्रविष्ट होकर हमें कालिन्दी बेस कैम्प पर पहुँचना था!

कल की योजना बनाने के लिए हम सभी 'क्लब हाउस' (रसोई के तम्बू) में बैठ गए। डी.एन. हर शाम की तरह मुझसे आग्रह करने लगा कि मैं अपना वादा पूरा करूँ—बालीपास के समय हुई कुछ ख़ास घटनाओं को सुनाने का—जो मैंने उससे किया था नन्दनवन में। मैंने तम्बू में बैठे लोगों की ओर एक निगाह फेंकी, लगा कि सभी उत्सुक हैं सुनने को-सो क़िस्सा शुरू किया—"लोग अकसर हमसे पूछते हैं हमारे बीहड़ों में भटकने का कारण। कई मकसद लेकर आते हैं हम इन दूर-दराज़ इलाक़ों में। पर पहला मक़सद होता है ऐसे भारत को देखना, महसूस करना और कैमरे में सहेजना जिसकी संस्कृति अभी तक पाश्चात्य संस्कृति के साथ गड्ड-मड्ड न हुई हो। ऐसे 'वास्तविक' भारत के सरल हृदय बाशिन्दों से मिलना भी एक मक़सद होता है हमारा, क्योंकि इनके पास प्रकृति प्रदत्त प्रचुर ज्ञान मिलता है जो हमारे 'आर्टिफ़िशियल इंटेलिजेंस' को पूर्णता प्रदान करता है। बालीपास या यमुनोत्री पास का अभियान हमने मई, 2002 में किया था। इस अभियान के दौरान हम 'हर की दून' की घाटी में बिखरी एक ऐसी जनजाति से मिले जो अपने साथ

हिमालय के बीहड़ों में पाँच हज़ार वर्षों का इतिहास छुपाए बैठी है। आधुनिक सभ्यता से दो-चार होने के बावजूद इनका कौमार्य अब तक अक्षुण्ण था। यह हमारे जीवन को बदल देने वाला अभियान था। इस ट्रेक के दौरान तीन अद्‌भुत व्यक्ति हमें मिले। कमल, पसांग एवं सुबनु। कमल, सोनी का रिश्ते में भाई था। कमल और पसांग नेपाल से हमारे इस अभियान में सहयोग करने के लिए विशेष रूप से आए थे। वे दोनों अच्छे पर्वतारोही थे—और किसी एडवेंचर कम्पनी के लिए नेपाल में काम करते थे—पसांग कुक के रूप में और कमल लीडर के रूप में। पाँचफुटे, ऊबड़-खाबड़ देहयष्टि के कमल में एक परिपक्व विचारक एवं निष्णात शिक्षक छुपा था यह हमें तब मालूम हुआ जब वह अपर्णा, मुझे और अद्वैत को भागते-भागते चलते हुए देखकर एक बार हमारे पास आया और बोला—

"आओ अद्वैत थोड़ा बैठते हैं।"

"बैठना क्यों, सब आगे निकल गए हैं, हमें कैम्प जल्दी पहुँचना है"—अद्वैत ने विरोध किया।

"अच्छा बैठो तो सही।" कहते हुए उसने अद्वैत को हाथ पकड़ अपने क़रीब बैठा लिया। गहरी घाटी की ओर मुँह कर उसने अपने बैग से एक कॉपी निकाली और उस पर पेंसिल से आसपास के दृश्य का चित्र बनाने लगा। सुन्दर चित्र बनाया—बहुत सजीव, लेकिन वह स्वयं चित्र से पूरी तरह से सन्तुष्ट न था, कॉपी अद्वैत के समक्ष रख कमल बोला, "मुझे समझ नहीं आ रहा कि यह वादी सूर्यास्त के वक़्त कैसी दिखेगी?" अगले पन्द्रह मिनट तक वह और अद्वैत उस वादी को अलग-अलग प्रकार से काग़ज़ पर उतारते रहे। फिर कमल ने कॉपी एक तरफ़ रखकर एक पुस्तक निकाल ली 'पाकेट गाइड टू दी बर्ड्स ऑफ़ इंडियन सब कांटिनेंट'। और आसपास फुदकती चिड़ियों को लक्ष्य कर उनको पहचानने की कोशिश करने लगा। इतने दिनों में पहली बार हमें इस बात का इल्म हुआ कि हम हर तरफ़ से चिड़ियों से घिरे होते हुए भी उनसे अनजान रहते हैं। क़रीब एक घंटे बाद कमल उठा और हमसे बोला—"अब चलिए, आगे चलते हैं, लेकिन कोई जल्दी नहीं। अरे आप जीवन की दौड़ से भागकर यहाँ हिमालय पर आए हैं—कुछ देर ठहरकर देखें तो सही। गुज़रते क्षण और आते क्षण के मध्य में जो एक छुपा हुआ स्पन्दनहीन अन्तराल है, आती और जाती साँस के मध्य जो एक निष्कम्प ठहराव है, उसको महसूस करने की चेष्टा करें। गति से अभिभूत हम लोग उस ठहराव की आदतन उपेक्षा करते हैं, जबकि मुझे लगता है कि जिस आनन्द की खोज में

श्वेता बमक के आगे मार्ग कठीन होता जा रहा था

हम सब भाग रहे हैं वह तो उसी ठहराव में छुपा हमारा इन्तज़ार कर रहा होता है।

बात दिलो-दिमाग़ में घर कर गई। सच ही तो था—हम यहाँ कोई रेस जीतने थोड़े ही आते हैं। हम अब तक ट्रेक ऐसे करते थे मानो गदहे हों—जो अपने बल से ख़ज़ाना अपनी पीठ पर ढो रहा था—बग़ैर उस ख़ज़ाने का आनन्द लिये हुए। उस दिन हमने चलना सीखा, प्रकृति को देखना सीखा। हौले-हौले प्रकृति महसूस होने लगी—अब इन्तज़ार है तो बस प्रकृति से एकाकार हो जाने का, उस ठहराव को देख पाने का।"

"कमल को इस ट्रेक में क्यों नहीं लाए सर जी?" रनी ने उत्सुकता से पूछा।

"कमल को हम कालिन्दी ट्रेक में भी लाना चाहते थे पर बालीपास के अगले वर्ष ही, एवरेस्ट के कैम्प दो के पास वह मृत पाया गया—घाटी की तरफ़ मुँह करके बैठे हुए, पद्मासन की मुद्रा में!" सबकी ओर एक सरसरी निगाह डालकर मैंने अपनी बात जारी रखी—"दूसरा व्यक्ति था पासंग, एक बहुत सभ्य, हँसमुख व्यक्ति। उसने हमें सिखाया पहाड़ों पर चढ़ना-उतरना, बर्फ़ पर चलना, बर्फ़ की कुल्हाड़ी का उपयोग करना, रस्सी बाँधना आदि। बालीपास के नज़दीक हमारा बर्फ़ के मैदान में पहला ट्रेवर्स उसने ही हाथ पकड़कर कराया था! कमल की मृत्यु के बाद, उसका क्या हुआ किसी को पता नहीं।

इसी ट्रेक में हमारे साथ था एक बहुत ऊर्जावान किशोर, सुबनु। वह ओसला (हर की दून का एक गाँव) से एक कुली की हैसियत से टीम में शामिल हुआ था। सुबनु आगे बढ़-बढ़कर ज़िम्मेदारी लेता और उसे पूरा करने में ख़ुद को पूरी तरह से झोंक देता। सुबनु ने सिखाया कि कैसे किसी के लिए जान की बाज़ी लगाई जा सकती है।

"अच्छा, वह कैसे?" डी.एन. और रनी ने लगभग एक साथ पूछा।

मुस्कराते हुए मैंने कहना जारी रखा, "ट्रेक में चलते हुए बारह दिन हो चुके थे। अब बर्फ़ मिलने लगी थी। अथाह बर्फ़। इतनी बर्फ़ पर चलने का यह हम तीनों का पहला अनुभव था। हम सब मदमस्त हो गए थे—पाँव के तले दबी और चारों तरफ़ ऊँची-ऊँची चोटियों पर जमी बर्फ़ देखकर। तभी एक कठिन हिस्सा आ गया—पार करने हेतु। हमारी दाहिनी तरफ़ बर्फ़ की दीवार थी—उस पर हम अपना हाथ या स्टिक लगा सकते थे—बाईं तरफ़ एकदम गहरी खाई थी—अत: बाएँ हाथ की छड़ी टिकाना सम्भव नहीं था। उस वक़्त सबसे आगे पसांग चल रहा था—स्टेप्स काटते हुए, उसके पीछे अद्वैत (अद्वैत तो पसांग का फैन हो गया था) फिर सोनी, अपर्णा को साइड से कवर करता चल रहा था। आगे वालों के पाँव तले दब कुछ बिल्लात भर चौड़ी एक पगडंडी-सी बन गई थी बर्फ़ पर, जिस पर मैं चल रहा था, अपने बाएँ हाथ में पकड़े मूवी कैमरे से दूर नज़र आ रहे ब्लैकपीक और स्वर्गरोहिणी पर्वत का फ़िल्मांकन करते हुए। सुबनु अपनी मस्ती में स्वर्गरोहिणी से जुड़ी कुछ दंतकथाएँ सुनाते हुए मेरे पीछे आ रहा था। अभी पर्वतों और कथाओं के रहस्य में डूबते-उतरते उस कठिन रास्ते के मध्य तक पहुँचा ही था कि अचानक मेरा पैर फिसला और मैं धड़ाम से मुँह के बल बर्फ़ पर गिर तेज़ी से नीचे जाने लगा। द्रुत गति से नज़दीक आती गहरी खाई देख लगा कि अन्त आ गया है—हाथ का कैमरा छूट गया, कलाई से लटकी स्टिक बार-बार बर्फ़ से टकराने लगी। तभी ऊपर से सोनी की चीख़ सुनाई दी, "फॉलऽऽऽ, पकड़ोऽऽ, स्टिक लगाओऽऽऽ सर, स्टिक।"

मैं भी स्टिक को बर्फ़ पर अटकाने की ही कोशिश कर रहा था—लेकिन सफलता मिल नहीं रही थी, तेज़ रफ़्तार से गिरती सत्तर किलो की लाश को भुरभुरी बर्फ़ में पतली सी स्टिक के सहारे रोक पाना असम्भव लग रहा था। ऊपर स्वर्गरोहिणी पर्वत साफ़ नज़र आ रहा था और नीचे वह खाई भी जो मगरमच्छ की तरह मुँह फाड़े मेरी ओर अग्रसर थी।

ऊपर से जब फिर कोई चीख़ा 'अरे स्टिक पकड़ो, स्टिक लगाओऽऽऽ' तब ध्यान आया कि स्टिक तो कलाई से लटकी मात्र थी, और मैं उसे बर्फ़ में फँसाने का प्रयास किए जा रहा था। पुरज़ोर कोशिश करके मैं बाईं ओर थोड़ा सा पलटा और छटपटाती स्टिक को मुट्ठी में दबोच बर्फ़ में दे मारा—एक झटके के साथ अधोगामी यात्रा में ब्रेक लगा तथा साथ-साथ मेरा शरीर भी इस तरह लहराया कि अब मेरे पैर खाई की ओर तथा सिर ऊपर था। उस वक़्त मेरे पैर वैसे तो हवा में थे पर मुझे एहसास हो रहा था कि मानो कोई मुझे सहारा देकर रोके हुए था—एक पतली सी स्टिक जो कि आधा इंच नरम बर्फ़ में गड़ी थी—मेरा सत्तर किलो का वज़न तो नहीं उठा सकती थी। नीचे देखा तो पाया कि कुछ फ़ीट दूर सुबनु, बर्फ़ में हाथ और पंजा घुसाकर, आड़ा होकर, इस तरह लेटा हुआ था कि यदि मैं और नीचे जाता तो उसके शरीर से टकराकर या तो वहीं रुक जाता या फिर अपने साथ सुबनु को भी घसीटते हुए ले जाता गहरी खाई में! इसके पहले कि कुछ समझ पाता, मैं फिर फिसलने लगा, पर इस बार बहुत आहिस्ता, मानो मुझे निर्दिष्ट स्थान पर पहुँचाया जा रहा हो, निमिष मात्र में मेरे पैर सुबनु के बदन से टकराए तथा मैं रुक गया। इसी बीच सोनी भी सुबनु के नीचे आकर एक आइस-एक्स गाड़ चुका था—हम दोनों को फिर से फिसलने से बचाने के लिए।

मुझे बाद में मालूम पड़ा कि मेरे गिरते ही सुबनु भी कूद पड़ा था मुझे बचाने के लिए—बिना किसी के आदेश के। इस घटना से कुछ देर को तो दिल दहल गया पर तत्क्षण मुझे यह ज्ञान हुआ कि अभी-अभी मेरी एक और व्यक्तित्व से मुलाक़ात हुई थी, उसको देखा तो नहीं पर पूरे होशोहवास में महसूस किया। मामूली सी छड़ी के सहारे जब मैं अधर में लटका था तब वह कौन था जो मुझे थामे खड़ा था—मैं नहीं जानता—शायद ईश्वर और ईश्वरीय शक्तियाँ ऐसे ही अपने-आपको प्रकट करती होंगी..."

अभी मैंने बात पूरी भी नहीं करी थी कि एक तेज़ गड़गड़ाहट के साथ श्वेता ग्लेशियर हिलने लगा। हम सब घबराकर टेंट से बाहर निकले, सामने का दृश्य देख डर से घिग्घी बँध गई। हमारे कैम्प के स्थान से कोई 500 मीटर दूर पहाड़ सिंह की तरह गरज रहा था। हर दहाड़ के साथ उसका एक हिस्सा टूटता और स्वयं पर वर्षों से क़ाबिज़ ग्लेशियर को भी झकझोरकर गिरा देता। यह एक बड़ा

एवालांच था—'सॉलिड एवालांच'। इस ट्रेक में एवालांच से यह दूसरी मुलाक़ात थी। किन्तु अब, अगले दो-तीन दिनों तक, इन 'एवालांचों' से बचकर निकलना बड़ी चुनौती होगी, क्योंकि कालिन्दी खाल जिन दो पर्वत शिखरों के बीच स्थित है उनमें से एक का नाम ही था 'एवालांच पीक'। हम सब दहशतजदा, एक दूसरे का हाथ थामे प्रार्थना करने लगे। अपर्णा गुनगुना रही थी 'इतनी शक्ति हमें देना दाता, मन का विश्वास कमज़ोर हो ना...ऽऽऽ...' बाक़ी सब भी, मन-ही-मन या सस्वर, यही पंक्तियाँ दोहरा रहे थे।

2 मई, 2005 को भाग्य फिर हमारा साथ दे रहा था—आसमाँ एकदम साफ़ था—निष्कलंक नीला। आज लक्ष्य कालिन्दी बेस तक पहुँचने का था। कालिन्दी नाले में सुबह-सुबह ही प्रवेश कर लिया। दूर-दूर तक कोई नहीं, सिवा चहुँओर पसरे सन्नाटे के। कोई जीव नहीं—कोई पक्षी नहीं (अन्तिम बार पक्षी हमें 'खड़ा पत्थर' पर ही दिखे थे)। अब तीव्र चढ़ाव और तीक्ष्ण उतारों का स्थान शनैः-शनैः बढ़ने-घटने वाली चढ़ाई-उतराई ने ले लिया था। चारों तरफ़ बर्फ़ ही बर्फ़ थी। पिछले दिनों हुई अति बर्फ़बारी ने हमें कुछ समय के लिए परेशान अवश्य किया लेकिन उससे लाभ भी बहुत हुआ। इसके ही कारण यहाँ क्रेवासेस और मोरेन मोटी-मोटी बर्फ़ से ढके हुए थे—जिसने चलना कुछ हद तक आसान कर दिया था। रनी सबसे आगे कुल्हाड़ी बर्फ़ में गाड़कर, क्रेवासेस को पहचानकर, मार्ग चिह्नित कर रहा था—और हम सब धीरे-धीरे उसके पीछे चल रहे थे। सब कुछ एकदम धीमा, चाल धीमी-बात धीमी-विचार धीमा—समय धीमा।

हालाँकि मुझे लगा था कि कालिन्दी बेस कैम्प पर पहुँचकर—कालिन्दी पास देखकर शायद हम सब नाचने लगेंगे, कूदने लगेंगे—लेकिन ऐसा कुछ नहीं हुआ। सामने कालिन्दी पास था—कालिन्दी एवं एवालांच शिखरों के बीच—लेकिन मन में कोई अतिरेक नहीं—न ख़ुशी का ज्वार, न डर का बवंडर। सब कुछ सम—सब कुछ एक सा। सब कुछ निष्कम्प-मन निष्कम्प, तन निष्कम्प, दृष्टि निष्कम्प, हृदय निष्कम्प। यह तो अपेक्षित नहीं था। क्या हमारी मति कुंद हो गई है, या प्राणवायु की विरलता ने हमारे एहसासों को भी विरल कर दिया था? या यह कोई उच्च आध्यात्मिक स्तर था? मुझे नहीं मालूम। लेकिन इतना मालूम है कि इन सबके बीच एक चीज़ तेज़ी से उभर रही थी—शान्ति। एक गहरी शान्ति। अजीब, अपूर्व

तथा अनिर्वचनीय आनन्द की अनुभूति आँखों के कोरों को नम कर रही थी, कंठ को रूँध रही थी। आज के आनन्द की अनुभूति, उस 'आनन्द' की अनुभूति से जुदा थी जो मुझे मिलती थी शहर में भौतिक वस्तुओं की प्राप्ति पर, या बौद्धिक विवेचनाओं में जीतने पर या उच्च पदों पर आसीन होने पर या लोगों द्वारा प्रशंसा किए जाने पर। वह आनन्द हमें पछाड़ें खिलाता था—चिखवाता था, यह आनन्द हमें रुला रहा था। अगर वह आनन्द था तो आज का एहसास क्या था और यदि आज का आनन्द ही 'आनन्द' था तो फिर उस शहरी आनन्द का क्या महत्त्व—क्या ज़रूरत, क्या उपयोग?

मुझे यूँ खड़े-खड़े सुबकते देख रनी, रुँधे स्वर में फुसफुसाकर बोला—"कैम्प में चलो, सर जी।"

दर्रों का सिरमौर : कालिन्दी खाल

एवालांच और कालिन्दी चोटियों के नीचे, बर्फ़ के एक अतिविशाल क्षेत्र पर टेंट लगे हैं। जहाँ बर्फ़ की यह चादर है, जिसके नीचे कम से कम बीस-तीस फ़ीट गहरी खाई होगी—जो कि बर्फ़ की वजह से एकदम समतल हो गई है। इस मौसम में आने का एक फ़ायदा और मिला कि कालिन्दी पास तक जाने की चढ़ाई तीस फ़ीट कम हो गई, उन्नीस हज़ार फ़ीट पर हर फ़ीट एक मील सरीखा लम्बा लगता है—चलने में भी और दिखने में भी। इस मान से तीस फ़ीट चढ़ने की मेहनत से बचना कल हमारे लिए महत्त्वपूर्ण साबित हो सकता था।

टेंट का मुँह कालिन्दी से विपरीत रखा गया था। ऐसा सोनी ने दो कारणों से किया था। पहला कारण था कि अगर सामने दर्रा दिखता रहा तो उस पर स्थित क्रेवास गिन-गिनकर हम अपनी हिम्मत खो देंगे। दूसरा कारण था एवालांच चोटी से रुक-रुककर हो रहे बर्फ़-स्खलन को नज़रअन्दाज़ करना—यहाँ अगर हम हिम्मत हार गए और पीछे लौट जाने की ज़िद कर बैठे तो वह कहीं अधिक ख़तरनाक होगा आगे जाने के बनिस्बत!

रात को दो बजे उठना है—तैयार होकर—तीन बजे के आसपास कालिन्दी दर्रे की ओर बढ़ना है ऐसी योजना बनी शाम का भोजन करते समय। हमें हिदायत दी गई कि हम अपने जूते और जैकेट न खोलें। जूतों के तस्मे भी ढीले न करें—इनके समेत ही सोना था हमें। सुनने में अटपटा लगा—लेकिन कारण तब समझ में आया जब रात को दो बजे के लगभग रनी टेंट में चाय देने आया। मेरा हाथ जो कि दस्तानों में नहीं था, चाय के गिलास को पकड़ नहीं पा रहा था—ठंड से उँगलियाँ लकड़ी जैसी हो गई थीं—संवेदनाविहीन। जड़ और चैतन्य का फ़र्क़ मैं साफ़ महसूस कर पा रहा था। मैं कोहनी तक चैतन्य था—पंजे से जड़। अगर जूते खोल दिए होते तो

पैरों का हाल भी ऐसा ही हो जाना था—जूते पुनः पहनना और उनके फीते बाँध पाना असम्भव कार्य हो जाता। रनी ने चाय का गिलास मेरे हाथों की अधखुली मुट्ठी में ठूँसा और हँसते हुए कहा, "सर जी, दस्ताने क्यों खोल दिए?" गिलास की गर्मी, गिलास को छोड़, हथेलियों में समाने लगी और उसके साथ ही उँगलियाँ गतिशील होने लगीं और गतिशील होने लगा मन। उस गिलास के प्रति, जिसके कारण मेरे पंजों का जड़त्व दूर हो रहा था, मन में आदर का भाव उत्पन्न हुआ। यहाँ उष्णता का नितान्त अभाव होने के बावजूद उसने ऊर्जा का संग्रहण करने का लालच नहीं किया, बल्कि वह अपने अन्दर समाहित ऊर्जा को दिल खोलकर मुझे प्रदान कर रहा था। गिलास को काफ़ी समय तक हथेलियों के बीच घुमाने के बाद उँगलियों के पोरों पर झनझनाहट के रूप में जीवन लौट आया। पूरे एहतराम के साथ गिलास को टेंट के बाहर रखकर हम तीनों ने भी आगे की यात्रा शुरू करने के लिए अपने क़दम बाहर निकाले। नौ तहों से अपने तन को ढक लेने के बावजूद भी ठंड चीरते हुए सीने से टकराई और तेज़ खाँसी का दौर चलने लगा अपर्णा को! थोड़ी देर चहलक़दमी करके भी जब सहज नहीं हो पाए तो किचन टेंट में जाकर बैठ गए, जहाँ स्टोव की गर्मी तथा अन्य साथियों के शरीर की उष्मा के बीच जल्द ही सब कुछ सामान्य लगने लगा।

दूध और कार्नफ्लेक्स खाकर, अपनी जेब में मेवे और पानी की बोतल में उबलता पानी भरकर जब हम किचन टेंट से बाहर निकले तब सुबह के साढ़े तीन का समय हो रहा था। एवालांच पर्वत की बर्फ़ भी ठंड में कुड़ककर शान्त हो चुकी थी, अतः उसका स्खलन कुछ देर के लिए ही सही रुक गया था। हमने एक साथ कहा—'जय बद्रीविशाल' तथा ऊपर की ओर चलने लगे।

कुछ देर चले कि पीछे से सोनी, रनी और हमारा रसोइया नवीन भी आ गए। नवीन के पास एक लम्बी रस्सी थी। हमें रस्सी में बँधकर एक के पीछे एक होकर चलना था। नवीन आगे बढ़ा, उसने रस्सी का एक सिरा स्वयं की कमर में बाँधा, उससे दस फ़ीट नीचे अद्वैत, फिर मैं और मुझसे कोई पन्द्रह फ़ीट पीछे (नीचे) अपर्णा और अन्त में रनी भी कमर से रस्सी में बँध गए। सोनी रस्सी के बाहर हमारे साथ-साथ ही ऊपर आने लगा।

सुबह क़रीब चार बजे लगा कि किसी ने दर्रे पर नीले रंग का कोई नाइट लैंप लगा दिया हो—जिसकी रोशनी पर्याप्त थी चारों ओर देखने के लिए—अतः हमने अपने हेडलैंप बन्द कर दिए। घर पर तो एक छोटे से कमरे में भी, एक साथ,

दो-तीन प्रकाश स्रोत चालू रखने में कभी सोच नहीं आती थी, लेकिन यहाँ यदि टार्च एक मिनट भी अनावश्यक रूप से जलती रह जाए तो दिल छोटा होने लगता है कि ऊर्जा (ड्रायसेल) सीमित मात्रा में ही उपलब्ध है। पर वास्तविकता तो यही है कि हमारे पास ऊर्जा के समस्त साधन सचमुच सीमित मात्रा में ही तो उपलब्ध हैं—पर शहरों में रहते हुए कभी इस मामूली लेकिन महत्त्वपूर्ण तथ्य की ओर ध्यान ही नहीं गया। सच है हम अनेक तथ्यों को जानते तो हैं—लेकिन उन्हें समझ नहीं पाते। जानने और समझने के बीच कितना गहरा अन्तर है!

"इतनी शक्ति (हाँफ-ऽऽ) हमें देना (हाँफ-ऽऽ) दाता, मन का विश्वास (हाँफ-ऽऽ)" अपर्णा गुनगुनाते हुए पीछे चल रही थी। इस ऊँचाई पर गुनगुनाने और चलने के साथ श्वास पर नियंत्रण कर सुरों को पकड़ना हालाँकि असम्भव कार्य है फिर भी उखड़ी साँसों से बँधे इन बोलों ने मन की शक्ति में बहुत इज़ाफ़ा किया।

बर्फ़ अभी जमी हुई थी। यद्यपि पैर बर्फ़ में नहीं धँस रहे थे फिर भी क्रेवासों के कारण बहुत सँभलकर चलना ज़रूरी था। सँभलकर तो चलना है—लेकिन इतनी तेज़ी भी बनाए रखनी होगी कि हम नौ बजे के लगभग दर्रे पर पहुँच जाएँ। नौ बजे तक पहुँचने का यह कोई दुराग्रह नहीं था, बल्कि सोची-समझी योजना थी। क्योंकि जैसे सूर्य निकलेगा बर्फ़ पिघलेगी—चलना मुश्किल होता जाएगा और बर्फ़ स्खलन की सम्भावना बढ़ती जाएगी। बर्फ़ पिघलने के साथ ही क्रेवास भी खुलने लगेंगे। हर वर्ष कई लोग इस दर्रे को पार करते हुए इन्हीं क्रेवासों में गिरकर या तो ज़ख़्मी होते हैं या फिर जान गँवा देते हैं। चलते समय आपस में सामंजस्य भी बनाए रखना होगा—एक रस्सी से बँधे हैं—आगे वाला ज़्यादा तेज़ चलने लगा तो पीछे वाला खिंचकर गिर जाएगा और पीछे वाला अचानक अगर रुक गया तो आगे वाले गिरते हुए पीछे आ जाएँगे और पूरी टीम नीचे जा गिरेगी। अत: तय किया कि दस क़दम चलेंगे फिर एक मिनट रुकेंगे। चलना प्रारम्भ करने से पहले आगे वाला गुहार लगाकर संकेत देगा। और अगर किसी को बीच में रुकना है तो संकेत देकर ही वह ऐसा करेगा!

क्रेवासों के आसपास की सँकरी बर्फ़ की पट्टियों पर सँभलकर चलते हुए लगभग तीन घंटे हो चुके थे। अभी सूर्य उदय हुआ ही था कि तभी अपर्णा बुलन्द आवाज़ में गाने लगी—

"इतनी शक्ति (हाँफ-ऽऽ) हमें देना (हाँफऽऽऽ) दाता (हाँफऽऽऽऽ)"

"क्यों अपनी ऊर्जा जाया कर रही हो," मैंने अपर्णा को चेताया, "थकान बढ़ेगी।"

"मेरी ऊर्जा है, तुम्हारा क्या? जो मन में आएगा, करूँगी।" यह अनपेक्षित उत्तर सुन मैं कुछ सकपका गया। ऐसी रूखी बात तो मैं उसके मुँह से पहली बार सुन रहा था। मुझे सोनी की भूत वाली बात याद आई। डी.एन. ने भी इस बात की पुष्टि करते हुए बताया था कि कालिन्दी पर चढ़ते-चढ़ते अनेक लोग बहक जाते हैं—बड़बड़ाते हैं, कई तो दौड़ने लगते हैं और कुछ क्रेवास में कूद तक जाते हैं। डी.एन. के अनुसार इस दर्रे के दोनों तरफ़ हर वर्ष मरने वाले लोग भूत बनकर पर्वतारोहियों को अड़ंगा लगाते हैं। मन में यह बात आते ही शरीर में सिहरन दौड़ गई। ख़ुदा का शुक्र था कि इस वक़्त तक तो, मुझसे लगभग बीस फ़ीट नीचे चल रही, अपर्णा ठीक-ठाक नज़र आ रही थी। रनी अपर्णा के साथ-साथ चलते हुए उसे कुछ समझाने की कोशिश कर रहा था।

"रनी उसे पानी पिलाओ," मैंने सारी शक्ति एकत्रित करके ज़ोर से कहा।

"पानी जम गया है (हाँफऽ, हाँफऽऽ)...ही-हीऽ-हीऽऽ..." अपर्णा विचित्र रूप से हँसी और हाथ नचाने लगी मानो नाच रही हो।

उसे इस तरह अपनी शक्ति को जाया करते देख हम सब घबरा गए—सोनी अब तक अपर्णा के नज़दीक पहुँच गया था। उसने आदेश दिया—"दस मिनट आराम करेंगे।"—हम जहाँ थे वहीं रुक गए—आराम खड़े-खड़े ही करना था, क्योंकि बैठकर पुन: उठने की प्रक्रिया में बहुत ऊर्जा जाया हो जाती है!

ऊपर से बहुत साफ़ नहीं दिख रहा था और नीचे जाना सम्भव नहीं था—ज़ंजीरों में जकड़ा आदमी कैसा महसूस करता होगा इसका तीव्र एहसास मुझे हो रहा था। रस्सी में बँधे हम, आधे लटके और आधे खड़े, चुपचाप सोनी और रनी को देख रहे थे—अपर्णा से बात करते हुए। सोनी ने अपर्णा को जाने क्या समझाया—वह कुछ शान्त लग रही थी। थोड़ी देर बाद हम फिर चलने लगे।

सूर्य निकल आया था, बर्फ़ पिघलने लगी थी, पाँव घुटने-घुटने तक धँस रहे थे—चलना मुश्किल से मुश्किलतर होता जा रहा था। अब हम एक बार में पाँच क़दम ही चल रहे थे फिर एक मिनट आराम। एवालांच पीक पर हिम स्खलन होने लगा था—धड़-धड़ की तेज़ आवाज़ें रुक-रुककर कानों में पड़ने लगी थीं। सौभाग्य से हमारी तरफ़ वाले उसके हिस्से पर बर्फ़ नरम नहीं पड़ी थी, अत: अब तक हम बचे हुए थे, पर अगर हम अगले आधे से एक घंटे में ऊपर नहीं पहुँचे तो बचना मुश्किल हो जाएगा। मन घबरा रहा था—लेकिन पाँव थे कि आगे ही नहीं बढ़ रहे थे मानो किसी ने बाँध दिए हों। मेरे यूँ धीमे हो जाने से रस्सी खिंचने लगी और ऊपर चढ़ता हुआ अद्वैत चीख़ा, "पापा चलो ना, गिराओगे क्या?" ठीक उसी वक़्त मेरी कमर के इर्द-गिर्द लिपटी रस्सी भी एक झटके से खिंची तथा मैं लड़खड़ाकर गिरते-गिरते बचा। मेरा ध्यान नीचे अपर्णा की ओर गया जो अपने पैर पसारे बर्फ़ पर बैठी हुई थी। उसने अपना फेदर जैकेट खोल दिया था और कैप उतारकर एक तरफ़ उछाल दी थी। वह चिल्ला रही थी, "मुझे गर्मी लग रही है—मुझे नहीं पहनना यह सब, इतनी गर्म जगह क्यों ले आए तुम लोग मुझे"—रनी और सोनी हतप्रभ उसे देखे जा रहे थे। क्या करें! क्या वास्तव में उसे भूत लग गया है—मन में बचपन में सुनी गईं सब भूत-प्रेतों की कहानियाँ उमड़-घुमड़ कर सामने आ गईं। तभी नीचे से डी.एन. आ गया, उसने अपना बोझा उतारा और नेपाली में कुछ मंत्र पढ़कर अपर्णा पर फूँक मारने लगा—फिर ज़ोर से चीख़ा—

"जा भाग-डाइन-भाग।"

अपर्णा अचानक खड़ी हुई और ज़ोर-ज़ोर से डी.एन. पर चिल्लाने लगी—वह भी धारा प्रवाह अंग्रेजी में—यू फूल, यू रन अवे, आई एम नॉट डाकन, यू आर डाकन, आई विल सिट हियर, आई एम लविंग इट।"

उसका रौद्र रूप देख डी.एन. सहमकर बोला—"शाब जी, यह तो ख़तरनाक डाइन है।" और तेज़ी से अपने सामान को समेटने लगा।

मुझे समझ में नहीं आ रहा था कि यह सब क्या था! फिर अचानक यह बात ज़ेहन में आई कि हो न हो ये 'हाई एल्टीट्यूड सिकनेस' के लक्षण हैं। प्राणवायु की कमी के कारण और अत्यधिक ऊँचाई के कारण अपर्णा को सन्निपात हो गया था। ये दिमाग़ में सूजन होने के लक्षण भी हो सकते थे। उसे ऑक्सीजन देने की ज़रूरत थी, पर वह तो उपलब्ध नहीं थी। अभियान बिना ऑक्सीजन के पूरा करने की ज़िद में मैंने सोनी को ऑक्सीजन की टंकी नहीं लेने दी थी! अपर्णा के सिर पर

जान का ख़तरा मँडरा रहा था। अब एक ही इलाज बचा था जो कारगर हो सकता था, फ़ौरन नीचे का रुख़ करना।

कालिन्दी खाल बस कुछ ही दूर था, उसे पार करके उस तरफ़ तेज़ी से उतरना होगा।

सोनी और रनी ने डी.एन. की सहायता से अपर्णा की कमर से रस्सी खोली और उसे उठाकर लगभग भागते हुए दर्रे की ओर चल पड़े। हमारे पाँवों में भी मानो पंख लग गए। लगभग सवा नौ बजे हम दर्रे पर खड़े थे, 19890 फ़ीट की ऊँचाई पर।

कालिन्दी खाल से राजपड़ाव

3 जून, 2005। समय—सुबह सवा नौ बजे। 19890 फ़ीट!! यहाँ बादल हमसे नीचे हैं, उन्हें देखने के लिए गर्दन जो झुकानी पड़ रही थी! इनमें वह मेघ भी तो होगा जो कालिदास का दूत बना था, वह मेघ भी तो यहीं होगा जो बरस पड़ता था तानसेन की तान से, इस मेघजाल में उस बादल को कैसे पहचानें जिस पर आसीन होकर देवगण पुण्यात्माओं पर पुष्पवर्षा करते हैं, वह प्रतापी बादल भी तो इनमें ही कहीं होगा जिसने कृष्ण के कहने पर सूर्य को ढक दिया था, कुरुक्षेत्र में! कैसे पहचाने कोई उन बादलों को, यहाँ तो सब मेघ आपस में मिल, एक चादर का रूप लिये पूरी धरती को अपने आगोश में छुपाए हुए हैं। हाँ कुछ कलयुगी, संस्कारहीन मेघ अवश्य पहचान में आ रहे हैं। ये स्वार्थी आत्मकेन्द्रित लुटेरे मेघ, अश्वकिरणों पर बाँधकर, हम मृत्युलोक वासियों हेतु, सूरज द्वारा भेजा गया, बहुत सा सोना अपनी चादर में हड़प लेते हैं। इस महालूट का अन्दाज़ चारों ओर दृष्टि घुमाने भर से हो गया।

बादलों की इस गुदड़ी में से अपना सिर निकाले असंख्य पर्वत हमारी ओर देख रहे थे। उनमें कुछ थोड़ी-थोड़ी देर में पुन: गुदड़ी में दुबक जाते, पर कुछ ही क्षणों में कुलबुलाकर फिर बाहर झाँकने लगते। कुछ एक अपना पूरा मुँह निकालने के बजाय उस लिहाफ के एक कोने को ऊँचा कर, हम पर नज़र जमाए थे। पर्वत दिखते तो कठोर हैं पर दिल बिलकुल कोमल होता है उनका, एकदम बच्चों जैसा। तभी तो वे अपने नितम्ब हवा में उठाए, गुदड़ी में सिर छुपाए बारम्बार पुकार रहे थे 'हमें ढूँढ़ो, हम कहाँ हैं?' इतनी उछल-कूद पर आवाज़ बिलकुल नहीं, इतनी पुकारें पर सब नि:शब्द। नीरवता इतनी कि दूर बैठे व्यक्ति की दिल की धड़कनों की आवाज़ ही नहीं बल्कि दिल की बात भी एकदम साफ़ सुनी जा सके, सीधे-सीधे बिन

कहे। इच्छा तो हो रही थी कि इन पहाड़ों और बादलों के साथ का यह आनन्ददायी छुपनछाई का खेल खेलता रहूँ। किन्तु इतना समय नहीं था, अभी अपर्णा की तबीयत नासाज़ थी। वह एक ओर बैठी थी, सिर झुकाए—उसकी हाँफनी ज़रूर कम पड़ गई थी, पर होंठ कुछ नीले प्रतीत हो रहे थे—उसका अंग्रेज़ी में बड़बड़ाना जारी था।

ऐसी हमारी मान्यता है कि पर्वतों के शिखरों पर तथा दर्रों के ऊपर ईश्वर का वास होता है। और इसका तीव्र एहसास भी हर पर्वतारोही निश्चित तौर पर करता है। अत: दर्रे पर एक हल्की-फुल्की पूजा करके ही आगे बढ़ा जाता है—चुनाँचे नवीन और रनी भी इसकी तैयारी में लगे थे। तैयारी तो क्या होती हैं बस दो अगरबत्तियाँ जलाना और कुछ प्रसादस्वरूप रख देना ही सम्भव होता है अकसर! नवीन प्रसाद के लिए अनन्नास के एक डिब्बे को खोल रहा था, रनी कुछ बुदबुदाते हुए अगरबत्ती लगा रहा था। नवीन ने अनन्नास के कुछ टुकड़े और काजू तथा किशमिश वहाँ बनाए पूजा स्थल पर रखे—मैंने हाथ जोड़ नमन किया फिर अपर्णा के पास जाकर उससे खड़े होकर हाथ जोड़ने की गुज़ारिश करने लगा। अपर्णा को बग़ल में हाथ डालकर खड़ा किया तथा पलटकर पुन: पूजा स्थल की ओर देखा तो आश्चर्य से आँखें फट गईं। धरा के उस स्थल पर जहाँ दूर-दूर तक हमारे सिवा कोई नहीं था—खड़ा पत्थर के पश्चात पिछले कई दिनों में हमें न तो कोई चौपाया दिखा था न ही कोई परिंदा—वहाँ, एक कौआ—पीली चोंचवाला कौआ—अचानक ही प्रकट

कालिंदी खाल दर्रे से राजपड़ाव की ओर का दृश्य

हुआ, उसने किशमिश खाई, अनन्नास पर मुँह मारा, काजू के टुकड़े को चोंच में दबाया और ओझल हो गया, पुन: उसी शून्य में जहाँ से वह आया था। यह क्या था? यह कैसे हुआ? मालूम नहीं, लेकिन सब को लगा कि यह ज़रूर कोई ईश्वरीग संकेत है—आशीर्वाद है।

अब तक दर्रे पर हमें लगभग दस मिनट हो चुके थे। तय हुआ कि अपर्णा को उठाकर तेज़ी से नीचे ले जाना ही ठीक होगा—जितनी जल्दी हो सके हमें पुन: सत्रह-अठारह हज़ार की ऊँचाई तक उतर जाना होगा। डी.एन. अपना सामान दूसरों को देकर अपर्णा को पीठ पर लादने के लिए उसके पास गया लेकिन उसको देखते ही अपर्णा एकदम बिफर गई—उस पर किसी के समझाने का असर नहीं हो रहा था। जब किसी की विश्लेषण करने की क्षमता कुंठित हो जाए या जब विचार ग्रहण के समस्त द्वार मन-मस्तिष्क पर पड़े पर्दों से बन्द हो जाएँ तो व्यक्ति अपने भले-बुरे को पहचानने में भूल करने लगता है, यह मैंने आज तक सुना था पर इसका ज्वलंत उदाहरण आज मेरे सामने था। प्राणवायु का अभाव, अपर्णा के मन-मस्तिष्क पर, एक तरह से पर्दे का काम कर रहा था। उसे अपने प्राणों तक की चिन्ता नहीं थी—मानो वह सम्मोहन की स्थिति में हो। वह अनवरत दोहरा रही थी 'मैं ठीक हूँ यहाँ', 'तुम सब जाओ', 'मैं यहीं रहूँगी'। बहुत प्रयासों के पश्चात वह कुछ क़दम चली पर उसकी चाल में शराबियों की सी लड़खड़ाहट थी। दर्रों पर (ख़ासकर उत्तरांचल हिमालय के दर्रों पर) कुछ फ़ीट से ज़्यादा जगह नहीं होती—कालिन्दी दर्रे पर तो कुछ स्थान इतने सँकरे थे कि दो व्यक्ति अगल-बग़ल एक साथ बमुश्किल ही चल सकें। अपर्णा शारीरिक और मानसिक सन्तुलन के साथ-साथ अपना दिशा-भान भी गँवा चुकी थी—वह उस दिशा में जाने को उद्यत थी जहाँ से वह कई सौ फ़ीट नीचे गिर जाती। ऊँचाइयों पर इस तरह मतिभ्रम एवं दिशाभ्रम से ग्रसित होकर पर्वतारोही कैसे अपने प्राणों को संकट में डाल लेते हैं इसका अति मार्मिक विवरण मैंने जॉन क्राकॉवर की रोंगटे खड़े कर देने वाली पुस्तक 'इन टू थीन एयर' में पढ़ा था। ये किसी भूत-प्रेत के साये के नहीं वरन् हाई एल्टीट्यूड सिकनेस से ग्रसित होने के लक्षण थे। और इसका पहला तथा सबसे कारगर इलाज था नीचे उतरना, जितनी तेज़ी से हो सके उतनी तेज़ी से नीचे की ओर भागना।

लोग कहते हैं कि बुरा समय बहुत मंथर गति से चलता है। लेकिन मुझे लगता है कि बुरे समय की आड़ में हमेशा एक भला समय भी होता है और चूँकि सभी भली चीज़ें तेज़ी से संसार छोड़ देती हैं, अत: यह अच्छा समय भी बहुत तेज़ी से निकल जाता है। इस भले समय को यदि समय से पहचानकर सम्यक क़दम अगर उठा लिये जाएँ तो फिर बुरा समय अधिक नहीं ठहरता! कालिन्दी दर्रे पर जो समय तेज़ी से निकल रहा था वह 'भला' समय ही था, जिसे जाया करना हम सबके लिये प्राणघातक सिद्ध हो सकता था। हमारे सामने तीन समस्याएँ थीं, पहली तेज़ी से पिघलती बर्फ़, दूसरी अपर्णा की बिगड़ती तबीयत और तीसरी एवालांच चोटी। एवालांच पीक का नाम ही उसका चारित्रिक परिचय है—ऐसा पर्वत जहाँ सदा बर्फ़ स्खलन चलता रहता हो। हमारा दर्रे से उतरने का रास्ता एवालांच पीक के ठीक नीचे से होकर था और वहाँ, चढ़ते सूरज के साथ, लगभग हर दस-पन्द्रह मिनट में छोटी-मोटी बर्फ़ की परत गरजते हुए नीचे सरक रही थी!

बहरहाल, इन तीनों समस्याओं का समाधान एक ही था—शीघ्रतापूर्वक वहाँ से निकल जाना। डी.एन. ने एक बार फिर कोशिश की और इस बार वह कामयाब रहा अपर्णा को अपनी पीठ पर उठाने में। हम सब तेज़ी से नीचे की ओर चल पड़े। हम सबकी एक निगाह ऊपर दाहिनी ओर एवालांच पीक पर और एक निगाह नीचे बाईं ओर की गहरी खाई पर जमी हुई थी! बोझा ढोने वाले हमसे आगे चल रहे थे, उनके जाने से बर्फ़ में एक रास्ता-सा बन गया था लेकिन फिर भी चलना आसान नहीं था, एक तो पिघलती बर्फ़ की फिसलन और कमर-कमर तक की बर्फ़ से यूँ ही चलना मुहाल था ऊपर से जूतों पर पहने गेटर्स और जूतों के अन्दर की डबल जुराबें—दोनों ही साथ नहीं दे रही थीं। बर्फ़ तो हिमालय की वी.आई.पी. है और भारतीय विशिष्टजन कभी किसी दरबान के रोके नहीं रुकते, जो रुक जाएँ वह काहे का वी.आई.पी.। सो गेटर्स की लाख कोशिशों के बावजूद बर्फ़ जूतों में पूरी तरह समा चुकी थी और पैर की उँगलियाँ सुन्न पड़ने लगी थीं।

हम बस एवालांच शिखर के नीचे पहुँचे ही होंगे कि तभी पीछे आ रहे सोनी की आवाज़ आई 'एवालांच'। ऊपर से एक बहुत बड़ा बर्फ़ का तूफ़ान-सा दनदनाते हुए नीचे आ रहा था। क्या करें? बचाव का तरीक़ा कहता है कि एवालांच की बर्फ़ में ठीक वैसे ही हाथ-पाँव चलाना चाहिए जैसे कि पानी में तैरने के लिए चलाए जाते हैं—इस तरह से आपका सिर एवालांच की बर्फ़ के ऊपर बना रहता है। लेकिन यहाँ तो यह सम्भव ही नहीं था—एक तरफ़ गहरी खाई थी—सामने

कुलियों के जाने से बनी बमुश्किल तीन फ़ीट चौड़ी बर्फ़ की पगडंडी थी। उधर से बर्फ़ का ज़लज़ला आ रहा था, इधर घबराकर डी.एन. ने अपर्णा को ज़मीन पर खड़ा कर दिया था। सोनी लगातार चिल्ला रहा था—तेज़ी से बढ़ो-तेज़ी से बढ़ो। ईश्वर हमारे साथ था। डी.एन. के रुकने से हुए विलम्ब ने हमारी जान बचा ली। हमारे कुछ मीटर आगे से होकर वह एवालांच गुज़रा तथा साथ में हमारी बनी-बनाई 'पगडंडी' भी समेट गया। लगा मानो भूचाल सामने से निकल गया हो। हम सब साँस रोके, विचार-शून्य नीचे खाई में जाते तूफ़ान को देखते रहे! सोनी ने आवाज़ लगाई 'रुकना नहीं नीचे चलो—नीचे चलो'। हम आगे बढ़ने लगे, लेकिन सोनी ने फिर कहा सीधे नहीं नीचे चलो। नीचे यानी खाई की ओर। कुछ समझ में नहीं आया कि क्यों लेकिन सबने दिशा बदली और लगभग फिसलते हुए—हाथ की स्टिक से अपनी दिशा को सँभालते हुए हम नीचे की ओर लपके। अपर्णा का एक हाथ सोनी ने और दूसरा हाथ रनी ने थाम लिया था—जैसे बच्चों को झूला झुलाते हैं, ठीक वैसे ही अपर्णा को ले, वे भी नीचे की ओर दौड़ रहे थे। क्षण मात्र में हम सब लगभग दो-तीन सौ फ़ीट नीचे आ पहुँचे। तभी वह स्थान—जहाँ हम कुछ मिनटों पहले खड़े होकर बर्फ़ के ज़लज़ले को नीचे जाता देख रहे थे—बौराये साँड़ की तरह खाई की ओर लपक लिया। इस ठंड में भी पेशानी पर पसीना महसूस हो रहा था। बाल-बाल बचे। सोनी के पूर्वानुमान ने पुनः सबके प्राणों की रक्षा की थी।

काफ़ी समय चलने के पश्चात, हम लोग क़रीब हज़ार-पन्द्रह सौ फ़ीट नीचे आ गए। अपर्णा की तबीयत अब कुछ सँभल गई थी। वह अब अपने आप चलने लगी थी। दोपहर के बारह बजना चाह रहे थे। सुबह (रात) दो बजे से जगे मन और तीन बजे से चल रहे तन के तो पूरी तरह से बारह बज चुके थे। ऊपर से भूख और प्यास का प्रकोप लेकिन अभी जगह इतनी महफ़ूज़ नहीं थी कि हम रुककर आराम कर सकें। चलते-चलते दम निकल सा रहा था—पाँव की सुन्न उँगलियों में भी दर्द होने लगा था।

दोपहर के तीन बजे, एवालांच पीक दूर रह गया था और हम राजपड़ाव के बर्फ़ के मैदान पर खड़े थे। रनी चाहता था कि घंटे भर और चलकर कैम्प किया जाए। पर अब इसके आगे जाना असम्भव था। तन शिथिल हो गया था और मन

विद्रोही। भूखे-प्यासे चल-चलकर मरने से तो, भरे पेट टेंट में लेटे-लेटे मरना अच्छा। सोनी मान तो गया, पर आधे मन से। तय हुआ कि रसोई का टेंट लगाते हैं—खाना बनाते हैं, अगर अपर्णा ठीक रही तो दूसरे टेंट लगाएँगे अन्यथा कुछ विश्राम के बाद फिर नीचे की ओर कूच करेंगे। समस्या सिर्फ़ अँधेरे से हो सकती थी पर हेड लाइट तो सबके पास है ही, सो 'नाइट ट्रेक' किया जा सकता था।

राजपड़ाव से बद्रीविशाल

क्या खाया याद नहीं। कब सोए ध्यान नहीं। सूरज की गर्मी ने टेंट में घुसकर गुदगुदाया तो अचकचाकर उठ बैठा। बाहर झाँकने पर आँखें विस्फारित हो गईं, क्षण भर को लगा कि हम 'स्वर्गीय' हो गए हैं। अद्वैत को ढूँढ़ा—पास था, अपर्णा को देखा—साथ था, स्वयं को नोचा, एहसास था। नींद खुली, ध्यान से देखा कि हमारी दाहिनी ओर 'राजपड़ाव' का दूर तक फैला, बर्फ़ से अँटा, मैदान था, जिसमें बीच-बीच में सुन्दर टीले सजे थे। उनको 'टीले' के बनिस्बत मणि बुलाना श्रेयस्कर होगा, क्योंकि बर्फ़ से ढके इन टीलों को चारों ओर से किसी ने अति सुघड़ता से तराश दिया था। 'प्रिंसेस कट', 24 कैरेट हीरे। कौन कहता है कि हीरे सिर्फ़ खदानों में ही पाए जाते हैं! इतना सुन्दर दृश्य कि दिल की धड़कन रोक दे। ऐसी अप्रतिम सुन्दरता फिर भी आपसे कुछ माँगती नहीं—कोई मान-मनुहार नहीं करवाती, बल्कि जो बाँहें पसारे आपका स्वागत करती है—आपको ऐसे प्रेम रस से ओतप्रोत करती है जो ताउम्र रीतता नहीं। टेंट से बाहर निकल बहुत देर तक हम तीनों इस सौन्दर्य रस का आचमन करते रहे, इस निर्मल रस से मन प्रक्षालन करते रहे।

राजपड़ाव से उत्तर-पश्चिम की तरफ़ एवालांच पीक और धुँधला-सा कालिन्दी पास नज़र आ रहा था। एक बार तो विश्वास ही नहीं हुआ कि हमने कालिन्दी को पार कर लिया है। वह पास जो 1934 में एरिक शिपटन ने पार किया था और 1947 के अगस्त माह में जिस पर एवरेस्ट विजेता तेनझिंग ने अपने क़दम जमाए थे—वह पास हमने पार कर लिया था।

4 जून, श्रान्त तन और मन अब काफ़ी हद तक शान्त थे। अब हमें तेज़ी से चलकर शीघ्रातिशीघ्र घस्तौली पहुँचना था, अन्यथा 5 जून के बाद हमारी ढूँढ़ मच जाएगी। आज किसी भी तरह अरवा ताल पार करना था। कालिन्दी पार करने

के साथ ही हम अरवा घाटी में प्रवेश कर चुके थे। एरिक की पुस्तक (नन्दादेवी, सन् 1934) के अनुसार आगे का मार्ग बहुत दुर्गम था। इस इलाक़े के बारे में ताज़ा जानकारी नहीं मिली थी। मजूमदार ने भी अपनी यात्रा का विवरण कालिन्दी पास तक का ही दर्ज किया है। कई लोग कालिन्दी खाल के ऊपर पहुँच पुनः गोमुख की ओर लौट जाते हैं, हो सकता है मजूमदार ने भी यही किया हो।

मई-जून में यात्रा करने का भरपूर फ़ायदा हमें मिल रहा था, सारा का सारा ग्लेशियर कई-कई फ़ीट बर्फ़ से ढका था। सारे मोरेन बर्फ़ की रज़ाई से सिर ढके सो रहे थे—उनकी शीतकालीन लम्बी नींद टूटने में अभी भी कुछ वक़्त था। अमूमन दो घंटे पश्चात राजपड़ाव का वह बड़ा मैदान अचानक सामने आ गए एक पहाड़ से टकराकर दो भागों में विभक्त हो गया। हम दाहिनी ओर वाली घाटी में मुड़ गए जहाँ हमें पहली बार एरिक द्वारा बखान किए गए बड़े-बड़े क्रेवासेस और मझोले तथा विशालकाय मोरेन और बोल्डर के दर्शन हुए। क्रेवासेस के बीच से जल-धाराएँ फूटकर निकल रही थीं। हमें बताया गया कि वे सरस्वती नदी की बची-खुची धाराएँ थीं जो थोड़ा चलकर फिर ज़मीन में समा जाएँगी। वासुकी ताल के बाद आज कई दिनों बाद बहता पानी दिखा था। अब बर्फ़ पिघलाने की झंझट एवं मटमैला पानी पीने की मुसीबत से छुटकारा मिल गया था। बोतलों में सरस्वती नदी के निर्मल ठंडे जल का प्रसाद भर लिया गया। आगे का रास्ता कुछ ज़्यादा मुश्किल नहीं था—सिवा अरवा ताल के। लेकिन हमारे सौभाग्य से हमें सारा का सारा ताल जमा हुआ मिला अन्यथा अरवा ताल के बर्फ़ीले पानी से गले-गले तक डूबते हुए निकलना पड़ता। अगले पड़ाव पर पहुँचने के पहले एक समस्या और आ खड़ी हुई—साथ लाई गई हमारी रसद लगभग ख़त्म हो गई थी सो रोज़ पड़ाव के नाश्ते के पश्चात हमें अगले दो दिन सिर्फ़ रोटी और नमक ही खाना पड़ा। एक समस्या और थी—हम अपने परमिट के समय से पाँच दिन लेट हो चुके थे और सम्भावना थी कि ITBP वाले हमें ढूँढ़ते हुए आ धमकें।

ज़ांगला तक पहुँचते-पहुँचते रात हो गई, अगले रोज़ ज़ांगला से अरवा नदी के किनारे-किनारे चलते हुए हम पहुँचे एक बहुत सुन्दर जलप्रपात के पास जिसके नीचे एक ख़ूबसूरत प्राकृतिक तालाब बना हुआ था—इच्छा हुई कि रात्रि विश्राम वहीं किया जाए, पर घस्तौली जाना ज़्यादा उचित था। क्योंकि हमारे साथ के कुलियों ने सुबह से कुछ खाया नहीं था और हमें भी कल की बची एक-एक रोटी और काली चाय ही नसीब हुई थी। घस्तौली पर ITBP और सेना का चेक पोस्ट

था—तिब्बत तथा भारत की सीमा पर अन्तिम चौकी—वहाँ पहुँचने पर सम्भावना थी कि कुछ रसद मिल जाए।

शाम के हल्के धुँधलके में घस्तौली पहुँचे। अभी टेंट लगा ही रहे थे कि ITBP वाले आ गए—परमिट देखा, पहले तो बहुत नाराज़ हुए—कहने लगे लेट हो गए हो, अब इस रास्ते नहीं जा सकते, जिधर से आए हो, कल सुबह फिर उधर ही चले जाना। लेकिन फिर साथ में महिला और बच्चे को देखकर उनका मन पसीजा।

सुबह चौकी के आफ़िसर इन कमांड (मिस्टर बैनर्जी) ने हमें उनके कैम्प में बुला भेजा। रात को तो उन्होंने हमें रसद देने से मना कर दिया था, पर सुबह उनका व्यवहार दोस्ताना था। हम लोगों को गरम चाय और आलू के भजिये का नाश्ता परोसा गया, तीन दिन बाद कुछ बेहतर खाने को मिला था। कल रात रनी किसी सिपाही से कुछ रोटियाँ माँग लाया था और हमने शक्कर के साथ एक-एक रोटी खाकर रात गुज़ारी थी। अत: गर्म पकौड़ियों पर हम गिद्ध की तरह टूट पड़े—बेचारे बैनर्जी साहब के हाथ तो कुछ लगा ही नहीं। खा-पीकर जब हमने उनसे रुख़सती माँगी तो बड़ी गर्मजोशी से हाथ मिलाते हुए उन्होंने पूछा, "मुझे समझाइए कि जो लोग छुट्टियाँ मनाने दुनिया में कहीं भी जा सकते हैं, वे इस बियाबान में क्यों आते हैं?" फिर वही प्रश्न, जिसका उत्तर मेरे पास नहीं था, अत: मैं चुपचाप आगे बढ़ गया।

छह जून की दोपहर में हम माना गाँव में—'भारत की अन्तिम चाय की दुकान' पर चाय पी रहे थे। मेरे दिमाग़ में अभी भी मिस्टर बैनर्जी का प्रश्न कुलाँचें मार रहा था। वास्तव में मैं नहीं जानता कि क्यों हम साल-दर-साल हिमालय पर खिंचे चले आते हैं, जाने ऐसा क्या है यहाँ? मेरे इष्ट-मित्रों को भी ये यात्राएँ बेतुकी एवं निरर्थक ही लगती थीं। न तो इन यात्राओं के दौरान किसी से नेटवर्किंग होती है, न नये बिज़नेस आइडियाज़ आते हैं, न किसी ऐसे देश-प्रदेश या संस्कृति से हम रूबरू होते हैं जिसका अनुसरण कर हम 'विकसित' हों। ऐसी लक्ष्यहीन फलविहीन यात्राएँ बेकार नहीं तो और क्या कहलाएँगी? अनुत्तरित प्रश्न मन विचलित तो करते हैं पर ये प्रश्न ही तो हमें जीने के लिए बाध्य करते हैं। बहरहाल बैनर्जी के प्रश्न से मन इतना विचलित हुआ कि माना गाँव की व्यास गुफा भी ठीक से नहीं देखी। चाय का कप रख सीधे नीचे का रुख़ किया जहाँ से आगे जाने के लिए जीप मिलने की सम्भावना थी। शाम होते-होते बद्रीविशाल पहुँच गए। पर वहाँ तो मानो मेला लगा था—सैकड़ों लोग, हज़ारों वाहन, अकूत कोलाहल। गंगोत्तरी से भी बदतर हालात थे यहाँ के। अतिक्रमण इतना था कि गुमटियों के बीच गुम हो चुके मन्दिर को राह

राजपड़ाव

पूछे बिना ढूँढ़ पाना मुश्किल था। गिरते-पड़ते मन्दिर पहुँचे तथा दर्शन पूर्व नहाने हेतु तप्त कुंड तलाशने लगे। मालूम पड़ा कि सरकार ने जगह-जगह नहाने के स्थल बना दिए हैं, जहाँ पाइप द्वारा तप्त कुंड का जल प्रदान किया जाता है। अब उस कुंड तक जाने की अनुमति नहीं है। मन्दिर के इर्द-गिर्द लिपटी सर्पनुमा लाइन को भुगतकर ज्यों ही उसके दूसरे सिरे पर पहुँचे कि वसूली कर रहे पंडों और व्यवस्था के नाम पर लोगों को खदेड़ रहे सरकारी नुमाइंदों ने हमें भी हड़काकर दर्शन द्वार से परे धकेल दिया। ठीक भी है, बढ़ती महँगाई के साथ भगवान का 'मेंटेनेंस' ख़र्च भी ज़्यादा हो गया होगा। ऐसे में हम सरीखे ख़ाली हाथ आए, बेढब, काले-कलूटे दर्शनार्थियों की तुलना में हज़ारों रुपये दे विशेष दर्शन करने वालों को अधिक तवज्जोह मिलना ग़ैरवाजिब नहीं मानना चाहिए।

मन्दिर परिसर से अपनी आबरू समेटकर हम सब पुन: देवस्थल के इर्द-गिर्द, मकड़ी के जाले जैसी गलियों में धँस गए। सारा का सारा इलाक़ा विकास के चपेट में आकर अपना ऐतिहासिक रूप खो चुका था। पंजाबी ढाबों, पिज़्ज़ा और बर्गर की दुकानों, आइसक्रीम पार्लर, बैंक, धर्मशालाओं, होटलों तथा धनलोलुप लोगों के बीच अपने पुराने प्रारूप में कुछ था तो सिर्फ़ बद्रीविशाल मन्दिर का शिखर। दूर से शिखर दर्शन करके ही हमने हमारी इस यात्रा की इतिश्री कर ली।

यात्रा से परे

हिमालय पुरुष है

एक पौराणिक कथा के अनुसार हिमालय एवं विंध्याचल दोनों ही पुरुष हैं। कथा कुछ इस प्रकार है—

"प्राचीन काल में एक अत्याचारी राजा था—पृथु। उसके अत्याचार से बचने के लिए पृथ्वी के सभी पेड़ और पौधों ने स्वयं को सुखा लिया। वृक्षों की यह हरकत पृथु को नागवार गुज़री। उसने पृथ्वी को ही नष्ट करने की ठान ली। तब पृथ्वी ने राजा पृथु से निवेदन किया कि वह तो चाहती है कि पेड़-पौधे चहुँओर फैलें किन्तु मार्ग में पर्वतों के आने के कारण वनस्पतियों का विस्तार रुक जाता है। पहाड़ों को बाधा मान पृथु उन्हें उखाड़ एक-दूसरे पर जमाने लगा। उसकी अपेक्षा के विपरीत, पहाड़ों के नीचे उसे अकूत प्राकृतिक सम्पदा दिखलाई दी। उसका मन ललचा गया। वृक्षों को भूल वह, अपने मित्रों तथा देवगण के साथ मिलकर, पृथ्वी के गर्भ में छुपी सम्पदा को उलीचने लगा। इस अतिदोहन से त्रस्त होकर पृथ्वी प्रभु विष्णु की शरण में गई। तब विष्णु ने पृथ्वी से वादा किया कि कालान्तर में धरा पर गंगा आएगी और पृथ्वी के नुक़सान की भरपाई के लिए ब्रह्मा-विष्णु और महेश तीनों ही पहाड़ों का रूप धरेंगे। ब्रह्मा बनेंगे विंध्याचल, महेश कैलाश पर्वत तथा विष्णु होंगे हिमालय।"

यात्रा से परे

एरिक शिपटन

एरिक शिपटन का जन्म एक चाय बागान के मालिक के यहाँ 1907 में सिलाने में हुआ था। पिता की मृत्यु के पश्चात तीन वर्षीय शिपटन को लेकर उसकी माता इंग्लैंड में बस गईं। एरिक सत्रह साल की छोटी सी उम्र में ही पर्वतारोहण की तरफ़ आकर्षित हो गए। बाईस वर्ष की उम्र में उसने माउंट केनिया के कौमार्य को ध्वस्त कर दिया था। उसने कई पुस्तकें लिखीं जिसमें नन्दादेवी नामक पुस्तक, पर्वतारोहण साहित्य के इतिहास में मील का पत्थर मानी जाती है। एरिक ने अपने साथी टिलमेन के साथ मिलकर पहली बार नन्दादेवी सेंचुरी में प्रवेश का मार्ग ढूँढ़ा था। इसी दौरान एरिक और टिलमेन ने गोमुख से बद्रीविशाल तथा बद्रीविशाल से केदारनाथ जाने के मार्ग भी खोजे। उनका ध्यान इन मार्गों की तरफ़ आकर्षित किया था पौराणिक कथा ने जिसके अनुसार एक ही पुजारी पहाड़-पहाड़ जाकर गंगोत्तरी, बद्रीविशाल एवं केदारनाथ की पूजा किया करता था।

नन्दादेवी अभियान प्रारम्भ करने के पूर्व एरिक ने भारतीय पौराणिक कथाओं का न सिर्फ़ अध्ययन किया बल्कि उनकी खुलकर विवेचना भी की, जिसका सारगर्भित विवरण उनकी पुस्तक नन्दादेवी में पढ़ा जा सकता है। कालान्तर में

एरिक ने एवरेस्ट सहित कई अभियानों का नेतृत्व किया। किन्तु 1953 के प्रमुख एवरेस्ट अभियान से उन्हें हटाकर जॉन हंट को नेतृत्व प्रदान करने से एरिक टूट गया। उसकी स्कूल में वार्डन की नौकरी जाती रही तथा उसकी शादी भी टूट गई। इसके बाद उसने काफ़ी समय तक जंगल में मज़दूर के रूप में काम किया तथा अपने जीवन के अन्तिम कुछ वर्ष उसने समुद्री क्रूज पर लेक्चर देकर बिताए। वर्ष 1977 में, एक दोस्त के घर, उसकी लीवर कैंसर से मुत्यु हुई।

यात्रा से परे

अमृतलाल वेगड़

शान्तिनिकेतन के छात्र तथा नन्दलाल बसु के शिष्य अमृतलाल वेगड़ ने पचास वर्ष की उम्र में नर्मदा नदी की परिक्रमा प्रारम्भ की। खंड-खंड में की गई यह यात्रा ग्यारह वर्षों में जाकर पूरी हुई। अपनी इस यात्रा को उन्होंने तीन पुस्तकों में लिपिबद्ध कर हमारे बीच रखा है। प्रसिद्ध साहित्यकारों ने इन पुस्तकों को हिन्दी की ही नहीं अपितु समूचे भारत के यात्रा साहित्य में सर्वोपरि माना है। इन पुस्तकों में समाहित उनके रेखाचित्र नर्मदा तटों एवं नर्मदा के किनारे बसे जनजीवन का महत्त्वपूर्ण दस्तावेज़ माने जाते हैं। अस्सी वर्ष से अधिक की उम्र में आज भी वे पूरे जोशोख़रोश से नर्मदा की यात्रा दूसरी बार करने में संलग्न हैं।

भाग : दो

ऑडेन कॉल अभियान

कुछ क़दम पांडवों के पदचिन्हों पर

कालखंड

30.6.2009 से 19.7.2009

अभियान दल

अपर्णा सोडानी

अद्वैत सोडानी

राजीव रावत (गाइड)

रनवीर सिंह (एच.ए.पी.)

बिहारी (एच.ए.पी.)

दिनेश (कुक)

शंकर और अन्य कुली

और

मैं

लिम्का बुक ऑफ़ रिकॉर्ड, 2011 **में**

ऑडेन कॉल दर्रे को पार करने वाली प्रथम महिला के रूप में दर्ज

2005 से 2009 तक गंगा में न जाने कितना पानी बह गया, न जाने कितनी जल धाराओं को मार्ग बदलने को मजबूर कर सुरंगों के ज़रिये कहीं का कहीं पहुँचा दिया गया। इसी कालखंड में 'ग्लोबल वार्मिंग' की चर्चा घर-घर में होने लगी। गंगोत्तरी ग्लेशियर (या हिमालय के ग्लेशियरों) को लेकर अलग-अलग आकलन और दावे सामने आने लगे। एक कहता कि हिमालय 2035 तक ग्लेशियर विहीन हो जाएगा। तो दूसरा दावा करता कि हिमालय के ग्लेशियर न सिर्फ़ महफ़ूज़ हैं वरन् वे विस्तार पा रहे हैं (देखें यात्रा से परे 'ग्लेशियर की कहानी')। ज़ाहिर है कि दोनों दावे सत्य से परे हैं। दोनों ही दावेदार मजबूरन आप-हम को बरगला रहे हैं। इसी कालखंड में ग्लोबल वार्मिंग की आड़ में कार्बन ख़रीदने और बेचने का एक नया व्यवसाय प्रारम्भ हो गया। एक अर्द्धसत्य को इस तरह से पेश किया गया कि दुनिया तापमान और कार्बन उत्सर्जन को काबू करने की एक नई अन्धी दौड़ में व्यस्त हो गई। गाड़ियों को दौड़ाने हेतु पेट्रोल या बायो डीज़ल का उपयोग प्रचलित किया गया, जिसके चलते हज़ारों-हज़ार एकड़ जंगल काटकर गन्ने उगा दिए तथा हज़ारों-हज़ार एकड़ उपजाऊ ज़मीन पर बायो डीज़ल बनाने में काम आने वाले पौधे लगा दिए। इस आपाधापी में, जाने-अनजाने, हमारी एक महत्त्वपूर्ण प्राकृतिक सम्पदा नेस्तनाबूद होने के कगार पर आ गई। वह सम्पदा है—जैव विविधता, जिसके बिना यह संसार चल ही नहीं सकता। इस सम्पदा का अर्जन हुआ संसार में रहने वाले दस करोड़ से अधिक प्रकार के जीव-जन्तु तथा वनस्पतियों के आपसी तालमेल से, जिसमें ब्रह्मांड के प्रत्येक अवयव, जैसे जल, ज़मीन, वायु, सूर्य, चन्द्र, ग्रह-तारे आदि सबने अपना-अपना सहयोग दिया। धरा की उर्वरता, हवा की गुणवत्ता और जल की निर्मलता यहाँ तक कि हमारी जिस्मानी कार्यक्षमता—अक्षुण्ण

जैव विविधता पर निर्भर करती है। थामस फ्रिडमैन की पुस्तक 'हॉट, फ्लेट एंड क्राउडेड' के अनुसार जैव विविधता ही वह शक्ति है जो हमें प्रकृति में होनेवाले सतत परिवर्तनों के अनुरूप बदलने की क्षमता प्रदान करती है। 'इकोलॉजिकल सिस्टम' के बारे में स्कूल में पढ़ा तो था पर सिर्फ़ उतना जितना परीक्षा में पास होने को ज़रूरी हो। हमारी शिक्षा पद्धति है ही ऐसी जो सिर्फ़ जानकारी एकत्रित करने पर ही ज़ोर देती है, जितनी जानकारी उतने नम्बर! सामान्य बुद्धि एवं अविकसित दृष्टि के चलते अब तक हम लोग हिमालय में सुन्दर दृश्य तथा फूलों, तितलियों और विहगों में चटक रंगों को ही ढूँढ़ रहे थे। कीट-पतंगों को तो हमेशा अनावश्यक और अभिशप्त प्राणियों के रूप में ही देखा था। बचपन से सुना और सीखा भी तो यही था कि अच्छे कर्मों की कमाई मानव जीवन, बुरे कर्मों का फल कीट का जन्म! लेकिन अब समझ में आया कि हम सब किसी न किसी तरह एक दूसरे पर आश्रित हैं। न कोई छोटा न कोई बड़ा। 'वसुधैव कुटुम्बकम्' का वास्तविक एवं व्यापक अर्थ उजागर होने लगा। जब भी हम एक पेड़ काटते हैं अपने कुटुम्ब को नुक़सान पहुँचाते हैं। दूरस्थ जंगल में यदि कोई जीव विलुप्त होता है तो सारी कायनात क्षतिग्रस्त होती है। धरा पर जब भी कोई नदी सूखती है या रोकी जाती है अथवा अपना मार्ग बदलने को मजबूर की जाती है तब-तब सम्पूर्ण कुटुम्ब की जन्मकुंडली बदल जाती है।

विगत वर्षों में हिमालय पर जो बदलाव हुए उनको हमने महसूस किया और कच्चे-पक्के तरीक़े से वहाँ की वर्तमान अवस्था को कैमरे में क़ैद तो कर लिया परन्तु 'सारा विश्व एक परिवार' के व्यापक स्वरूप को समझने के पश्चात लगा कि ग्लेशियरों का पिघलना, तालाबों का सूखना या तापमान का बदलना, इन सबका मूल कारण, हो न हो, अनियोजित विकास से हो रहा जैव विविधता में बदलाव ही है। अत: निश्चय किया कि आगामी हिमालय यात्रा का स्थल ऐसा हो जहाँ जैव विविधता अपने चिरकालीन अक्षुण्ण स्वरूप में देखी जा सके। एक ऐसी जगह जो मानव आघातों से अब तक बची हो। एक ऐसी यात्रा पर जाएँ जो हमें अछूते जंगल, अनाहत नदियों, बेदाग़ ग्लेशियरों, कमसिन फूलों एवं कौतुक प्रिय कीट-पतंगों के बीच ले जाए। ऐसे स्थान को ढूँढ़ने की ऊहापोह समाप्त हुई 'ऑडेन कॉल' की जानकारी मिलने के साथ। इस कॉल की शुमारी हिमालय के कठिन दर्रों में की जाती है। आधुनिक काल में श्री जे.बी. ऑडेन ने इसे 1939 में खोजा था। ऑडेन सन् 1935 में भी कॉल तक पहुँचे थे पर पार कर पाए दूसरी बार सन् 1939 में।

इसके चौवालीस वर्षों बाद 28 अगस्त, 1983 को इस दर्रे को पुन: कोई पार कर पाया (श्री रंजीत लाहिड़ी एवं अरुण घोष)। उसके पश्चात, हमारी जानकारी में, सन् 2009 तक कोई छह या सात टीमों ने इस दर्रे को पार करने में सफलता पाई थी और उनके यात्रा विवरणों में किसी महिला पर्वतारोही के होने का ज़िक्र नहीं था। अगर हम लोग इसे पार कर पाए तो सम्भवत: अपर्णा पहली महिला होगी ऑडेन दर्रे को पार करने वाली!

ऑडेन कॉल अभियान पर जाने की मंशा जैसे ही अपर्णा और अद्वैत के समक्ष व्यक्त की वैसे ही अद्वैत बोल पड़ा—"क्या पापा, आप भी न हर साल हम लोगों को हिमालय पर ही ले जाते हो।" 2001 में की गई पहली हिमालय यात्रा का ग्यारह वर्षीय अद्वैत, अब ए.एफ.एम.सी. पुणे का छात्र, साल-दर साल, हिमालय यात्रा पर जाने की मेरी ज़िद से त्रस्त था।

"मालूम नहीं आपको क्या मज़ा मिलता है ऐसे दृश्यों को हर साल देखकर—जो कि एक सम—एक रस होते हैं? आपकी इच्छा नहीं होती कि कभी यूरोप, दक्षिण अफ्रीका या किसी समुद्र के किनारे जाएँ?"...मेरा छोटा 'चीनी' अब नवयुवक 'अद्वैत' बनकर मुझसे पूछे जा रहा था। सच तो यह है कि पिछले सालों में इस तरह के प्रश्नों से मेरा सामना एकाधिक बार हुआ है। लेकिन अब तक मुझे कोई सटीक जवाब नहीं सूझा। कैसे कोई बता सकता है कि किसी चीज़, वस्तु, व्यक्ति या स्थान को वह क्यों चाहता है? जो भौतिक है—उसे आँखें देखती हैं पर जो मन देखता है उसका क्या? आँखों देखा बयान करने में जो वाणी ओछी पड़ जाती है वह मन देखा कैसे व्यक्त करेगी? जो आत्मा में हलचल होती है—उसे कोई किस तरह शब्दों में पिरोए? अकसर शब्द नेताओं की तरह, हर नये पाठक के समक्ष, अपने अर्थ बदल नये रूप में प्रकट हो जाते हैं। शब्दों द्वारा स्वयं को समग्र रूप से व्यक्त कर पाना असम्भव ही है। हाँ, समयानुसार भाव स्वयं शब्दों से मुक्त हो पहुँच जाते हैं निर्दिष्ट व्यक्ति तक। माँ की बातों और पंचतंत्र की तब सुनी कथाओं का सार मुझ तक अभी पहुँचना शुरू ही हुआ है!

"क्या हुआ पापा, कुछ बोलते क्यों नहीं?" मेरी चुप्पी उसे चुभ रही थी। हिमालय से मुझे प्रेम है, ऐसा कहने से बात नहीं बनेगी। जब कोई बहाना न सूझा तो मैंने जैव विविधता वाले दृष्टिकोण का ज़िक्र किया।

उसने पलटवार किया, कहने लगा—"बायो डायवर्सिटी, क्या सिर्फ़ हिमालय पर ही दिखेगी, वह तो हम अपने आसपास भी देख सकते हैं।"

उसके कथन में सच्चाई तो थी पर अधूरी—"देखो आसपास जो जैव विविधता हम देख रहे हैं—वह बदली हुई है—पिछले सालों में हुए विकास कार्यों के चलते इनसानों की बस्ती के आसपास की प्रकृति अब बदल चुकी है।"

"वो कैसे?" अद्वैत ने पूछा।

"जहाँ हम निवास कर रहे हैं, उसी स्थान की बात लें। आज से चालीस-पचास वर्ष पहले यहाँ अनेक आम, पीपल, बड़ और जामुन के पेड़ थे। क्षिप्रा और ख़ान नदियों में जल प्रवाह नज़र आता था न कि मल प्रवाह। आसपास अनेक टेकरियाँ थीं, जो सागवान, बबूल और तेंदू पत्ते के जंगलों से घिरी थीं। तब यहाँ आए दिन सियार और लोमड़ियाँ दिखती थीं। घर के बाहर मोर, गौरैया नज़र आते थे। कोई जानवर मरा नहीं कि मिनटों में गिद्ध आसमान में मँडराने लगते थे। ठंड इतनी थी कि गर्मी की रातें भी रज़ाई की माँग करती थीं। लेकिन बताओ अब इनमें से क्या कुछ दिखता है तुम्हें अपने आसपास? कुछ नहीं। यदि आज कोई यहाँ की जैव विविधता देखे तो बदलाव का आकलन करने के लिए उनके पास क्या साधन हैं सिवा बुज़ुर्गों के ज़ेहन में अर्ध सुरक्षित यादों के? इसका मतलब यह नहीं कि शहरों को देखना बेमानी है। पर हमारा मक़सद है उन जगहों का चित्रण कर लोगों को दिखाना जहाँ प्रकृति, कुछ हद तक सही, आज भी अपने पुराने स्वरूप में विद्यमान है, ताकि समय के साथ जब उन स्थानों में बदलाव आए तब लोगों को सही मायनों में एहसास हो कि तथाकथित विकास के एवज़ में वे क्या खो चुके हैं।" उससे उक्त बात कहते समय अवचेतन मन को इल्म था कि यह सब हिमालय पर जाने के बहाने हैं। जैसे प्रेमिका की गली में बारम्बार जाने के बहाने ढूँढ़े जाते हैं, ठीक वैसे ही मस्तिष्क हर साल हिमालय पर जाने का नूतन बहाना ढूँढ़ ही लेता है।

कालिन्दी की यात्रा के पूर्व सोनी को समझाने में तथा यात्रा परमिट बनवाने में मुझे जितना ज़ोर लगा उससे कुछ कम शक्ति नहीं लगी अद्वैत को समझाने में कि ऑडेन कॉल की यात्रा यूरोप यात्रा से ज़्यादा युक्तिसंगत होगी। आज की युवा पीढ़ी 'सेंटिमेंट' के बजाय 'सेंस' को तरजीह जो देती है। अगर किसी नवयुवक से कहूँ कि एक ज़माना था जब मेरा दिल धड़का करता था। डैने, ढफली, डेरा-डबरा, चाँद-चाँदनी, आँगन-पेड़, तितली-भँवरे, बिन्दी-बिछुए यहाँ तक कि स्लेट और पेन भी दिल को धड़का देते थे। उम्र न जाने कब, पिछले द्वार से घुस दिल से धड़कनें

चुरा ले गई। निस्पन्द संवेदनहीन हृदय ने मुझे ज़िन्दा तो रखा है, पर जीवित होने का एहसास हर लिया है। और उसको बताऊँ कि हिमालय की वादियाँ मेरे निष्कम्प हिया में प्राण फूँकती हैं, तो क्या वह पूरी बात सुने बिना मुझे पागल घोषित न कर देगा? अत: कहता हूँ कि बहाने अच्छे होते हैं!

दो कारण (बहाने) और भी थे—जो हमें रुदुगैरा घाटी में खींच रहे थे। पहला कारण थी वह असफलता जो हमें रुदुगैरा घाटी में 2007 में मिली थी। तब हमें रुदुगैरा शिखर (19091 फ़ीट) पर चढ़ने का प्रयास, मौसम ठीक न होने के कारण, बीच में ही छोड़ना पड़ा था—'समीट कैम्प' में पहुँचकर, एक दिन गुज़ारने के बाद भी। दूसरा बहाना था इस घाटी का पौराणिक महत्त्व। अगर मौक़ा मिला तो इस पर आगे कभी बात होगी, बहरहाल हमें तैयारी करनी है—आनेवाली मुश्किलों तथा अड़चनों से निपटने की!

ऐसे अभियानों में, मानसिक रूप से सन्नद्ध होने के पश्चात, सर्वोपरि होता है एक सुदृढ़ टीम का सृजन करना। पिछले दो सालों में रनी तथा सोनी के टीम में न होने के कारण रूपकुंड एवं रुदुगैरा के हमारे अभियान आंशिक रूप से असफल रहे थे। कालिन्दी खाल अभियान के पश्चात सोनी इटली चला गया था, किसी विदेशी कम्पनी में ट्रेनर के रूप में काम करने के लिए और रनी से हमारा सम्पर्क टूट चुका था। पर अब इटली में आर्थिक और राजनैतिक संकट के चलते सोनी स्वदेश लौट आया था। ऑडेन कॉल के अभियान को गाइड करने का हमारा प्रस्ताव उसने बिना किसी मान-मनुहार के स्वीकार भी कर लिया। उसी ने रनी को भी ढूँढ़ निकाला। पर एक दिक़्क़त थी कि इन दोनों ने यह ट्रेक पहले नहीं किया था। अत: सोनी पर ज़िम्मेदारी डाल दी गई कि वह ट्रेक के जानकार को ढूँढ़े और साथ ही एक और पर्वतारोहण में दक्ष पोर्टर को भी तलाशे। उसने शंकर नामक एक कुली को खोज निकाला, जो गत वर्ष इस ट्रेक को आंशिक रूप से कर चुका था। पर्वतारोहण में दक्ष पोर्टर का रिक्त स्थान भरा बिहारीलाल ने।

1 जुलाई, 2009 : उत्तरकाशी

आप भी सोच रहे होंगे कि अभी-अभी तो मैं राग आलाप रहा था कि यह ट्रेक कठिनतम ट्रेक में से एक है, तो फिर मानसून में यहाँ आने का क्या औचित्य? आपका ऐसा सोचना वाजिब भी है क्योंकि उत्तराखंड के हाई एल्टीट्यूड ट्रेक करने के लिए अगस्त के अन्त से अक्टूबर के मध्य तक का समय श्रेष्ठ माना जाता है, पर यात्रा के मक़सद के अनुरूप समय का चयन करना पड़ता है—यह बात भी तो अपनी जगह सही है। इस अभियान का प्रमुख उद्देश्य था जैव विविधता का चित्रण करना। मुझे लगा कि इस कार्य हेतु जुलाई का महीना शायद ज़्यादा उपयुक्त हो। मानसून पूर्व की बारिश के कारण पेड़-पौधे और कीट-पतंगों की बहुतायत में मिलने की सम्भावना थी। इसी कालखंड में उत्तरांचल के राज-पुष्प 'ब्रह्म कमल' के दर्शन भी हो सकते थे। सोनी ने भी जब इस विचार का समर्थन किया तो जुलाई माह में अभियान शुरू करने की रही-सही हिचक भी जाती रही। चुनांचे ऑडेन कॉल को पार कर, गंगोत्तरी से केदारनाथ जाने का संकल्प मन में लेकर हम 1 जुलाई, 2009 की शाम उत्तरकाशी के 'नेहरू इंस्टीट्यूट ऑफ़ माउंटेनियरिंग' (संस्थान) में पहुँच गए।

उत्तरकाशी का पुराना नाम बाड़ाहाट था। पौराणिक कथा के अनुसार 'किरातार्जुन' युद्ध इसी स्थान पर हुआ था। यह नगरी नचिकेता की तपोभूमि भी थी। 1958 के उत्तरकाशी को लक्ष्य कर विष्णु प्रभाकर ने लिखा, 'इसमें कोई सन्देह नहीं कि अभी तक यह सुप्त नगरी के समान शान्त है। न कीर्तन, न मन्दिरों से उठती आरती के स्वर। ऐसा लगता है कि मानो किसी पहाड़ी युवती ने समाधि लगा ली हो।' पर अब सब बदल गया है। वाहनों तथा ध्वनि विस्तारकों के शोरगुल ने इसकी समाधि भंग कर दी है। मुख्य मार्ग तो छोड़िए, यहाँ के गली-कूचे भी अशान्त तथा

धूल और धुएँ से लबरेज़ हैं। हमने उत्तरकाशी की आपाधापी से परे भागीरथी नदी के नज़दीक, पहाड़ पर बने एक मोटल, 'मोनाल' में दो रातें गुज़ारीं। इस होटल की छत से दिखने वाले भागीरथी नदी के लोमहर्षक दृश्य हमें यहीं रुकने को मजबूर कर रहे थे। मोटल का संचालक, 30-32 वर्ष का दीपेन्द्र पंवार उर्फ़ डग्गू एक बहुत ही दिलचस्प व्यक्तित्व का मालिक था। अपनी उम्र से आठ-दस वर्ष छोटे दिखने वाले दुबले-पतले गौरवर्णी, इस युवक ने अपने घर को ही एक मोटल में परिवर्तित कर लिया था। शादी नहीं की—कारण, वही पहाड़ों से प्रेम। जहाँ गोश्त की गठरी पर आसक्त मन बदलाव की चाह में भटकता है वहीं प्रकृति पर मुग्ध मन को ठहराव की एषणा भटकाती है। पर किसी ठहराव पर मन ठहरता कब है, भटकना ही तासीर है उसकी। अत: अनजान, अचिह्नित स्थानों का पता लगाने का जुनून डग्गू को, साइकिल से, दिनोंदिन आसपास की वादियों में भटकाता है। विदेशी सैलानियों को उत्तरकाशी में आकर्षित कर डग्गू ने यहाँ के पर्यटन उद्योग को बहुत बढ़ावा दिया। दुर्गम पहाड़ी मार्गों से, दूर-दराज़ के गाँवों में जाकर बच्चों में शिक्षा एवं संस्कार का प्रसार करने की वह अपनी नैतिक ज़िम्मेदारी निरूपित करता है। डग्गू अपनी मोटल में भारतीयों को बहुत ही मुश्किल से ठहराता था। उसके अनुभव में भारतीय अधिकतर झगड़ालू, गन्दगी फैलाने वाले और अनावश्यक शोरगुल करने वाले मेहमान साबित हुए थे। सोनी के बार-बार निवेदन करने के बाद ही उसने हमें अनुगृहीत किया 'मोनाल' में कमरा देकर!

2 जुलाई को सोनी हमें उत्तरकाशी से 10-12 किलोमीटर दूर संस्थान के ट्रेनिंग स्थल 'टेकला' पर ले गया। टेकला में हमारी मुलाक़ात हुई दादा उर्फ अमित चौधरी से। संस्थान में बेहद लोकप्रिय और 'सीनियर इंस्ट्रक्टर' के पद पर पदस्थ साँवले, दुबले-पतले पाँच फुट छह इंच के दादा वर्षों पहले बंगाल से इस संस्थान में पर्वतारोहण का प्रशिक्षण लेने आए थे। लेकिन मन यहाँ ऐसा रमा कि यहीं के होकर रह गए—शादी तक नहीं की। पर दादा स्वयं को अविवाहित नहीं मानते, उनका कहना है कि वे पर्वतों से विवाहित हैं! उनको गर्व है कि अनेक सैन्य टुकड़ियाँ उनसे पर्वतारोहण के गुर सीख देशसेवा में रत हैं। टेकला में हमारे आने का तथा दादा से सम्पर्क साधने का मक़सद था—पर्वतारोहण के गुर से रूबरू होना। दादा और सोनी, दोनों ने कोई कसर न छोड़ी हमें एक 'क्रैश कोर्स' करवाने में। इस कोर्स में हमें रॉक क्लाइम्बिंग, रेपलिंग एवं जुमारिंग के बारे में बताया तथा प्रशिक्षित किया गया। काया को कष्ट तो बहुत हुआ, पर आगे चलकर यह साफ़ हो गया कि इन

गुर को जाने बिना 'ऑडेन कॉल' अभियान सम्पन्न कर पाना मुश्किल था। इस कोर्स के कारण अद्वैत का सुसुप्त उत्साह भी जाग गया। वह अब पूरे जोशोख़रोश से हर गतिविधि में शामिल होने लगा। संस्थान के ग्रंथालय से उसने दो पुस्तकें ले लीं—पहली ओले एवं एडम की 'फ्लावर्स ऑफ़ दी हिमालय' (आने वाले दिनों में अद्‌भुत फूलों से मुलाकात होने की सम्भावना जो थी) तथा दूसरी 'माउंटेनियरिंग—द फ्रीडम ऑफ़ हिल्स', जो कि पर्वतारोहण की बारीकियों से परिचय करवाती है। पुनः उत्साहित अद्वैत को पाकर हम सब भी स्वयं को ऊर्जावान महसूस कर रहे थे!

टेकला से लौटते समय बाज़ार में रुक गए। इच्छा थी कि इस बार उत्तरकाशी के मन्दिरों के दर्शन भी किए जाएँ। उत्तरकाशी के देवालयों में सबसे प्रमुख है काशी-विश्वनाथ का मन्दिर। मान्यता है कि इस मन्दिर में पूजा जाने वाला शिवलिंग स्वयं प्रकट हुआ था। 1857 में राजा सुदर्शन शाह द्वारा जीर्णोद्धार किए गए इस मन्दिर के प्रांगण में कई और भी छोटे-बड़े देवालय हैं। इनमें से शक्ति मन्दिर विवेचना योग्य है। इस देवस्थल में एक छब्बीस फ़ीट ऊँचे, अष्टधातु से निर्मित त्रिशूल की पूजा की जाती है। पंडों की मानें तो यह त्रिशूल देवासुर संग्राम के दौरान छूटी हुई शक्ति है। विष्णु प्रभाकर 1958 में शक्ति मन्दिर पधारे थे। उन्होंने उस समय इस त्रिशूल पर लिखे संस्कृत लेख का विवरण अपनी पुस्तक में दिया है। उस लेख के अनुसार तो विश्वनाथ मन्दिर को राजा गणेश्वर ने बनवाया था और इस त्रिशूल की स्थापना गणेश्वर के पराक्रमी पुत्र, राजा गुह, ने अपने कीर्ति स्तम्भ के रूप में करवाई थी। वर्तमान में इस सत्य को भक्तों और पंडों द्वारा लेपे गए सिन्दूर तथा थोपे गए दुपट्टों ने पूरी तरह ढक दिया है। इतिहास गवाह है कि अन्धभक्ति के अन्धड़ के समक्ष सत्य कभी ठहर ही नहीं पाया है। विष्णु प्रभाकर द्वारा किए गए शोध के अनुसार इस प्रांगण में ग्यारहवीं सदी के आरम्भ में ज्ञानप्रभ के पुत्र भट्टारक नागराज ने एक सुन्दर बुद्ध मन्दिर भी बनवाया था। यहाँ की वह बुद्ध प्रतिमा ही कालान्तर में 'दत्तात्रेय' के नाम से पूजी जाने लगी। इस मूर्ति के पाद-पीठ पर तिब्बती भाषा में लिखा था—'ल्ह बचन्-नगरज़ई थुन्-पा' यानी देवभट्टारक नागराज के मुनि। दत्तात्रेय का मन्दिर तो आज भी है पर वह प्रतिमा अब नदारद है।

मन्दिर का प्रांगण पंडों, भिखमंगों, छद्म साधुओं तथा इनके शिकार—धर्मभीरुओं से अँटा हुआ था। हाथ लगाकर 'शक्ति रूप त्रिशूल' को हिलाने को

बाध्य करके रुपये वसूले जा रहे थे। मैदान की काशी को भोग भूमि बता-बताकर माया एकत्रित की जा रही थी। मन्दिर को कलयुग का एकमात्र मुक्ति स्थल निरूपित कर भक्तों की श्रद्धा का नगदीकरण किया जा रहा था। असुरों को पाताल लोक का रुख़ करते देख, हे देवताओ! तुम सब एक साथ 'वी.आर.एस.' लेकर मन्दिरों में विराजमान हो गए। तुम ही बताओ कि नाना रूप धर पुन: लौट आए इन असुरों से भोली-भाली जनता की रक्षा अब कैसे होगी?

3 जुलाई, 2009 : गंगोत्तरी

हम एक बार फिर गंगोत्तरी आ पहुँचे थे। गत चार वर्षों में यहाँ कुछ बदला नहीं था सिवा भीड़ के—जो बढ़ गई थी और घोड़ों के जो नदारद थे। गोमुख तक जानवरों को ले जाने पर पाबन्दी लगने से यह लाभ तो हुआ कि गंगोत्तरी का पवित्र क्षेत्र घोड़ों तथा घोड़े वालों द्वारा फैलाई जाने वाली गन्दगी से मुक्त था। वैसे तो गोमुख तक मानवों के जाने पर भी अब पाबन्दी थी, एक दिन में सिर्फ़ पचास व्यक्ति ही अनुमति पाते थे गंगोत्तरी से ऊपर जाने वाले मार्ग पर अग्रसर होने की। परन्तु इस वक़्त तो बड़े-बड़े जत्थों में लोग बेरोक-टोक गोमुख की ओर आ-जा रहे थे। कन्धों पर उठाई काँवड़ को देख जंगलात वाले और पुलिस वाले चुपचाप नज़र फिराए बैठने को मजबूर थे। धर्म के मामले में कौन बोले? कैसी विडम्बना है यह कि सार्वजनिक ज़मीनों पर अतिक्रमण करने से लेकर जनभावनाओं का अनुचित दोहन कर राजनीति चलाने तक—हर जगह 'धर्म' खड़ा 'अधर्म' की रक्षा करता दिखता है। राम-रहीम, ईसा-मूसा ने अपने नामों का 'पेटेंट' न कराकर हम सामान्यजनों को बहुत मुश्किल में डाल दिया है!

5 जुलाई, 2009 : पदयात्रा का आग़ाज़

दो रातें गंगोत्तरी में गुज़ार 5 जुलाई को हम निकल पड़े रुदुगैरा की दिशा में।

गंगोत्तरी मन्दिर से क़रीब डेढ़ किलोमीटर उत्तर की ओर स्थित एक बहु-उपयोगी पुल है। इस पुल पर से हिम-टोप पहने सुदर्शन पर्वत का शिखर दर्शन तो होता ही है पर उसके अतिरिक्त यह हमें बलशाली भागीरथी को पार कराकर नदी के बाएँ किनारे भी पहुँचाता है—सूरजकुंड तथा ब्रह्मकुंड के पास। इन कुंडों के आसपास कई आश्रम हैं, उनमें से एक के बाहर 'तपोवन कुटी—स्वामी सुन्दरानन्द' की नाम पट्टिका ने हमें रुकने को मजबूर कर दिया। सुन्दरानन्द स्वामी द्वारा रचित एक ग्रन्थ 'हिमालय थ्रू लेंस ऑफ़ ए साधु' को 'मोनाल' मोटल के पुस्तकालय में पढ़ा था। मिलने की इच्छा से वशीभूत हो, आँगन के द्वार में बने एक छेद में हाथ डालकर अन्दर लगी रोक हटाई और धँस गए उस कुटी में जहाँ स्वामी सुन्दरानन्द पिछले पचपन वर्षों से भी अधिक समय से रह रहे हैं—ठंड, गर्मी, बारिश बारहों महीने यहीं! प्रवेश द्वार से मुख्य कुटी तक जा रही पतली पगडंडी के दोनों ओर बड़े-बड़े वृक्ष लगे थे। दाहिनी ओर वह कमंडल रखा था, जिसका चित्र स्वामी जी की पुस्तक के मुखपृष्ठ पर है। जंगल से बीनी गई टेढ़ी-मेढ़ी लकड़ियों को रँगकर यहाँ-वहाँ बहुत क़रीने से सजाया गया था। सारा वातावरण स्वामी के कलाकार होने की चुगली कर रहा था।

हमारी आवाज़ सुन स्वामी जी कुटिया के प्रवेश द्वार पर आ खड़े हुए। सत्तर के पेटे में होंगे लेकिन फिर भी आँखों में बाल सुलभ चमक, चेहरे पर नवयुवकों-सी क्रान्ति एवं सिपाहियों जैसी देहयष्टि—सब बता रहे थे कि स्वामी साधारण संन्यासी नहीं थे। पिछले वर्षों में, हिमालय यात्रा के दौरान, कितने ही गेरुए वस्त्रधारियों से सामना हुआ, न मालूम कितने नामी आश्रमों के सामने से गुज़रे, लेकिन आज के

पूर्व किसी भी आश्रम के सामने पाँव यूँ नहीं रुके जैसे 'तपोवन कुटी' के समक्ष थमे थे। इस आकर्षण का कारण शायद स्वामी का एक दक्ष पर्वतारोही और अत्यन्त प्रतिभाशाली फ़ोटोग्राफ़र होना था। स्वामी जी ने अपने अनपेक्षित मेहमानों को प्रेमपूर्वक, कुटी के स्वागत कक्ष में बिछी दरी पर बैठाया। उस कक्ष की दीवारें फ़ोटो फ्रेम से सजी हुई थीं। उनमें से एक पर जाकर निगाह ऐसी टिकी कि फिर हटने का नाम ही नहीं ले रही थी। नभ पर बादलों ने 'ऊँ' लिख रखा था और उसकी छाया पर्वतों से घिरे एक ग्लेशियर ताल के जल में पड़ रही थी। नभ-जल-थल सब 'ऊँ' मय थे!

"स्वामी जी यह चित्र कैसे लिया आपने, क्या यह ट्रिक फ़ोटोग्राफ़ी का कमाल है?"...मैंने बिना आगा-पीछा सोचे पूछ डाला।

मेरे प्रश्न से स्वामी जी के चेहरे की मृदु मुस्कान क्षण भर के लिए ग़ायब हुई पर ज़्यादा प्रगाढ़ रूप में लौटकर पुन: उनके होंठों पर विराजमान हो गई,..."नहीं ट्रिक-ट्रीक कुछ नहीं, सीधे-सीधे लिया गया फ़ोटो है। सिर्फ़ एक क्षण के लिए यह दृश्य निर्मित हुआ था। उस वक़्त सौभाग्य से कैमरा हाथ में था, तो चित्र बन गया।"

"स्वामी जी, आप पचास से ज़्यादा वर्षों से यहाँ रह रहे हैं। क्या पिछले सालों में आपने यहाँ कुछ बदलाव देखे हैं?"

"सब कुछ तो बदल गया है," स्वामी जी ने कहा—"लोगों की आवाजाही में बेहद बढ़ोतरी हुई है। जंगल ग़ायब हो रहे हैं। गंगोत्तरी ग्लेशियर पीछे सरक रहा है।"

"अच्छा, आपका कहना है कि गंगोत्तरी ग्लेशियर छोटा हो रहा है पर हमारी सरकार तो दावा करती है कि इस ग्लेशियर में कुछ ख़ास बदलाव नहीं आ रहे हैं, बल्कि वह तो कुछ बढ़ गया है।" जवाब में स्वामी जी सिर्फ़ मुस्करा भर दिए। ज़ाहिर है वे राजनीतिक दाँव-पेचों पर चर्चा के इच्छुक नहीं थे।

"स्वामी जी," मैंने बात बढ़ाते हुए प्रश्न किया, "आप तो आसपास भी बहुत घूमे हैं। यहाँ सबसे मनोरम स्थान कौन सा है जहाँ आप हमें अवश्य जाने की सलाह देंगे।"

"केदारताल—वहाँ सामने।" उन्होंने अपनी तर्जनी उँगली ताल की दिशा में उठाते हुए कहा—"बहुत ही सुन्दर स्थान है। मानो स्वर्ग का कोई टुकड़ा टूटकर ज़मीन पर आ गया हो। नीले जल से भरा ताल और उसके आसपास असंख्य फूल तथा जड़ी-बूटियाँ, पर...ऽ...ऽ"—स्वामी एक क्षण को ठिठके, उनके स्मित नयनों की चमक मंद पड़ गई—"पर...अब वह बात नहीं बची। ताल सिकुड़ गया है। जड़ी-बूटियों को लोग बेरहमी से नोच-नोचकर ले जा रहे हैं। मुझे लगता है कि ताल

पूरी तरह से सूखे उसके पूर्व आप लोगों को एक बार अवश्य ही वहाँ जाना चाहिए।"

"स्वामी जी, आपके पास चित्रों में क़ैद पिछले पचास-साठ वर्षों का इतिहास है। ये चित्र तो धरोहर हैं देश के लिए। इनको आप किस तरह से सुरक्षित रख रहे हैं?"

"हाँ, यह चिन्ता मुझे भी है,"...विचारों में डूबते-उतरते स्वामी जी बोले—"बहुत से चित्र, निगेटिव तथा स्लाइड तो लोग चुराकर ले गए, कुछ जो बचे हैं उनको लेकर, यहीं कुटी के पीछे, एक संग्रहालय बनाने का काम चल रहा है। आइए आप को बताऊँ।" कहते हुए स्वामी आसन छोड़ खड़े हो गए।

स्वामी के भक्तगण कुटी के पीछे कुछ कमरे बनवा रहे थे। लेकिन क्या इन कमरों की दीवारें स्वामी जी की इस ऐतिहासिक धरोहर को महफ़ूज़ रख पाएँगी। मुझे लगता है कि सरकार को अपनी ओर से पहल कर स्वामी सुन्दरानन्द की इस अकूत सम्पदा का, डिजिटलीकरण कर, उद्धार करना चाहिए। प्रश्न तो बहुत थे पर अब स्वामी जी कुछ अन्यमनस्क हो गए थे, सो उनसे विदा ले हम आगे बढ़ गए।

कुटी से बाहर निकल हम पुन: सूर्यकुंड के समीप से आगे बढ़े—गौरी कुंड की तरफ़। हालाँकि इन कुंडों के नामों को लेकर लोगों में मतैक्य नहीं है। जहाँ स्वामी सुन्दरानन्द ने सूर्यकुंड एवं गौरीकुंड दोनों को एक निरूपित किया है, वहीं विष्णु प्रभाकर ने ब्रह्मकुंड, सूर्यकुंड एवं गौरीकुंड तीन अलग-अलग कुंड बताए हैं। जिस पुल को पार कर हम भागीरथी की बाईं ओर आए थे उसके ऊपर (दक्षिण) की ओर सूर्यकुंड है तथा नीचे की ओर गौरीकुंड। स्वर्ग से मृत्यु लोक में भेज देने का दर्द और शंकर द्वारा तेज़ हरण करने की साजिश से दग्ध भागीरथी का क्रोध जब ब्रह्मकुंड को समतल करके भी शान्त नहीं हुआ तो उसका दम्भ भंग करने के लिए प्रकृति ने उसकी हर बूँद को अस्सी-अस्सी फ़ीट तक नीचे पटका—सूर्यकुंड में। पर सूर्यकुंड में इतनी पछाड़ें खाने के बाद भी भागीरथी पुन: पूरे वेग से भारत के सीने को चीरने हेतु दौड़ पड़ती है। ऐसे में, उसका मानमर्दन करने हेतु गौरीकुंड राह में आ जाता है। दो सौ फ़ीट गहरे इस कुंड में प्रचंड वेगवान भागीरथी मात्र कुछ फ़ीट चौड़ी धारा में बदल दी जाती है। बिचारी भागीरथी से तो हम कहीं बेहतर हैं। वह तो अपने घमंड के साथ सूर्यकुंड से आधा किलोमीटर भी आगे नहीं बढ़ पाती, हमें तो अपना सम्पूर्ण जीवन आत्ममुग्धता के साथ व्यतीत करने की छूट है! बेबस भागीरथी के कुछ चित्र लेने के उपरान्त हम आगे बढ़े और जा पहुँचे पटंगना नामक स्थान पर।

पटंगना, पौराणिक कथानुसार, वह स्थान है जहाँ पांडवों ने महारुद्राभिषेक किया था। उक्त कथानुसार महाभारत युद्ध के पश्चात पांडव भ्रातृहंता होने के पाप से मुक्त होना चाहते थे। व्यास ऋषि ने उन्हें बताया कि इस महापाप से उनकी मुक्ति सिर्फ़ भगवान शिव को प्रसन्न करके ही सम्भव है, चुनांचे वे, व्यास ऋषि के कहने पर, शिव से माफ़ी माँगने हिमालय आए। मार्ग में इस स्थान पर उन्होंने रुद्राभिषेक किया। इस कथा के साथ यदि दो कथाओं को भी जोड़ा जाए तो एक और सत्य उजागर होता है। कथा है कि महाभारत के युद्ध में हारा दुर्योधन अपनी टूटी जंघाओं के साथ 'हर की दून' की घाटियों में छुप गया था। 'हर की दून' क्षेत्र में आज भी दुर्योधन की राजा के रूप में वंदना की जाती है। इतना ही नहीं यहाँ स्थित अतिप्राचीन मन्दिरों में जिस मूर्ति को पूजा जाता है उसके पैर जाँघ से टूटे हैं! यह मानना उचित ही होगा कि निश्चित ही पांडव दुर्योधन का पीछा करते हुए वहाँ भी पहुँचे होंगे। दूसरी कथानुसार जब पांडव अपने भातृ-पितृ हत्या के पाप से मुक्ति हेतु शिव की खोज कर रहे थे तब शिव उनसे छुपते फिर रहे थे। चूँकि पाप जघन्य था, अत: शिव टाल रहे थे। आख़िरकार पांडवों को शिव केदारनाथ में बैल के रूप में दिखे। लेकिन इसके पहले कि पांडव उन्हें पकड़ें बैल रूपी शिव धरती में समाने लगे। पांडवों की पकड़ में सिर्फ़ बैल की पीठ का हिस्सा भर आया जो ज़मीन से बाहर रह गया था। इसी की पूजा केदारनाथ में आज भी की जाती है। आइए इन

गंगोत्तरी के पास सूर्यकुंड : हज़ारों वर्षों बाद भी भागीरथी का ताप बरकरार है

तीनों कथाओं को एक सूत्र में पिरोकर पुन: देखते हैं। युद्ध से फरार दुर्योधन हर की दून क्षेत्र में आया। यहाँ उसका आना युक्तिसंगत भी था। हस्तिनापुर तो विवादित क्षेत्र था पर 'हर की दून' का तो दुर्योधन निर्विवाद राजा था। स्वयं ईश्वर ने उसकी तपस्या से प्रसन्न होकर उसे इस क्षेत्र का पालक और कर्ता घोषित किया था। ईश्वर प्रदत्त सत्ता से महफ़ूज़ और कौन सी जगह मिल सकती थी दुर्योधन को पनाह लेने के लिए? दुर्योधन का पीछा करते-करते पांडव बंधु भी 'हर की दून' पहुँचे। वहाँ जाकर उनको अपने भ्रातृहंता होने का भय सताया, तब व्यास मुनि के कहने पर वे शिव को ढूँढ़ने हेतु हिमालय में आगे बढ़े और पटंगना पहुँचे। पटंगना में शिव को प्रसन्न करने के लिए महारुद्राभिषेक करने पर भी जब बात नहीं बनी तो पांडव केदार की ओर आगे बढ़े। 'हर की दून' से पटंगना पहुँचने का मार्ग वर्तमान की धूमदार कांडी एवं हर्षिल गाँव से होकर ही गुज़र सकता है। और पटंगना से केदार ऑडेन कॉल पार किए बिना जाना सम्भव नहीं। आर्यभट्ट ने अपनी पुस्तक में एक स्थान पर स्वयं की उम्र की गणना करते हुए कलयुग का आरम्भ 3102 ईसा पूर्व में होना निष्पादित किया है, इस गणना के अनुसार महाभारत का युद्ध ईसा पूर्व 3139 में हुआ था। यानी कि इस कॉल को पांडवों ने जे.बी. ऑडेन से लगभग पाँच हज़ार वर्ष पूर्व ही पार कर लिया था। फिर तो इस दर्रे का नाम पांडव दर्रा होना चाहिए—नहीं क्या?

पटंगना को पीछे छोड़ हम, पेड़ों के बीच से, धीरे-धीरे आगे बढ़ रहे थे! चूँकि इस स्थान पर 'जंगल' कहलाने लायक पेड़ नहीं बचे—इसलिए 'पेड़ों के बीच से' कहना ज़्यादा सटीक वर्णन होगा बजाय 'जंगल के बीच से होकर गुज़रे' कहने के। कुछ दूर आगे जाने के बाद हम अपनी बाईं ओर से ऊपर चढ़ने लगे। हमारा लक्ष्य था, गंगोत्तरी के दक्षिण-पश्चिम स्थित रुदुगैरा घाटी से आकर भागीरथी नदी से मिल रही, रुदुगंगा (रुद्रगंगा) नदी तक पहुँचना। क़रीब चार घंटे तक, इस थका देने वाले रास्ते पर चलने के बाद हमें रुदुगंगा का दाहिना तट दिखने लगा। अपने नाम के अनुरूप वह रुद्र ही थी! हमें इस नदी के बाएँ किनारे को पकड़ रुदुगैरा घाटी में जाना था, अत: तलाश थी किसी ऐसे स्थान की जहाँ से इसे पार किया जा सके। ऊँची-ऊँची झाड़ियों को हाथों से परे हटाकर रास्ता बनाते हुए हम सब शनै:-शनै: आगे बढ़ रहे थे। बारिश का एक छोटा दौर यहाँ की ज़मीन को

हाल ही में भिगो चुका था। गर्मी से त्रस्त हो धरती के आँचल में छुपी घास अपनी लम्बी नींद से जाग उठी थी। यहाँ गढ़वाली चिनार के कुछ पेड़ भी थे जिनकी पत्तियाँ 'मेपल ट्री' सरीखी थीं, मानो कनाडा के झंडे से झड़कर यहाँ आ गिरी हों। घास में चलते वक़्त ज़हरीले सर्पों का भय रह-रहकर मन को विचलित कर रहा था, पर यह मालूम पड़ते ही कि इस इलाक़े में साँप नहीं पाए जाते हैं—पैर अधिक विश्वास से पड़ने लगे। पगडंडी की बाईं ओर लम्बे कँटीले पत्तों वाली कैक्टसनुमा झाड़ियाँ, क़तारबद्ध खड़ी होकर सलाम कर रही थीं। इनमें से एक को देखकर ढाढ़स बँधा कि यात्रा का आग़ाज़ शुभ मुहूर्त में हुआ है—अन्यथा कोई झाड़ी,

पटंगना से कुछ आगे ही गणेश पौधों में छुपे दिखे

हमारे समक्ष, गणेश भगवान का रूप धर क्यों प्रकट होती! कुछ दूर ही चले होंगे कि अचानक एक सफ़ेद फूल पर निगाह ठहर गई। पोटलीनुमा इस फूल को पौधे ने अपनी नाज़ुक उँगलियों में पकड़ उलटा लटका रखा था। यह क्या तरीक़ा हुआ! फूल हो, तनकर खड़े रहो—आसमाँ पर नज़र रख भौंरों का इन्तज़ार करो। मुझसे तुम्हारा स्वयं को रंगहीन मान, यूँ गर्दन झुकाए खड़े रहना सहन नहीं हो रहा। क्या सफ़ेद रंग रंग नहीं होता? मानव संसार में तो सफ़ेद रंग वालों का ही बोलबाला है। सफ़ेद चमड़ी वाले, सफ़ेद कुर्ते वाले तथा व्हाइट हाउस में रहने वाले हम सब को अपनी उँगलियों पर नचाते हैं। तुम तो ऐसे देश में पैदा हुए हो जहाँ गौरवर्णियों की पाद-पूजा कभी समाप्त हो ही नहीं सकती। अब बस भी करो, सिर उठाकर एक बार मेरी तरफ़ देखो तो सही। परन्तु वह फूल टस से मस न हुआ। शायद किसी ने सच ही कहा है कि गर्दन झुक तो मिनटों में जाती है, पर मस्तक उठाने की शक्ति पुनः हासिल करने में आधी सदी भी कम पड़ती है। आत्मसमर्पण की मुद्रा में लटके इस पुष्प की दुर्बलता का कीट-पतंगे भी ख़ूब फ़ायदा उठा रहे थे। बेचारे पर एक-दो नहीं वरन् असंख्य कीट पिले हुए थे। इस सामूहिक बलात्कार के बावजूद पुष्प को निस्पन्द देख मन कुछ कुंठित तो हुआ पर उससे एक शिक्षा भी मिली—दबंग अपने बल के ज़ोर से हम पर हावी नहीं होते बल्कि हमारी दुर्बलता उन्हें ऐसा करने को उकसाती है। उस फूल को वहीं उसके प्रारब्ध से जूझता छोड़ हम आगे बढ़ गए।

कुछ मिनटों पश्चात ही नज़र एक पुल पर पड़ी, जो हमें नदी पार करवाने को उतावला था। पुल को दूर से देखकर आया चैन उसके नज़दीक पहुँचते ही काफ़ूर हो गया। तेज़ बहती, अपने मार्ग में आनेवाली हर वस्तु को चूर-चूर करने को उद्यत, रुदुगंगा के बीचोबीच येन-केन-प्रकारेण स्वयं को थामे हुए एक शिला की पीठ पर किसी ने दो पेड़ों के तनों को चिपकाकर रख भर दिया था। साँस रोककर पुल पर क़दम जमाए, हाथों को फैलाकर शरीर सन्तुलित किया, दृष्टि को सामने के छोर के एक पत्थर पर स्थिर किया और राम नाम लेते हुए पुल पर बढ़ गए। रुदुगंगा अनवरत पुकारे जा रही थी। हम सुना-अनसुना करके आगे चलते रहे। हमें मझधार में पहुँचते देख वह क्रोध से उबलने लगी। उसने उछलकर, हमें पैरों से पकड़, नीचे खींचने का प्रयास शुरू कर दिया। जीवनदायिनी नदियाँ मानसून में ख़ून की प्यासी क्यों हो जाती हैं? ख़ैर बचते-बचाते किसी तरह परली तरफ़ पहुँच ही गए।

यहाँ से आगे का रास्ता मनोरम था। बकरीवालों के आने-जाने से बनी पगडंडी ने चलना आसान तो कर दिया था पर नदी को उफनता देख मुझे कुछ चिन्ता हो

रही थी। चिन्ता अकारण भी नहीं थी, क्योंकि ऑडेन कॉल पहुँचने के पूर्व हमें आगे जाकर इसी नदी को पुन: पार जो करना था। यहाँ तो बकरीवालों की कृपा से नदी पार करने का टूटा-फूटा साधन तो मिल गया, पर वहाँ क्या होगा? वर्षा तो अब तक ज़्यादा नहीं हुई है, सम्भवत: ऊपर बर्फ़ गिरी होगी, अत: यह उफान पर है, ऐसा सोच मन को समझाया और आगे बढ़ते रहे।

क़रीब छह घंटे चल चुके थे। पहले दिन के हिसाब से यह बहुत था। पग थमना चाहते थे—लेकिन दिल चाह रहा था उस झरने तक पहुँचना जिसके तले हमने दो साल पहले भी कैम्प किया था—2007 में। चलते हुए इतना समय हो गया पर अब तक कुल जमा एक छोटा सा जलप्रपात ही नज़र आया था। यहाँ 'सूखे'-सी स्थिति थी। पिछले दिनों में हुई बूँदा-बाँदी ने मिट्टी में दुबकी घास को तो झकझोरकर बाहर निकाल दिया था, पर वह जलप्रपातों में जीवन फूँकने में अक्षम रही थी। एक घंटा और चलने के बाद दाईं तरफ़ वह झरना दिखा। पर आज वह पहचानने में नहीं आ रहा था। वह श्री-हीन था। उसका खुले गले से गीत गाना बन्द था। उसका पत्थरों पर खड़े होकर चारों ओर छींटे उछाल, आसपास के प्यासे कुम्हलाए पुष्पों को तृप्त करना बन्द था। मात्र दो वर्षों में वह अल्हड़ झरना मानो सौ वर्ष का बुज़ुर्ग हो गया हो।

रंगहीन फूल का सिर झुकाए—सब सहना अच्छा न लगा...

वह बह रहा था पर सिर्फ़ धर्म निभाने के लिए, वह 'कल-कल' कह रहा था पर सिर्फ़ फ़र्ज़ निभाने के लिए। उसके पास बैठे मैंने हौले से उसके जल को सहलाया। शायद उसने भी मुझे पहचान लिया, नहीं तो वह मेरे हाथ पर चढ़ने की कोशिश क्यों करता भला? इस बीच, उधर कुछ नीचे, हमारे टेंट लग चुके थे। सूरज ढलने को था। मैं भारी मन से झरने को वहीं छोड़ कैम्प में आ गया और दूर से उसे निहारने लगा। तभी दो काले-सफ़ेद पक्षी वहाँ पर आए तथा झरने के कृशकाय शरीर में उभर आई चट्टानों पर फुदकने लगे, फिर आगे झुक जलपान किया, अपनी दुम उठाई और पानी में बीट कर दी, पंखों को झटका और समीप की झाड़ियों में लुप्त हो गए। इसके पहले कि झरना सँभल पाता, एक बड़ा पक्षी—शायद मेगपॉय—वहाँ उपस्थित था। उसने इधर-उधर देखा, जल में चोंच डुबाई, पानी में बीट की, पंखों को झटका और पास के पेड़ पर विश्राम हेतु चला गया। मुझे लगा कि अब शामत आएगी, वह प्रपात स्वयं के जर्जर शरीर से छेड़खानी तो फिर भी सह लेता पर अपने जल में विष्ठा प्रवाहित करना क़तई सहन न कर पाएगा। पर सच कहता हूँ, वह तनिक भी विचलित नहीं हुआ, वह मुस्कराता, पत्थरों को सहलाता, ढलते सूरज को निहारते हुए, रुदुगंगा की ओर सरकता रहा। झरनों में माँ का दिल होता है, वे मरते दम तक अपना धर्म निभाते हैं, बिना किसी कोताही के, बिना कोई शिकायत किए!

मानस पटल पर रह-रहकर पंकज श्रीवास्तव की लम्बी कविता 'सतपुड़ा के डरे जंगल' की कुछ पंक्तियाँ उभर रही थीं—

कहीं पट्टे बँट रहे हैं, कहीं चट्टे बँट रहे हैं,
वन बचाने की जगह हम, आँकड़े ही रट रहे हैं।
विविधता से भरे जंगल लुप्त होते जा रहे हैं,
छोटे-छोटे नदी-नाले सुप्त होते जा रहे हैं।
हर कोई जंगल पकड़कर, हक़ जताने को खड़ा है,
कौन आख़िर सोचता है, प्रश्न यह कितना बड़ा है?
लोभ और मजबूरियों का, भोगते परिणाम जंगल,
हम समस्या गढ़ रहे हैं, आ रहे हैं काम जंगल।
हर तरह की परीक्षा से, हो रहे दो-चार जंगल,
चोट इन पर पड़ रही है, खा रहे हैं मार जंगल।
बढ़ती आबादी की ख़ातिर, अब कहाँ तक मरे जंगल,
बात जा पहुँची यहाँ तक, करे कोई, भरे जंगल॥

6 जुलाई, 2009

कल शाम के बाद से रुक-रुककर बारिश हो रही थी जो सुबह तक चली। लेकिन अब पिछले दो घंटे से आसमान साफ़ था। सुबह साढ़े सात के आसपास हमने अपना कैम्प छोड़ा। अगले कुछ घंटों में रुदुगैरा घाटी के 'टेम्परेट जोन' से विदा लेकर हमें यहाँ के 'अल्पाइन-जोन' में प्रवेश करना था। (देखें : यात्रा से परे—'प्राकृतिक अल्टोमीटर') 'टेम्परेट जोन' ने तो हमें निराश ही किया था—पेड़ थे पर पक्षी नदारद, पहाड़ थे पर झरने नदारद, झाड़ियाँ थीं पर फूल गुम, घास थी पर जीवन गुम।

"आगे का रास्ता बहुत कठिन होगा सर"—बिहारीलाल मेरे निकट आ धीरे से बोला।

बिहारी एक लम्बा लगभग छह-फुटा गढ़वाली अधेड़, जो पिछले दो ट्रेकों में भी हमारे साथ था। दिखने में तो एकदम पहलवान था लेकिन अगर जरा भी मुश्किल आ पड़े तो बहुत जल्दी घबरा जाता था। मार्ग में आने वाली सम्भावित मुश्किलों का नमक-मिर्च लगा बखान करना उसकी आदत थी। ऐसा करते वक़्त उसका चेहरा देखने लायक होता था। आँखों में भय लेकिन होंठों पर हँसी। पीली ऊबड़-खाबड़ बत्तीसी के बीच से निकलती उत्साहवर्धक बातें पर झुके कंधे और पीछे लौटने को उतारू पैर—मानो हाल ही में हारा कोई नेता अपने चुनाव क्षेत्र में मिलन कार्यक्रम कर रहा हो! हालाँकि बिहारी 'फुल फार्म' में अच्छे-अच्छों का मनोबल ध्वस्त करने की क्षमता रखता था, फिर भी एक दक्ष पर्वतारोही होने के कारण वह पुन: हमारी टीम में शामिल था। इस बार हमने सोच रखा था कि बिहारी को व्यर्थ प्रलाप करने नहीं देंगे। इस बाबत उसे ट्रेक के आरम्भ में आगाह भी किया जा चुका था, पर कुत्ते की दुम भी कभी सीधी हुई है?

बिहारी ने अपना प्रलाप जारी रखा—"आगे बड़ी मुश्किल होगी। पहाड़ कई

जगह पूरी तरह ढह गए हैं। पिछले दो वर्षों में यहाँ कई दुर्घटनाएँ हुई हैं। गए साल तो मैं भी मरते-मरते बचा था। मेरे साथ आए दो बंगाली ट्रेकर बुरी तरह से घायल हो गए और एक पर तो इतना बड़ा पत्थर गिरा कि...।"

वह कहता रहा। मैं सुनता रहा। बातों पर कान न धरना शायद सम्भव है पर मन धरने से बच पाना मुश्किल। अत: जब मैं मुस्करा रहा था, ठीक उसी वक़्त मन घबरा रहा था। मन की इस ऊहापोह की स्थिति का कारण स्वामी सुन्दरानन्द की किताब भी थी—जिसको सरसरी तौर पर कल रात देखते समय मेरी निगाह एक पृष्ठ पर रुक गई, रुदुगैरा से केदार मार्ग के बारे में बताते हुए स्वामी ने लिखा था कि इस मार्ग से होकर उस समय तक कोई व्यक्ति गंगोत्तरी से केदार नहीं पहुँच पाया था! क्या रास्ता वास्तव में प्राणहंता है? क्या बिहारी की बात में तथ्य है? अपर्णा साथ नहीं थी इसलिए उसने बिहारी का प्रलाप नहीं सुना—अन्यथा वापसी आज ही निश्चित थी।

अभी कुछ देर ही चले थे—और बिहारी की भविष्यवाणी सही होती नज़र आई। आगे की पगडंडी पहाड़ के एक बड़े टुकड़े के साथ नीचे बहती रुदुगंगा में विलीन हो चुकी थी। कल हुई बारिश के कारण गाद भी थी। बड़ी मुश्किल से पाँव पटक-पटक कर जगह बनाते हुए आगे बढ़ना पड़ रहा था। हम बमुश्किल उस लैंडस्लाइड के बीच तक पहुँचे होंगे कि लैंडस्लाइड के ऊपरी हिस्से पर भरल का झुंड दिखा। अब एकदम दम साधकर चलना था। जरा सी हड़बड़ी की या तेज़ आवाज़ हुई—तो भरल कुलाँचें मारने लगेंगे और उनके भागते ही 'बोल्डर' भड़ककर हमारी ओर दौड़ पड़ेंगे। राम-राम करके यह कच्चा हिस्सा पार हुआ था कि आगे एक के बाद एक कई छोटे-बड़े लैंडस्लाइड मिलने लगे। बिहारी की ज़ुबान बड़ी काली है भई!

हम पेड़ों को पीछे छोड़ जुनिफर के बीच आ गए थे। हमारे सामने, दाहिनी ओर, दूर गंगोत्तरी-पर्वत के शिखर और बाईं तरफ़ जोगिन शिखर के नज़ारे होने लगे थे। सूरज सिर पर था, हलक़ सूखे थे। पिछले कैम्प से साथ लाया पानी लगभग समाप्त होने को था। चलते-चलते लगभग तीन घंटे बीत चुके थे पर अब तक साफ़ पानी का कोई स्रोत नहीं मिला था। पानी बचा-बचाकर पीना आवश्यक हो गया था, यह जानते हुए भी कि ऐसा करने में जोखिम है—शाम तक बीमार पड़ जाने

का। नज़र आ रहे इक्का-दुक्का फूल मन की तृष्णा अवश्य बुझा रहे थे। मानसून में हिमालय पर आने का एक बड़ा मक़सद था जंगली फूलों को देखना—ख़ासकर ब्रह्मकमल को। बिहारी का दावा था कि उसने पिछली जुलाई में रुदुगैरा बेस कैम्प पर अनेक ब्रह्मकमल देखे थे! इस फूल की सुन्दरता, पौराणिक तथा धार्मिक महत्त्व का गुणगान हम अपने पहले ट्रेक (2001) से सुनते आ रहे थे। इस कारण इसके प्रत्यक्ष दर्शन करने को हम सब उतावले थे।

बारह बजे तक हम लोग लगभग तेरह हज़ार फ़ीट की ऊँचाई तक पहुँच चुके थे, अर्थात ब्रह्मकमल का इलाक़ा आरम्भ हो गया था। इस बार हम लोगों के पास फूलों की एक 'गाइडबुक' भी थी। हर फूल के पास रुककर हम गाइड खोलते और उसे पहचानने की कोशिश करते—लाल फूल, नीला फूल, पीला फूल, पाँच पंखुरी वाला फूल, छोटा-बड़ा फूल। फूलों को निहारते, पिघलते ग्लेशियर से निकलती मटमैले पानी की तेज़-मध्यम धाराओं को उलाँघते और साथ बह रही रुदुगंगा के तेज़ निनाद को सुनते-सुनते दोपहर के एक बज गए। तभी ऊपर मेघ घिरते देख हमारे दिल डूबने लगे। मानव मन भी विचित्र है। पल में तोला, पल में माशा। कुछ देर पूर्व तक वर्षा की कमी को रो रहा मन अब बारिश न होने की दुआ कर रहा था। यदि बारिश शुरू हो गई तो मुश्किल हो जाएगी। बरसते पानी में इस जगह चलना बहुत कष्टकर जो हो जाएगा। यथाशीघ्र कैम्प स्थापित करना चाहिए पर कैम्प लगाने के लिए जो भी उपयुक्त स्थान नज़र आते, वहाँ पेयजल का नितान्त अभाव मिलता। मेघों की गर्जना हमारा दिल दहला रही थी। बादलों के नीचे हम बादलों से ही भाग रहे थे!

आख़िरकार हम एक ऐसे बुग्याल पर पहुँचे जहाँ बकरीवाले नज़र आए। बकरीवाले का वहाँ होना नज़दीक ही कहीं पानी की उपलब्धता की गारंटी थी। जान में जान आई। पड़ाव लगाया और टेंट में घुसकर लेट गए। जैसे रात को कॉलोनी का चौकीदार हर घर के आगे डंडे फटकाकर सीटियाँ बजाकर आगे निकल जाता है—ठीक वैसे ही बादल भी कुछ देर उमड़े-घुमड़े और आगे निकल गए। हमारी दुआएँ तो क़बूल हुईं पर न जाने कितने किसानों के दिल टूटे होंगे क्या पता, वैसे भी हम क्यूँ इस प्रपंच में पड़ें, हमारा काम तो ठीक हो गया था!

इस बीच हम तीनों को ही हल्का सिरदर्द होने लगा था। यह कंजूसी से पानी पीने का नतीजा था शायद! अब लेटना ठीक नहीं था। घूमते रहना और पानी की कमी को पूरा करने की सतत कोशिश करना ही तर्कसंगत होगा। अत: अपने

शामियाने से बाहर निकल 'क्लब हाउस' यानी किचन टेंट के बाहर पड़े पत्थरों पर हमने बैठक जमा ली। हम लोगों को आया देख सोनी, बिहारी और अन्य भी हमारे इर्द-गिर्द बैठ गए। बातों का सिलसिला शुरू हो गया। आज ध्यान में आई पेयजल की कमी से मन व्यग्र था, सो सोनी से पूछा—"क्या बात है सोनी, इस बार पानी इतना कम क्यों है?"

"सर, बारिस कम हुई है और पिछले दो-तीन सालों से बर्फ़ भी कम है, इसके चलते पानी कम हो गया है और गर्मी बढ़ रही है।" सोनी 'श' को 'स' बोलता है।

"सच है, पानी की कमी और मौसम के तीव्र बदलाव सिर्फ़ यहीं नहीं बल्कि सारी दुनिया में ही देखे जा रहे हैं। तेज़ी से कम हो रही हरियाली इसका प्रमुख कारण है।" मैंने सोनी की बात का अपने तरीक़े से अनुमोदन किया।

पर बिहारी के गले मेरी बात नहीं उतरी। उसने व्यग्रता से पूछा—"पेड़ काटने से क्या होता है? आप लोग शहरों में रहते हैं, आपने अपना जीवन आसान कर लिया है। आप सब चाहते हैं कि हम गाँव वाले जंगलियों जैसे ही जीते रहें। पेड़ कटेंगे नहीं तो विकास कैसे होगा यहाँ? बिना पेड़ काटे क्या गाँव में पक्के घर बनाए जा सकेंगे? बिना इनको काटे खेती के लिए ज़मीन कैसे मिलेगी? सड़कें कैसे बनेंगी? बड़ी-बड़ी दुकानें, मॉल, अस्पताल, सिनेमाघर और आमोद-प्रमोद के साधन यहाँ कैसे जुटेंगे?"

बकरी वाला कैम्प

बिहारी के तर्क ने मुझे विचारों में डाल दिया। इस बीच तेज़ लहसुन वाला सूप आ गया। लहसुन और पानी दोनों हमारे सिर दर्द का देसी इलाज थे। सूप के घूँट भरते हुए मैं बोला—"बिहारी तुम्हारी बात में 'तुम्हारा' सत्य है और मैं उससे पूरा इत्तफ़ाक़ रखता हूँ। सच है कि पिछले वर्षों में हुए विकास के दौरान शहरों को, गाँव का हक़ मारकर, समय से पहले ज़रूरत से अधिक दिया गया है। दुर्भाग्य है कि आजकल पेड़, पौधों, पहाड़ों को विकास के मार्ग में रोड़ा माना जाता है। विकास की इमारत प्राकृतिक सम्पदा की क़ब्र पर ही तानी जाती है। क्या आप लोगों को मालूम है कि हरियाली हमारे लिए क्यों ज़रूरी है?"...मैंने चारों ओर बैठे लोगों पर नज़र घुमाते पूछा। कोई जवाब न मिलता देख मैंने अद्वैत से कुछ आँकड़े बताने का आग्रह किया।

"मानव द्वारा किया गया हर कार्य वायुमंडल से ऑक्सीजन को सोखता है, चाहे हम साँस ले रहे हों, भोजन बना रहे हों, गोश्त की परिपूर्ति हेतु जानवर पाल रहे हों, गाड़ी चला रहे हों या कम्प्यूटर पर गूगल सर्च कर रहे हों। इनमें से हर क्रिया वातावरण में से ऑक्सीजन को सोखती है एवं उसमें कार्बन-डाइ-ऑक्साइड छोड़ती है। वायुमंडल में ऑक्सीजन छोड़ने वाला और वहाँ से कार्बन-डाइ-ऑक्साइड ग्रहण करने वाला अगर कोई है तो वह सिर्फ़ और सिर्फ़ पेड़-पौधे हैं। जहाँ एक व्यक्ति प्रति वर्ष 255 किलो ऑक्सीजन का उपयोग करता है वहीं एक पेड़ प्रतिवर्ष पन्द्रह से तीस किलो ऑक्सीजन का उत्पादन करता है। अत: प्रकृति को एक व्यक्ति की ऑक्सीजन की आवश्यकता पूर्ति के लिए दस पूर्ण विकसित पेड़ों की ज़रूरत होती है। मानव शरीर की चमड़ी का कुल क्षेत्रफल लगभग दो वर्गमीटर होता है, जबकि पन्द्रह मीटर ऊँचे पूर्ण विकसित पेड़ की जड़ों, पत्तों, तने आदि का कुल क्षेत्रफल क़रीब दो सौ हेक्टेयर होता है। ऐसा विशाल पेड़ जब अपनी सारी शक्ति से पचास वर्ष तक कार्य करता है तब वह लगभग पन्द्रह लाख रुपये क़ीमत की न सिर्फ़ ऑक्सीजन पैदा करता है बल्कि साथ ही साथ वह 31 लाख रुपये के मूल्य के बराबर वातावरण की सफ़ाई भी करता है। साथ ही वह पन्द्रह लाख रुपये के मूल्य की मिट्टी को व्यर्थ बह जाने से रोकता भी है।" अद्वैत ने पूरे मनोयोग से अपने आँकड़े हमारे सामने रखे।

"एक कश्मीरी कहावत है—अन्न उनका पोषण करता है जो वन का पोषण करते हैं," मैंने अद्वैत की बात को आगे बढ़ाते हुए कहा—"यह कहावत मुझे पूरी तरह समझ में तब आई जब जैव विविधता के बारे में जानकारी प्राप्त हुई।"

"जैव विविधता क्या होती है?" सोनी का प्रश्न था।

"सोनी, क्या तुम शेयर वग़ैरह में पैसा लगाते हो?" सोनी से मैंने प्रतिप्रश्न किया।

"हाँ, थोड़ा-बहुत।"

"ठीक, तो क्या सारा पैसा एक कम्पनी के ही शेयर या म्यूचुअल फ़ंड की किसी एक योजना में लगा देते हो?"

"नहीं सर, यह तो गड़बड़ कर सकता है। अगर बाज़ार डूबा तो सारा का सारा पैसा डूबेगा।"

"बिलकुल ठीक, जैसे विविध योजनाओं में पैसा लगाने से तुम बदलाव की स्थिति में भी धन कमाते हो ठीक वैसे ही प्रकृति भी विभिन्न जीव-जन्तुओं का एक पोर्टफोलियो बनाकर स्वयं को हृष्ट-पुष्ट रखती है। इसी को जैव विविधता कह सकते हैं। प्रकृति के इस पोर्टफोलियो के कारण ही सतत बदलाव के बावजूद संसार सुचारु रूप से चलता है, इस पोर्टफोलियो का हर अंश दूसरे को संबल प्रदान करता है।"

"वो कैसे?" अपर्णा ने प्रश्न किया।

"कुछ तो अभी अद्वैत ने समझाया कि किस तरह पेड़-पौधे हमारी साफ़ हवा एवं स्वच्छ पानी की आवश्यकता को पूरा करते हैं। वैसे ही वन-उपवनों में रहनेवाले असंख्य पक्षी भी हमारी अन्न की आवश्यकता को पूरा करने में सहयोग देते हैं।"

"अरे नहीं! यह कैसे हो सकता है?" रनी लगभग कूदते हुए बोला—"खेतों में हमारा एक लम्बा समय तो पक्षियों से दाना बचाने में गुज़रता है। पक्षी तो हमारी फ़सल चट कर जाते हैं, सर जी।"

मुस्कराकर मैंने अपनी बात आगे बढ़ाई—"खेतों में दाना खाकर पक्षी मामूली सी मज़दूरी वसूल करते हैं। उस काम के एवज़ में जो वे करते हैं, आपकी फ़सलें बचाने के लिए, उसे इस तरह समझें कि छोटे चूहों का एक जोड़ा, अगर कोई बाधा न आए तो, एक वर्ष में आठ सौ अस्सी चूहों को जन्म दे देगा, कोलारेडो बीटल का एक जोड़ा अगर बिना किसी बाधा के प्रजनन करता रहे तो एक ही मौसम में छह करोड़ बीटलों की फ़ौज खड़ी कर देगा। इसी तरह टिड्डियाँ भी तेज़ गति से सन्तति पैदा करती हैं, जिनको अगर रोका न जाए तो धरा को मरुस्थल बनने में अधिक समय नहीं लगेगा। इतने सारे विनाशकारी जीवों की आबादी को सन्तुलित करने का कार्य पक्षियों के अलावा और कोई कर ही नहीं सकता। पर वनों तथा उपवनों की तेज़ी से घटती संख्या एवं औषधियों के प्रचुर उपयोग के चलते पक्षियों की संख्या तेज़ी से कम हो रही है। ऐसा अनुमान है कि प्रतिवर्ष धरती से पक्षियों

की एक प्रजाति विलुप्त हो जाती है। पेड़-पौधे, कीट-पतंगे हमारे जीवन में वैसे ही वाबस्ता हैं जैसे गुँथे आटे में पानी, जो नज़र नहीं आता पर उसके बग़ैर काम नहीं चल सकता।"

"सर जी, कोई उदाहरण दो।" कुलियों में से किसी ने आग्रह किया।

"चलिए मधुमक्खी का उदाहरण लेते हैं। आपके अनुसार यह जीव किस काम का है?" मैंने प्रश्नकर्ता से पूछा।

"वे शहद देती हैं, जो घर पर काम आता है, कुछ दवाएँ भी बनती हैं इससे।"

"बराबर, इसके अलावा और कुछ?"

"..."

सबको चुप देख मैं बोला, "चलिए मैं बताता हूँ। मधुमक्खियाँ हमारे लिए अन्न पैदा करती हैं। कृषि-वैज्ञानिकों का आकलन है कि यदि रातोंरात धरा से सारी मधुमक्खियाँ ग़ायब कर दें तो मात्र चार वर्षों में ही दुनिया में दुर्भिक्ष आ जाए।" मेरा भाषण सुनते हुए बिहारी बेचैन होने लगा था। उसका चेहरा तमतमा रहा था। मेरे चुप होते ही वह फट पड़ा—"पर इसका मतलब यह तो नहीं कि हम गाँव वाले मरें और शहर वाले ऐश करें।"

बिहारी की वाणी में दर्द था—टिहरी बाँध के दौरान विस्थापन का दर्द। अपने अनेक रिश्तेदारों का विस्थापन के चलते समूल नाश होते हुए भी उसने देखा था। सच भी है कि हमारे शहरी, विलासपूर्ण जीवन को बनाए रखने के लिए वनों तथा ग्रामीण अंचलों का ठीक उसी प्रकार उपयोग करते हैं जिस प्रकार पुरातन काल में ग़ुलामों का किया जाता था। उपयोग करो और भूल जाओ। बाँधों से बनी बिजली, खदानों से निकला खनिज, नदियों से निकली रेत, वृक्षों से मिली लकड़ी तथा इन सबसे अर्जित धन-सम्पदा लगभग पूरी की पूरी मात्रा में शहरों की लालची जीवन शैली को सन्तृप्त करने तथा देश-विदेश के बड़े उद्योगपतियों की तिज़ोरियाँ भरने के काम आती हैं।

"टिहरी बाँध बना तो क्या हमारे गाँव में बिजली आ गई?"—बिहारी तैश में बोले जा रहा था—"तरह-तरह के क़ानून हम पर थोपकर हमारी जड़ी-बूटी और जंगलों से होने वाली आमदनी भी रोक दी गई। यह विडम्बना नहीं तो और क्या है कि जो जंगल हमारे कारण हरे हैं, जिन जड़ी-बूटियों को हमने हज़ारों वर्षों से सँभाल रखा है, उन पर भी अब हमारा कोई हक़ नहीं बचा। आप बताओ सर जी, कि जिस जंगल में हम जा नहीं सकते, जिस नदी के पानी से हम अपने खेतों की प्यास

बुझा नहीं सकते, जिस घास या फूल को हम छू तक नहीं सकते, उसे बचाने के लिए हम क्यों अपना वर्तमान और अपने बच्चों का भविष्य झोंक दें। जैव विविधता, ग्लोबल वार्मिंग जैसी ये बड़ी-बड़ी बातें उनकी ही समझ में आएँगी जिनके पेट भरे हैं, भविष्य सुरक्षित हैं और बच्चे विदेशों में तालीम पा रहे हैं। टिहरी से भगा दिए जाने के बाद से आप जैसे लोगों के साथ इन बीहड़ों में मारा-मारा फिर रहा हूँ। लेकिन मेरा लड़का जो इंजीनियर बनना चाहता है, उसकी पढ़ाई मुझे रोकनी पड़ जाएगी यदि आप लोगों की बातों में आ जाऊँ तो।"—कहते हुए बिहारी की आँखें भर आईं, उसका छह फुटा बदन काँपने लगा। वह हथेली में अपना चेहरा छुपाते हुए उठकर चला गया। असन्तुलित विकास दूर-दराज़ गाँवों में न जाने ऐसे कितने विद्रोही-बिहारी तैयार कर रहा होगा, कितने आतंकवादी और नक्सलवादी पैदा कर रहा होगा—यह सोचकर शरीर में सिहरन-सी दौड़ गई। बिहारी की तीक्ष्ण बातों ने क्षितिज को भी ज़रूर छलनी किया होगा तभी तो उसके हिया से टपकी बूँदों ने सारे आसमान को लाल कर दिया था। रक्ताभ नभ को देखते हुए अचानक किसी अनजान भय ने मेरे हृदयमंडल को घेर लिया। टेंट में पहुँच सोने का प्रयास करने लगा पर नींद आँखों से कोसों दूर थी। मन बेचैन था। बहुत गर्मी लग रही थी। इतनी ऊँचाई पर इतनी गर्मी का होना अपेक्षित नहीं था। अपने गर्म कपड़े और टी-शर्ट निकाले और स्लीपिंग बैग से बाहर निकला तब जाकर कुछ चैन तो आया पर नींद फिर भी पास फटकने को राजी नहीं थी। रह-रहकर बिहारी का तमतमाया चेहरा तथा उसके डबडबाए नयन मानस पटल पर उभर रहे थे। मैंने उठकर टॉर्च जलाई तथा अपनी डायरी में नोट किया—

रुको तुम—
मत खोलो इन बन्द पटों को,
मुझे बहुत डर लगता है—

इन पटों के पीछे बन्द हैं
कितनी दबी आवाज़ें, विह्वल चीत्कार,
कितनी सूनी आँखें, कातर पुकार,
कितने हाथों का कम्पन, रुँधी गुहार,
कितनी आशाएँ, बेबस मनुहार—

ये सब धीरे-धीरे पटों के पीछे बन्द हो गई हैं
उन सब अनगिनत अतिरेकों के संग,
जो जमाई हैं हमने
हमारे भविष्य को देने को रंग—
इन पटों से दूर रहो, तुम मत खोलो इन्हें,
मुझे बहुत डर लगता है—

पट खुलते ही
वो आँखें, पुकार, गुहार, वह आशाएँ
काँपते हाथों में बन्द अभिलाषाएँ,
छिटक कर तिज़ोरी से
फैल जाएँगी पूरे शयनकक्ष में,
करेंगी पीछा मेरा
खरोंचने को अपना वर्तमान,
मेरे भविष्य से—

तुम तब तक दूर रहो
अलमारी के पटों से,
जब तक कि मैं शिकार न कर लूँ
मुंडेरों से झाँकती सारी भावनाओं का,
रुको तुम मत खोलो इन पटों को—मुझे बहुत डर लगता है।

7 जुलाई, 2009

नींद की कमी के कारण आज शरीर और सिर कुछ भारी था। सुबह के क़रीब छह बजे होंगे। मौसम साफ़ था। रुदुगंगा के उस पार, दक्षिण-पूर्व में, जोगिन पर्वत का शिखर नज़र आ रहा था। वायु मंद गति से बह रही थी। घास की नर्म ज़ाज़िम पर बैठकर छोटे-छोटे पीले फूल, मंद पवन की थाप पर, अपने सिर हिला रहे थे। हवा तेज़ तो हिलना तेज़, हवा धीमी तो सिर्फ़ कम्पन। फूलों में ग़ज़ब की श्रवण शक्ति होती है, तभी तो उन्हें हवा में प्रवाहित हो रहा संगीत सुनाई देता है। हालाँकि मौसम के मान से और हमारी उम्मीद के हिसाब से यहाँ फूल बहुत कम थे, पर जितने भी थे सब मस्ती पर थे।

चाय का कप हाथ में पकड़ इधर-उधर देख रहा था कि गड़रिये के शामियाने के इर्द-गिर्द उछल रही बकरियों ने मेरा ध्यान आकर्षित किया। उनमें एक होड़-सी लगी हुई थी, ऊँचाई पर चढ़कर खड़े होने की। कई बकरियाँ तो छोटे-छोटे पत्थरों पर स्वयं को सन्तुलित कर, पूर्ण सहजता से, खड़ी भी थीं। इसी तरह का व्यवहार मैंने इन्दौर की बकरियों में भी तो देखा है। वे भी तो कितनी आसानी से बगीचे की चारदीवारी पर चढ़ घंटों तक खड़ी रहती हैं। उनमें भी तो ऊँचे स्थान पर चढ़ने की होड़ रहती है। क्या इन्दौर से कोई 'पंडित बकरी' यहाँ आई होगी इन पहाड़ी बकरियों को इस कला में दीक्षित करने? कैसे सीख जाते हैं जीव ऐसी कलाएँ? शेर, गीर का हो या अफ्रीका का, उसे एक ही तरह से शिकार करना कैसे आ जाता है? एक प्रजाति के विहगों को एक ही तरह का घोंसला बनाना कौन सिखाता है? कैसे संसार भर में हथिनियाँ मिलाप हेतु अपने प्रेमी को नदी अथवा पोखर के भीतर ले जाना सीख जाती हैं? यह सन्तुलन का विज्ञान, शिकार तक सबसे छोटे मार्ग से पहुँचने का गुर, घोंसलों का क्षेत्रफल नापने का

प्रमेय तथा आर्किमिडीज़ का सिद्धान्त, इन जीवों को भला कौन सिखाता है? जड़ी-बूटियों को पहचान स्वयं इलाज करने का माद्दा बन्दरों में कहाँ से आता है? कहीं ऐसा तो नहीं कि आधुनिक शिक्षाविज्ञ और 'ज्ञान मेगा स्टोर्स' मिल-जुलकर हमें न सिर्फ़ स्वयं प्रकट होने वाले ज्ञान को ही बेच रहे हैं बल्कि हम पर अनावश्यक जानकारियाँ थोप हमारी अन्तरात्मा की प्राकृतिक क्षमताओं को भी कुन्द कर रहे हैं?

बकरियों से ध्यान हटा तो उन पीली चोंच के कौओं पर केन्द्रित हो गया जो हमारे किचन टेंट के इर्द-गिर्द पड़े भोजन के टुकड़ों को लेकर आपस में लड़ रहे थे। क्या इनमें कोई वह कौआ भी होगा जो कालिन्दी खाल पास पर अचानक प्रकट होकर हमारे द्वारा अर्पित किया गया प्रसाद अपनी चोंच में ले उड़ा था? शायद नहीं—वह तो बहुत शालीन कौआ था—एकदम शान्त तथा सुसंस्कृत। वह इन चिल्ल-पों मचाने वाले झगड़ालू कौओं का साथी थोड़े ही होगा! ख़ाली दिमाग़ शैतान का घर! न जाने मग्ज़ में और कितने बेसिर-पैर के ख़याल आते पर रनी ने चलने की गुहार लगाकर मन को अधिक भटकने से रोक दिया। सुबह पौने आठ बजे हम चल पड़े अगले पड़ाव की ओर।

अब चारों तरफ़ जुनिफर बहुतायत में नज़र आ रही थी। कुछ सूखे, मुरझाए पौधे भी थे। हल्की पीली घास का कालीन बिछा था चारों ओर, लेकिन कुछ ही देर में यह सब समाप्त हो गया—एक अतिविशाल लैंडस्लाइड एरिया अनपेक्षित रूप से हमारे सामने आ गया। बाईं तरफ़ गहरी खाई थी और थी पैरों तले नीचे सरकती भूरी-भूरी मिट्टी। यह वही लैंडस्लाइड एरिया था जहाँ बिहारी के साथ आए दो बंगाली ट्रेकर गत वर्ष बुरी तरह से घायल हुए थे। एक दूसरे का हाथ पकड़ बहुत सावधानी से वह हिस्सा पार किया। यह अड़ंगा तो पार हुआ पर आगे इससे भी बड़ी एक बाधा, रुदुगैरा शिखर के ग्लेशियर से नीचे बहने वाले एक अति तेज़ नाले के रूप में, हमारा इन्तज़ार कर रही होगी। दो वर्ष पूर्व, जब हम रुदुगैरा पर चढ़ने आए थे तब, उस नाले को पार करने में हमें एड़ी-चोटी का ज़ोर लगाना पड़ा था। मन यूँ ही भयभीत था, ऊपर से बिहारी...उफ़!

"सर जी, नाला है तो ख़तरनाक पर आप चिन्ता न करो।"

"हाँ, तुम सब हो फिर चिन्ता किस बात की"—वार्ता को वहीं विराम देने की ग़रज़ से मैं तेज़ी से उससे आगे निकल गया। पर बिहारी ठहरा दक्ष पर्वतारोही, वह एक कूद लगा फिर मेरी बग़ल में आ गया।

"अरे सर जी, एक बार गंगोत्तरी-टू के बेस कैम्प में एक्सीडेंट हो गया, तब हमें रेस्क्यू के लिए भेजा था,"—वह पूरे फॉर्म में था।

"कितनों को बचाया?"

"ना जी, हम तो बहुत दिनों बाद पहुँचे थे। कुछ लापता लोगों को खोजना था और इक्विपमेंट वापस लाना था।"

"फिर?"

"फिर क्या एक बॉडी मिली, जो पूरी तरह से सड़ चुकी थी। हाथ लगाओ तो खिर-खिर जाए। बदबू इतनी कि गश आ जाए। पर पैसा बहुत मिला था, सो लाश को रुकसेक में भरकर पीठ पर बाँधा, दो अगरबत्तियाँ जलाकर पिट्ठू पर खोंसीं और उठा लाया उसे।"

"लेकिन इस कहानी का उस नाले से क्या सम्बन्ध?"

"तब लाश को पीठ पर लेकर वह नाला मैंने यूँ पार कर लिया था," बिहारी चुटकी बजाते हुए उत्साहपूर्वक बोला—"तभी तो कहता हूँ डरो मत, आपको भी उठाकर पार करा देंगे। आप तो थोड़ा-बहुत चल भी लोगे सर जी!"

उफ़! समझ में नहीं आ रहा था कि यह हमारी हिम्मत बढ़ाने की कोशिश थी या हवा निकालने का प्रयास! मैंने आपसे पहले भी कहा था कि बिहारी अच्छे-अच्छों का मनोबल ध्वस्त करने का माद्दा रखता है।

लगभग दो घंटे चलने के बाद हम उस नाले के पास पहुँच गए। लेकिन यह क्या? नाला तो बिलकुल सूखा सा था—हम ही नहीं हमारे साथ के गाइड जो कि कई-कई वर्षों से इस इलाक़े से वाक़िफ़ थे, वे भी अचम्भित हो गए इसका ऐसा रूप देखकर। बिहारी खिसियाता हुआ आगे निकल गया।

नाले के पश्चात एक तीव्र चढ़ाई थी जिसको काटने में हमें लगभग डेढ़ घंटे का समय लग गया। उसके ऊपर वह स्थल था जहाँ हमको आज पड़ाव स्थापित करना था—लेकिन फिर वही कहानी, पानी की कोई भी धारा नहीं। इस बुग्याल से चारों ओर का नज़ारा पहली बार अच्छे से दिखाई दिया—अब रुदुगैरा घाटी खुल रही थी—फैल गई थी। हमारी बाईं ओर यानी दक्षिण-पूर्व में सुन्दर जोगिन-II, उसके पश्चिम में जोगिन-III और हमारे दाईं ओर था रुदुगैरा पर्वत, जिसका शिखर ऊपर से एकदम चपटा-सा है—ऐसी मान्यता है कि शिव ने इस शिखर पर नृत्य

किया था—पिचका शिखर उसी नृत्य का परिणाम है! रुदुगैरा के दक्षिण-पश्चिम में गंगोत्तरी पर्वत शिखर नज़र आ रहा था। दृश्य मनोहारी अवश्य थे पर पानी के अभाव के चलते यहाँ पड़ाव लगाना सम्भव न था, सो मजबूरन आगे बढ़ना पड़ा।

कुछ और सूखे नाले चढ़-उतरकर लगभग साढ़े बारह बजे हम एक अन्य सपाट स्थान पर पहुँचे। बहती जलधारा तो यहाँ भी नज़र नहीं आ रही थी, मन मसोसकर आगे बढ़ने को उद्यत हुए थे कि तभी बुग्याल के बीच से गुज़रती एक सँकरी नाली पर नज़र ठहर गई। ऊपर ग्लेशियर से उतरकर यहाँ नीचे आई वह नाली इस वक़्त सूखी थी पर ध्यान दिया तो पाया कि उसकी मिट्टी सीली थी। उसके किनारों के पास की घास हरी थी। ऐसे व्यवस्थापकों के भरोसे, जो आधी सदी बाद भी हमें पेयजल उपलब्ध नहीं कर पाए, हमने बड़े-बड़े क़स्बे बसा लिये हैं तब यहाँ प्रकृति की सरकार के भरोसे एक रात रुक जाने में कोई हर्ज़ नहीं। प्रकृति कठोर हो सकती है पर रिश्वतख़ोर नहीं, वह देर कर सकती है पर अंधेर नहीं। चुनांचे प्रकृति पर पूर्ण भरोसा रख, हमने अपना पड़ाव उसी नाली के नज़दीक लगा लिया। कुछ ही समय बाद, आश्चर्यजनक रूप से नाली में कल-कल करके पानी बहने लगा—स्वच्छ, निर्मल मीठा जल! ज़रूरी नहीं कि भरोसे की भैंस हमेशा पाड़े ही जने!

8 जुलाई, 2009

प्रात: नींद जल्दी खुल गई। बीती रात ठंडी थी—इस ट्रेक की अब तक की सबसे ठंडी रात। टेंट से बाहर आकर सबसे पहले उस सेवाभावी नाली की खोज-ख़बर ली जो कल हमारे लिए निर्मल जल पहाड़ों से नीचे उतार लाई थी। पर अब वह नाली पुन: जल विहीन थी—थोड़ा-बहुत, छिछला-ठहरा पानी भी नहीं बचा था उसके पास। काफ़ी सारा जल तो हमने संगृहीत कर लिया था तथा बचा-खुचा प्यासी ज़मीन ने नहीं छोड़ा। कल शाम जब इस नाली में पानी आया, तब एक अद्‌भुत दृश्य देखने को मिला। नाली में जल प्रवाह प्रारम्भ होने के कुछ मिनटों के भीतर ही भरल का एक बड़ा झुंड दौड़ता हुआ वहाँ आया। कदाचित् उन्हें नाली 'आने' के समय का पूर्वानुमान था। दस-एक मिनटों में अपनी तृष्णा शान्त कर वे फिर बीहड़ में ओझल हो गए। मानव तो सुविधा स्थल के नज़दीक रहने के वास्ते मार-काट मचा देता है

जेगिन-2 शिखर, रुदुगैरा घाटी से

पर उस वक़्त के बाद से अब तक एक भी भरल दूर-दूर तक नज़र नहीं आया था। भरल आज़ाद होते हैं—भविष्य के भय से, सुविधाओं के लालच से। मुक्त और निर्बंध वे मनमुवाफ़िक़ विचरते हैं!

बहरहाल, इस वक़्त मौसम उत्साहवर्धक नहीं था। आसमान बादलों से ढका हुआ था, हवा मध्यम तेज़ गति से बह रही थी। मौसम कुछ ठीक होगा तब ही आगे बढ़ेंगे—ऐसा सोनी का निर्णय था। टेंट में घुसकर लेटे रहे—बाहर बैठकर करते भी तो क्या? भरल नहीं थे, नाली सूखी थी और आसपास के पर्वत शिखर सब बादलों के ओट में छुपे हुए थे।

"वैसे देखा जाए तो बिहारी ग़लत नहीं है"—पास लेटे अद्वैत ने बिना किसी भूमिका के कहना शुरू किया।

"मैं समझा नहीं, किस सन्दर्भ में बात कर रहे हो?" भरलों के व्यवहार का विश्लेषण करता मेरा मन अचकचाकर वर्तमान में आ गया।

"उसका यह कहना कि पेड़ काटे बग़ैर विकास होगा कैसे?"

"हूँऽऽऽ।"

"अब कोई मानव पाषाणयुगीन वातावरण में तो रह नहीं सकता। सम्मानपूर्वक जीवनयापन करने के लिए उन्हें कुछ आधारभूत सुविधाएँ तो चाहिए ही"—अद्वैत पूरे जोश में था।

"जैसे?"

"जैसे समतल ज़मीन, घर, सड़क और बिजली। जैसे काम पाने की सम्भावनाएँ तथा शिक्षा प्राप्त करने के अवसर। यह सब मुहैया करवाने के लिए प्रकृति से

जोगिन-1 शिखर, रुदुगैरा घाटी से

छेड़छाड़ तो करनी ही पड़ेगी। सिर्फ़ यह कह देने भर से कि पेड़ मत काटो या बाँध न बनाओ, समस्या का हल नहीं हो सकता।"

अद्वैत ने बहुत महीन मुद्दा उठाया था। "शहरों में जो सुविधाएँ हमें सहज प्राप्य हैं उनका सपना देखते-देखते ग्रामीणों की पीढ़ियाँ बदल जाती हैं—ऐसे में उन्हें पर्यावरण संरक्षण सम्बन्धी हमारे भाषणों में कोई सार नज़र कैसे आ सकता है?"

"तुम्हारी बात सही है। मेरे कहने का मतलब यह क़तई नहीं कि गाँवों और क़स्बों में विकास न हो। अविकसित गाँव, अन्ततोगत्वा, हमारे राष्ट्र को कमज़ोर ही कर रहे हैं। मेरा मतभेद विकास की उस परिभाषा से है जिसे स्वीकार कर हम सिर्फ़ पश्चिमोन्मुख जीवन शैली को ही प्रासंगिक तथा विकसित मान बैठे हैं। निहित स्वार्थों से वशीभूत देश के कुछ सम्भ्रान्त और सक्षम लोग देश तथा प्रदेशों की राजधानियों में बैठ, विकास की नई परिभाषा गढ़, बहुत चतुराई से भोग-विलास की वस्तुओं का स्थानान्तरण अतिआवश्यक चीज़ों की फ़ेहरिस्त में कर रहे हैं। हमारे अवचेतन मन को प्रभावित कर हमें वह स्वीकार करने को बाध्य किया जा रहा है—जिसकी हमें दरकार ही नहीं।" अद्वैत को समझाते हुए मैंने कहा।

"जैसे?" अपर्णा भी चर्चा में जुड़ गई।

"जैसे बड़े-बड़े मॉल, सीमेंट की सड़कें, अतिविशाल बाँध, ब्रांडेड कपड़े, फास्ट फूड ज्वाएंट्स, बड़ी गाड़ियाँ, आदि। 'जो आवे सन्तोष धन, सब धन धूल समान' को प्रतिपादित करने वाले चिन्तकों को हाशिये पर धकेल नवचिन्तकों द्वारा 'सन्तोष' को एक नकारात्मक गुण के रूप में निरूपित किया जा चुका है। बाज़ार चलाने के लिए इच्छाओं में इज़ाफ़ा करवाने से अधिक कारगर दूसरा कौन सा उपाय हो सकता है?"

"पापा, यह सब सुनते-सुनते कान पक गए हैं। हम समस्याओं का बखान करके शान्त हो जाते हैं। क्या कोई समाधान भी है आप लोगों के पास?" अद्वैत बहुत उत्तेजित हो चुका था।

"बात सही है कि अभी हमारे सामने सटीक समाधान नहीं है। लेकिन समस्या को भली-भाँति पहचान लेना समाधान खोजने की दिशा में ही पहला क़दम है। समस्या को समुचित रूप से रेखांकित किए बग़ैर अगर ताबड़तोड़ समाधान देने लगें तो हमसे ऐसी भूलें होंगी कि इतिहास हमें क्षमा नहीं करेगा। उदाहरण हेतु, हमारी समस्या है ऊर्जा की निरन्तर बढ़ती आवश्यकता। इसके कई सम्भव समाधानों में

भरल पानी की तलाश में

सर्वोपरि है ऊर्जा के अनावश्यक ख़र्च पर कटौती। क्या हम कोई ऐसा क़दम उठा रहे हैं जिससे कि ऊर्जा को 'गटागट' पीने वाले प्रोजेक्ट बन्द हों—मॉल इसका एक छोटा-सा उदाहरण है। पर 'ताबड़तोड़ समाधान' के चलते, ऊर्जा संकट से निपटने के लिए, हमने बाँध बनाने का मार्ग चुना—जो अगर छोटे-मझोले बाँधों तक सीमित रहता तो ठीक था। पर आयातित विचारधाराओं की चकाचौंध से अन्धे तथा राजनीतिक और निहित स्वार्थों के कारागार में क़ैद हमारे कर्ता-धर्ताओं ने हम पर भीमकाय बाँधों को थोप दिया। अब देखो न कुल 1312 किलोमीटर लम्बी नर्मदा पर हमारे भाग्य विधाताओं ने तीस बड़े, 135 मझोले और तीन हज़ार छोटे बाँध बनाने का बीड़ा उठा लिया, यानी हर एक किलोमीटर पर दो से कुछ अधिक बाँध। इनमें से सरदार सरोवर तो 'सरकारी सहायता' से प्रकृति को नेस्तनाबूद करने की योजना मानी जाती है। सरकार के अनुसार इस बाँध पर 46000 मिलियन डॉलर ख़र्च होंगे। सुनने में आँकड़ा छोटा लगे इसलिए 'डॉलर' तथा 'मिलियन' के पर्दे में ढककर इसे पेश किया गया है। इसको यदि रुपयों में बदलें तो यह आँकड़ा सवा दो खरब रुपयों से अधिक होगा!

(1 मिलियन डॉलर यानी 1 डॉलर = 50 रुपये के मान से, 5 करोड़ रुपये)। इतनी बड़ी परियोजना में डूबने वाली 85000 हेक्टेयर भूमि तथा वन को यदि कुछ देर के लिए भूल भी जाएँ तब भी एक सत्य की ओर किसी का ध्यान नहीं गया कि इस बाँध के निर्माण में प्रयोग होने वाली सीमेंट, लोहा, स्टील, ईंटें आदि को बनाने में अकूत ऊर्जा का उपयोग होगा। बाँध तक साज़ो-सामान ढोने में जो वाहन प्रयुक्त होंगे वे कितना पेट्रोल-डीज़ल पी जाएँगे, क्या इसका कोई आकलन कर सकता है? क्या यह बाँध आने वाले सौ सालों में भी इतनी बिजली पैदा कर पाएगा कि ख़ुद के द्वारा नष्ट किए गए पर्यावरण, दोहन की गई विद्युत् तथा उपयोग किए गए 'फ़ॉसिल फ़्यूल' की भरपाई कर दे? ऐसी परियोजनाएँ मानव जीवन में जो ज़लज़ला पैदा करती हैं उसकी भरपाई तो किसी भी प्रकार से नहीं की जा सकती—"यह बात बिहारी की नम आँखें हमें बता ही चुकी हैं..." दोनों को ध्यानपूर्वक बात सुनते देख मैंने अपना कथन जारी रखा... "...सरदार सरोवर के बाँध पर जितना पैसा ख़र्च हो रहा है उसको यदि गाँव-गाँव में बायोगैस परियोजना लाने में लगाते तो अब तक लगभग देश के आधे गाँवों में ऊर्जा समस्या समाप्त हो चुकी होती। ऊपर से फ़ायदा यह कि सरकार को रख-रखाव और ऊर्जा वितरण के ख़र्च से पूर्ण मुक्ति मिल जाती..."

"तुम्हारी निगाह में क्या यही एकमात्र समाधान है?" अपर्णा ने बात काटते हुए पूछा।

"नहीं, मेरी समझ में इस तरह की समस्या का कोई एक, सर्वमान्य समाधान खोज पाना सम्भव नहीं है। रहन-सहन के तौर-तरीक़े तथा जीवनमूल्य व्यक्ति, देश, काल, स्थान, संस्कृति के अनुसार भिन्न-भिन्न होते हैं और तदनुसार समाज की आकांक्षाएँ तथा अभिलाषाएँ भी अलग होती हैं। आयातित 'रेडिमेड समाधानों' में इनका सटीक हल हर बार मिल जाए—यह ज़रूरी नहीं। आवश्यकता है कि हम अपनी शक्ति का उपयोग कर समस्याएँ सुलझाएँ। गाँवों का उद्धार उनके शहरीकरण से नहीं अपितु उनके सशक्तीकरण से होगा। उन्हें जागरूक कर, वहाँ उपलब्ध हवा और पशुधन का उपयोग सीखा, ऊर्जा की परिपूर्ति करना कहीं सस्ता और आसान है बजाय उन्हें बाँधों की बाढ़ में डुबो देने के। तकनीक का उपयोग कर ग्रामीण क्षेत्रों को शेष विश्व से जोड़ देना कहीं ज़्यादा उपयोगी और दूरगामी प्रभाव छोड़ेगा बजाय उनकी संस्कृति को छिन्न-भिन्न कर उन्हें दोयम दर्जे का शहर बनाने के। हम सबको मिल एक आन्दोलन खड़ा करना होगा जो

मानवमात्र को सीमित प्राकृतिक संसाधनों का समुचित उपयोग करने की दिशा में जागरूक करे।"

बहुत देर तक बहस जारी रही पर सोनी को पड़ाव समेटने की तैयारी प्रारम्भ करते देख हमने भी बहस को विराम दिया। क़रीब पौने नौ बजे मौसम में कुछ सुधार होने लगा। हवा थम गई और हम भी साज़ो-सामान से लैस होकर आगे बढ़ चले।

चूँकि आज हमें रुदुगंगा को पुनः पार करना था, बाईं से दाईं तरफ़, अतः ट्रेक की सफलता के लिहाज़ से आज का दिन महत्त्वपूर्ण था। आपको याद होगा कि गंगोत्तरी से चलकर पहले दिन हम रुदुगंगा को उसके दाहिनी किनारे से पार कर बाईं ओर आए थे। तब तो आसरा था बकरी वालों द्वारा स्थापित पेड़ तने से निर्मित पुल का। लेकिन आज हमें उस तरह का कोई संबल न मिल सकेगा। जहाँ घास न हो वहाँ जाने हेतु बकरी वाले पुल आदि क्यों बनाएँगे भला? मानसून के दिन थे, साथ ही तापमान काफ़ी बढ़ा हुआ था—ऐसे में बेबस हो ग्लेशियर और ताज़ी बर्फ़ ने पिघलकर रुदुगंगा को जल से आकंठ भर दिया हो शायद? नदी पार कर पाए तो ही हम आगे बढ़ पाएँगे अन्यथा यह अभियान यहीं विराम पाएगा।

पर हाल-फ़िलहाल तो लक्ष्य, इस पड़ाव स्थल को छोड़, सर्वप्रथम रुदुगैरा ग्लेशियर पर पहुँचना था ताकि रुदुगंगा को उसके उद्गम स्थल के आसपास से पार कर सकें। कैम्प से कुछ ही आगे बढ़े कि एक उजड्ड पहाड़ से आमना-सामना हो गया जो तनकर हमारे और रुदुगैरा ग्लेशियर के बीच खड़ा था। उस उद्दंड ने स्वयं पर पैर जमाने हेतु कोई खाँचा तक न छोड़ा था। पर इतिहास गवाह है कि उद्दंड लोगों के नाभि स्थल पर प्रहार करके ही उनसे पार पाया जा सकता है। सो इस पहाड़ को भी उसकी कमर के पास से आड़ा पार करने की योजना बनी। पर परेशानी सिर्फ़ पहाड़ से ही तो न थी, और भी रोड़े थे मार्ग में। जैसे कि घास-फूस का न होना। आप सोच सकते हैं कि भला घास की अनुपस्थिति किसी परेशानी का सबब कैसे बन सकती है? पर यह सच है कि घास की मौजूदगी पैरों को बड़ा संबल प्रदान करती है। घास की जड़ों में इतना बल होता है कि वे हट्टे-कट्टे आदमी का बोझ तक उठा लेती हैं—ऐसी खड़ी चढ़ाइयों पर। डूबते को तिनके का सहारा अतिशयोक्ति हो सकती है पर चढ़ते को तिनके का सहारा एक सत्य है!

परेशानी का दूसरा कारण था पथरीली ज़मीन और मोरेन। मोरेन पिघलते या सरकते ग्लेशियरों द्वारा छोड़ी गई मिट्टी, छोटे-बड़े पत्थरों, रेत आदि का ढेर होता है जो प्राय: ढुलमुल रहता है। इस तरह की धरा पर फिसलने का ख़तरा बर्फ़ से कहीं अधिक होता है। स्वयं को रोकने के लिए किसी बड़ी चट्टान पर भी आप भरोसा नहीं कर सकते। भारी-भरकम शिला भी मामूली से धक्के से लुढ़कने लगती है। ऐसे में हर क़दम पर एहतियात बरतना इस लिहाज़ से भी लाज़िमी होता है कि पंजे पत्थरों का प्रमुख भोजन होते हैं। मिट्टी या बर्फ़ में अगर पाँव धँसें तो आप थोड़ी सी कोशिश करके उसको निकाल सकते हैं पर बोल्डरों के बीच की दरार मगरमच्छ के मानिन्द आपके पंजे को दबोच लेती है। अगर सही दिशा में, शान्तिपूर्वक पाँव नहीं खींचा तो मोच या फ्रैक्चर का इनाम मिलना निश्चित जानिए! पर हमें तो हर हाल में आगे बढ़ना ही था सो सँभलकर चलना जारी रखा। कोई जल्दी नहीं थी। मौसम अब खुल गया था और हमें पिछले कैम्प के स्थान से पाँच-सात सौ फ़ीट से ज़्यादा ऊँचा नहीं जाना था। ऊबड़-खाबड़ एवं ऊँची-नीची धरती पर तीन घंटे चलकर हम पहुँच गए रुदुगैरा बमक के उस स्थान पर जहाँ से, भागीरथी से मिलने हेतु अतिव्यग्र, रुदुगंगा पूरे जोशो-ख़रोश से बाहर आ रही थी। पत्थरों के कारण उसका जल अनेक धाराओं में बँट गया था पर फिर भी वेग तेज़ था। इन अन्धगति से दौड़ती धाराओं ने मुझे इटली की प्रसिद्ध साँड़-रेस की याद दिला दी। किनारे खड़े हम विचार कर रहे थे कि कैसे पार पाएँ उनसे? गिरे तो हड्डियाँ चूर-चूर हो जाएँगी। अपर्णा ने पहली धारा के बीच पड़े पत्थर पर पैर रखा ही था कि अचानक जलधारा फुफकारते हुए उसके पाँवों पर टकराई—'साँड़ ही है' मन ही मन कहा मैंने। धारा को भड़कते देख अपर्णा कूदकर पीछे आ गई। हमने सोनी से रस्सी बाँधने का आग्रह किया लेकिन कोई ऐसा उपयुक्त स्थान नहीं दिखा जहाँ रस्सी बाँधी जा सके। मैं धारा के वेग और दिशा के मद्देनज़र अभी जोड़-बाक़ी कर ही रहा था कि तभी रनी उठा, उसने अपर्णा को अपनी पीठ पर लादा और धधकती धाराओं में मजबूती से क़दम जमाते हुए आनन-फ़ानन में दूसरी ओर जा खड़ा हुआ। मेरे ज़ेहन में नरेश सक्सेना की कविता उभरी—

पुल पार करने से,
पुल पार होता है,
नदी पार नहीं होती।

नदी पार नहीं होती,
नदी में धँसे बिना...

अद्वैत और मैंने एक दूसरे को कनखियों से देखा तथा पूरे आत्मविश्वास के साथ नदी में धँस गए। ख़ूँख़ार धाराओं ने कमर पर प्रहार कर हमें गिराने की पुरज़ोर कोशिश की, हमारे पैरों तले से पत्थरों को सरकाने का भी भरसक प्रयास किया लेकिन वे कवि द्वारा लगाई आग को निस्तेज न कर पाईं। कूदते-फाँदते हमने रुदुगंगा को पार किया और आगे बढ़ गए।

दोपहर के दो बजे के आसपास हम उस सपाट स्थान तक पहुँच गए—जहाँ आज का पड़ाव स्थापित किया जा चुका था। भोजन के बाद सब किचन टेंट में बैठे थे—मैंने अपने मन की एक उलझन सोनी के सामने रखी, "सोनी, इस पास को 'ऑडेन पास' के बजाय 'ऑडेन कॉल' क्यों कहते हैं?"

चाय के गर्म कप को दोनों हथेलियों के बीच दबाकर भोजन उपरान्त लगने वाली सर्दी को भगाने की चेष्टा करता हुआ सोनी बोला—"ऑडेन तो इसलिए कि इसको जे.बी. ऑडेन ने सबसे पहले पार किया था..."

"हालाँकि मैं इससे पूरी तरह सहमत नहीं हूँ कि ऑडेन इसको पार करने वाला प्रथम व्यक्ति था—फिर भी चलो मान लेते हैं—लेकिन मेरा सवाल यह है कि पास और कॉल में फ़र्क़ क्या होता है?" मैंने सोनी की बात को काटकर कहा।

"सर, बात सब एक ही है। दो पर्वत शिखरों के कंधों (shoulder) के बीच स्थित वह स्थान जहाँ से होकर एक घाटी से दूसरी घाटी में प्रवेश किया जा सके—कॉल, पास या सेडल कहलाता है। जब उस स्थान को पार करने के लिए पर्वतारोहण में प्रयुक्त होने वाले साज़ो-सामान या तकनीक तथा शिक्षा की ज़रूरत न पड़े तब उसे 'पास' कहते हैं। इसके विपरीत 'कॉल' को पार करने के लिए हमें सारे साज़ो-सामान की आवश्यकता पड़ सकती है।"

"कौन से साज़ो-सामान?" अद्वैत ने चर्चा में शामिल होते हुए पूछा।

"जैसे पीटॉन्स, क्रेम्पॉन, जुम्बार, हॉर्नेस, आइस-एक्स, कैराबिनर्स आदि।"

"रस्सी, गेटर और कोफ्लॉज नहीं?" अपर्णा का प्रश्न था।

सोनी ने चाय का कप नीचे रखते हुए जवाब दिया। "नहीं ये सब तो सामान्य

सामान हैं—हर हाई एल्टीट्यूड ट्रेक में इनका होना आवश्यक है। रस्सी तो हर ट्रेक में होनी चाहिए—यह जीवन रक्षक होती है।"

"कौन सी तकनीकें पर्वतारोहण के लिए विशिष्ट मानी जाती हैं?" मैंने चाय का ख़ाली कप किचन सहायक को देते हुए पूछा।

"कुछ क्लाइम्बिंग की ख़ास तकनीकें जैसे वॉल क्लाइम्बिंग, या जुमारिंग या रेपलिंग आदि।"

"सोनी हमको तो इनमें से कुछ भी नहीं आता, फिर हम ऑडेन कॉल कैसे कर पाएँगे?" अपर्णा अकबकाकर बोल पड़ी।

सोनी हँसते हुए बोला—"आता कैसे नहीं मैडम—कालिन्दी में हम पूरे दो दिनों तक क्रेवासेस के बीच से रस्सी बाँधकर चले थे—तब हमने कई फार्मेशन्स का उपयोग किया था और बाली पास तो रस्सी के सहारे उतरे थे आप सब।"

"और हमको रेपलिंग, रॉक क्लाइम्बिंग तथा जुमारिंग का क्रेश कोर्स इन्होंने इस बार उत्तरकाशी में करा ही दिया है।" अद्वैत ने अपर्णा से मुख़ातिब होकर कहा।

अब अद्वैत का मन हिमालय की वादियों में पूरी तरह रम चुका था। उसे बढ़-चढ़ कर हर काम में हिस्सा लेते देख मैंने चैन की साँस ली और सोनी से पूछा, "लेकिन सोनी वहाँ पत्थर पर रेपलिंग करना और यहाँ 'आइस वाल' पर चढ़ना-उतरना एक बात थोड़े ही है?"

"आप चिन्ता मत करो सर जी..." रनी और बिहारी लगभग एक साथ बोले, "...हम लोग हैं न सब हो जाएगा।"

"वो तो ठीक है रनी पर हमें भी तो आना चाहिए, अधिक नहीं तो थोड़ा-बहुत, ताकि तुम लोगों पर जोंक सरीखे चिपकना न पड़े।"

सोनी कुछ देर सोचता रहा फिर बोला—"ठीक है सर, ऑडेन कॉल के समिट कैम्प के आसपास आप लोगों को ट्रेनिंग देंगे तथा आपके सामने सारी तकनीकों का प्रदर्शन करेंगे।"

सोनी के इस वादे से पूरी तरह आश्वस्त होकर हमने ताश निकाल ली और 'स्वीप' खेलने लगे। दिनेश और बिहारी डिनर की तैयारी करने लगे और रनी पानी की खोज में निकल गया। पानी की बड़ी किल्लत थी इस बार—एक तो पानी मिल ही नहीं रहा था, दूजे जब मिलता था तो इतना गन्दा होता कि मुँह के पास लाते ही उबकाई आती थी। आज तो पूरे दिन में कोई झरना नहीं मिला। रुदुगैरा बमक में

कुछ-एक पोखर मिले लेकिन पानी खट्टा था। काफ़ी इन्तज़ार के बाद रनी लौटा। साथ लाया पानी साफ़ था। प्यास से व्याकुल कंठ जल देखकर कुलबुलाने लगा। ताबड़तोड़ पानी गिलास में डाला और एक बड़ा घूँट भर लिया। जल हलक़ तक बमुश्किल ही पहुँचा होगा कि दुगनी गति से उछलकर वह मुँह से बाहर आ गया। यह पानी भी बहुत ऐसिडिक था, खट्टा था—मानो किसी ने एक गिलास पानी में दस बड़े नीबू निचोड़ दिए हों। आज फिर पानी की कमी हो रही थी शरीर में। इन ऊँचाइयों पर जल का पर्याप्त मात्रा में सेवन करना अति आवश्यक होता है—अन्यथा ख़ून गाढ़ा होकर धमनियों में जमने लगता है और दिमाग़ या आँख में रक्त प्रवाह रुकने की सम्भावना प्रबल हो जाती है। सही मात्रा में पानी पी रहे हैं या नहीं यह जानने का एक बहुत ही सीधा-साधा तरीक़ा है—पेशाब का रंग। अगर इसमें जरा भी पीलापन है तो आपको जल की कमी हो रही है। हमें तो हल्दी सरीखी पीली पेशाब हो रही थी, मरता क्या न करता, खट्टा ही सही पानी तो था—घूँट-घूँट कर वही हलक़ से उतारते रहे।

लगभग चार बजे तक भूख फिर से लग आई थी। क्षुधा का जाग्रत रहना एक संकेत था कि हमारा शरीर इन ऊँचाइयों के अनुरूप ढल चुका है। हमने कुक दिनेश से कुछ नाश्ता बनाने की फ़रमाइश की। दिनेश, एक अठारह-बीस साल का सदा चुप रहने वाला गढ़वाली लड़का—घर से भागकर पूना और मुंबई चला गया था—वहाँ दो वर्षों तक होटलों में काम किया और अब वापस पहाड़ों पर लौट आया था—पहाड़ी पक्षी का मैदानों में कहाँ मन लगता है! होटलों में काम करने के कारण उसे अनेक तरह के व्यंजन बनाने आते थे। हमारे नाश्ते के आग्रह को उसने तुरन्त पूरा किया—गुजराती व्यंजन 'गोटा' और गरम चाय परोसकर।

शाम होते-होते बादल घिर आए थे। हल्की बूँदा-बाँदी और फिर बर्फ़बारी होने लगी, जो सारी रात रुक-रुककर चलती रही। मुझे इल्म था कि अब एक दिन का ख़राब मौसम भी हमारी आगे की योजना पर पानी फेर सकता है और यही बात मन को डरा रही थी। न जाने कल आगे कैसे जाएँगे? इसी ऊहापोह में, टेंट में करवटें बदलते, नींद की बाट जोहता रहा। पर झंझावात से जूझते मन पर निद्रा देवी आसीन होती भी तो किस तरह? बेचैन मन को करार मिलेगा यह मानकर उसे भविष्य से खींच वर्तमान में लाया। पर वर्तमान में किसी सामान्य जन के मन को कभी सुकून मिला है जो मुझे मिलता, सो मैंने उसे विचरने को खुला छोड़ दिया। ऋणात्मक घटनाओं पर आसक्त मन ने उनींदे मानस पटल पर एक अत्यन्त हृदय विदारक

दृश्य उकेरा। गंगोत्तरी-III के कैम्प का वह दृश्य, जिससे हम आज दोपहर में रूबरू हुए थे—

ऑडेन कॉल—ए.बी.सी. पर एक ग्लेशियर ताल

मारेन के बीच एक बड़ा-सा समतल मैदान था। जहाँ-तहाँ पत्थरों को एक के ऊपर एक रखकर दीवारें बनाई गई थीं। वे साधारण दीवारें न थीं, किसी ने छोटे-छोटे छत विहीन घरौंदे बनाए थे उनसे। सामने जोगिन और साइड में गंगोत्तरी पर्वत शृंखलाओं के बीच स्थित इस मनोरम स्थान में चुभने वाली बात थी तो चारों तरफ़ बेतरतीब बिखरा हुआ कचरा। खाने के डब्बे, कपड़े, चप्पलें, जूते, कोलगेट पेस्ट की भरी और ख़ाली ट्यूबें, सिर पर लगानेवाले तेल की बोतलें, सिगरेट के ख़ाली पैकेट, रिफाइंड ऑइल के जरीकेन...और इनके बीच पतरे का एक बोर्ड ज़मीन पर पड़ा था जिस पर लिखा था 'क्लीन हिमालय ड्राइव'।

मन विचलित हुआ, टेंट में शरीर ने करवट बदली। लेकिन दृश्य नहीं बदला, वरन् अब तो बारदाने, कंघियाँ, जाँघिए न जाने क्या-क्या नज़र आने लगा—

उफ़ कैसे बलात्कारी लोग थे वे जो प्रकृति की बेदाग़ गोद में अपना पाप छोड़कर चले गए। हम हैं ही कुछ ऐसे कि सफ़ाई की हमारी परिभाषा हमको सिर्फ़ स्वयं के आँगन की साफ़-सफ़ाई तक ही सीमित करती है। गन्दगी को हम अपने जीवन के अभिन्न हिस्से के रूप में स्वीकार कर चुके हैं। बड़े-बड़े शहरों में बड़े लोग कचरे के बड़े ढेरों

के पास विराट 'महल' बनाकर सुख से रहते हैं और इन्हीं बड़े-बड़े शहरों में बड़ी संख्या में लोग उन्हीं कचरे के बड़े ढेरों में 'स्लम' बनाकर बड़े सुख से रहते हैं!

मन फिर बेचैन हुआ। टेंट में एक शरीर ने पुनः पासा पलटा। शामियाने की दरारों से अन्दर समाने पर आमादा नींद फिर बिदककर लौट गई। मनपटल पर दृश्य बदला और अचानक पेट में भय का एक गोला उठा—

सामने बिखरा कचरा कुछ ज़्यादा ही बेतरतीब था—चारों ओर छिटका हुआ। कोई ढेरी नहीं थी कचरे की। चप्पल, जूते और कपड़े कोई एक्सट्रा थोड़े ही न लाता है इस तरह के अभियानों में। और वो सेना का 'क्लीन हिमालय ड्राइव' लिखा मज़बूत पतरे का बोर्ड, जिसके पाँव ज़मीन में गहरे गड़े थे—उसका सिर मुड़कर ज़मीन पर आ गया था। हो न हो यह किसी आपदा के उपरान्त का दृश्य है। लोग यहाँ टेंटों में बैठे हुए मंत्रणा कर रहे होंगे। गंगोत्तरी-III पर जाने की योजनाओं को अन्तिम रूप दे रहे होंगे, तभी यहाँ कोई एवालांच आया होगा। आपाधापी मची होगी। जब 'क्लीन हिमालय ड्राइव' बोर्ड सारे प्रहार अपने सीने पर झेलते-झेलते ज़मींदोज़ हो रहा होगा उस वक़्त चीखते-चिल्लाते लोग हर दिशा में भाग रहे होंगे। कई तो यहीं अनंत नींद में चले गए होंगे। तभी वहाँ एक व्यक्ति प्रकट हुआ। आगे को झुक वह अपने झोले में कुछ ठूँसने लगा। झोले पर दो अगरबत्तियाँ लगाईं और यह बुदबुदाता हुआ आगे चल दिया कि इस घाटी में दुर्घटनाएँ बहुत आम हैं। इस वैली से बच के निकलने वाले बिरले ही हैं...।

टेंट में एक शरीर निश्चेत-सा पड़ा था। उसकी पेशानी पर पसीना था। वह सो रहा था परन्तु उसके चक्षु खुले थे। उसका आँख बन्द कर सोने का माद्दा चुक चुका था।

9 जुलाई, 2009

बाहर की तेज़ हवा और मन के भीतर के तीव्र झंझावात के बीच कल रात न जाने कब नींद आई? प्रात: आँख खुली तब मौसम एकदम साफ़ था और मन:पटल से गंगोत्तरी बेस कैम्प की भयावह छवि भी मिट चुकी थी!

नाश्ता करके सुबह क़रीब सवा सात बजे आगे बढ़े। अब हम 14-15 हज़ार फ़ीट की ऊँचाई पर थे। ब्रह्मकमल अब तक कहीं नज़र नहीं आया था—ब्रह्मकमल तो दूर की बात है—पिछले डेढ़ दिनों से एक भी फूल नज़र नहीं आया था। लगा बेकार ही वह फूलों की मोटी गाइड बुक ढो रहे हैं—इन ऊँचाइयों पर पाँच-छह सौ ग्राम का मामूली वज़न भी बोझ मालूम पड़ता है।

आगे रास्ता कठिन था। मोरेन तो था ही लेकिन बीच-बीच में ग्लेशियर और उसमें बड़े-छोटे क्रेवास भी थे। क्रेवास की धार-धार पर चलना या कई बार क्रेवास में उतरकर फिर उस पार ऊपर चढ़ना पड़ रहा था। पत्थर बिना किसी पूर्व संकेतों के गिर रहे थे, एवालांच के माफ़िक़। क़रीब चार घंटे चलने के बाद तथा एक कठिन चढ़ाई काटने के उपरान्त जब नीचे देखा तो पलकें रुक गईं, नज़र जम गई, दिल यूँ चरमराकर थमा जैसे तेज़ दौड़ती राजधानी एक्सप्रेस में 'चेन पुलिंग' हो गई हो। नीचे नीले जल से लबालब एक बड़ा सा ताल था—अतिसुन्दर ग्लेशियर 'पॉण्ड'। यहाँ किसी तालाब का मिलना अपेक्षित नहीं था। इस तालाब का ज़िक्र कहीं न पढ़ने में आया था न सुनने में। तालाब गहरा तो नहीं था लेकिन अपने दम से इस छिछले जलाशय ने आस-पड़ोस की पूरी पर्वत शृंखला को अपने अन्दर समेट लिया था। ताल की तलहटी में रेत थी। ताल के चारों ओर भी सुनहरी रेत फैली थी। कुछ देर को लगा कि हम समुद्र के किनारे खड़े हों, जिसकी रेत पर सलवटें पड़ी थीं, गोया शहज़ादा लोन से बने कुरते की बाँहों पर डाली गई चुन्नटें हों। एक सम्भावना यह

भी थी कि अपना कुरता किनारे पर उतार गंगोत्तरी से मिलने के पूर्व जोगिन पर्वत ताल में स्नान करने उतर गया हो! इस तालाब में कुछ समुद्रीय गुण थे। यह छोटा ताल अपने पुराने गुणों को छोड़ नहीं पाया था। नदियाँ जब बहती हैं तो अपने किनारों को तोड़-मरोड़कर उन्हें अपना आकार देते हुए आगे बढ़ती हैं। नदी में अगर कुछ गिर जाए तो वह उसे साथ बहा ले जाती है, पर समुद्र आप से कुछ नहीं लेता। वह अपने किनारों को सहेजकर रखता है। उसकी कर्मठ, सतत क्रियाशील लहरें बारंबार लौटकर आती हैं, सागर के किनारों को साफ़ और समतल रखने के लिए। इस ताल ने भी अपने किनारे कुछ वैसी ही सुघड़ता से सँभालकर रखे थे। हालाँकि पर्वत श्रृंखलाओं के बीच क़ैद इस सरोवर की लहरें अपनी विकरालता को तज हल्के स्पन्दनों का रूप ले चुकी थीं—फिर भी इस तालाब में गम्भीरता थी—उथला होने के बावजूद गहराई थी!

दो दिन में अब जाकर फूलों के दर्शन हुए। वह भी एक नहीं अनेक। अकेले नहीं कालीन के रूप में, उस तालाब के किनारे से दूर। हम समझ गए कि वह 'बोनसाई-सागर' नहीं चाहता कि कोई उसके किनारों का रूप-रंग बिगाड़े, अत: हममें से कोई भी रेत पर नहीं उतरा। 'सागर' द्वारा पास में बिछाए फूलों के कालीन पर चलते हुए हम अपनी बाईं ओर बढ़ गए।

अब विशाल क्रेवासों से अटाटूट ग्लेशियर पर ही होकर गुज़रना था। ग्लेशियर, मोरेन से ढका होने के कारण, मिट्टी और बोल्डर के विशाल टीलों में विभक्त हो गया था। हमें उदरस्थ करने को लालायित क्रेवास, सुरसा के समान अपना मुँह खोल चित लेटे थे और हम उसके अधरों पर, सँभल-सँभल, क़दम-दर-क़दम ऑडेन कॉल की ओर अग्रसर थे। चाल निरन्तर मंथर होती जा रही थी। जहाँ पेयजल का अभाव, प्राणवायु की असघनता, धरा की मानव पदछापों को स्वीकार करने की असहिष्णुता, तीखे सन्नाटे से उपजी असहजता हमारी गति को अवरुद्ध कर रही थीं, वहीं अनजान वादियों का आकर्षण, अनदेखी शक्ति से मिल रहा संरक्षण एवं अनअवसादता का अनवरत प्रत्यक्ष दर्शन हमें गतिशील रखे हुए था। उस दिशा में बढ़ते हुए हमें दूर एक अपेक्षाकृत समतल स्थान दिखाई पड़ा। चलते-चलते पाँच घंटे बीत चुके थे, सोचा कि अगर वहाँ कोई जल का स्रोत मिला तो आज कैम्प वहीं स्थापित करेंगे। दूरबीन से उस स्थान विशेष का जायज़ा किया तो बाँछें खिल गईं।

वहाँ तो एक सुन्दर शामियाना लगा था। इसका सीधा मतलब हुआ कि वहाँ पहले से कोई मौजूद था। इसका एक मायना यह भी था कि उस जगह के नज़दीक पानी उपलब्ध होगा। क़दम ख़ुद-ब-ख़ुद तेज़ पड़ने लगे, बिहारी तो लगभग भागते हुए शामियाने की ओर जा रहा था। कोई आधे-पौन घंटे पश्चात वह स्थान खुली आँखों से भी साफ़-साफ़ नज़र आने लगा—वह टेंट भी एवं उसके आसपास का माहौल भी। इधर उस स्थान पर एक भरपूर नज़र पड़ी और उधर फिर वही डर का गोला पेट में उठा जो कल गंगोत्तरी—तीन के बेस कैम्प के हालात को देख उठा था। न जाने पेट के कौन से कोने में छुपा होता है यह गोला, जो न्यूटन महाशय के सारे सिद्धान्तों को झुठलाता हुआ, कोई भी बल न लगाने के बावजूद, अचानक कूदता है और गुरुत्वाकर्षण शक्ति के विपरीत चलता हुआ हृदय से टकराकर उसकी गति को अनियमित कर देता है! वह टेंट फटा हुआ था। उसके चारों तरफ़ खाने-पीने की वस्तुओं के डब्बे, कनस्तर बिखरे थे। पत्थरों के बीच एक स्लीपिंग बैग उलझा थपेड़े खा रहा था। पास बने रसोई में आटा और मसाला रुल रहा था। निश्चित ही यहाँ कोई अनहोनी हुई होगी अन्यथा इतना महँगा टेंट कोई पीछे छोड़कर नहीं जाता! बाप रे! क्या यह वास्तव में सच है कि 'इस घाटी में दुर्घटनाएँ बहुत आम हैं। इस वैली से बच के निकलने वाले बिरले ही हैं।'

बिहारी नीचे उतरा, कैम्प स्थल का मुआयना करने के बाद उसने घोषणा की कि कैम्प साइट पर पानी नहीं है। कोई और दिन होता तो, पाँच घंटे चलने के बाद, आगे बढ़ने के आदेश से हम सब झुँझला जाते। लेकिन आज तो मन यह घोषणा सुन प्रसन्न था। यहाँ की हवा में एक विचित्र सा स्पन्दन था—यहाँ की नीरवता में एक विचित्र सी ध्वनि थी—ठीक वैसी जैसी मरघट पर या क़ब्रिस्तान में होती है। हममें वहाँ एक पल भी रुकने की शक्ति नहीं थी। मैंने अपनी निगाहें सामने नज़र आ रहे ऑडेन कॉल पर जमा दीं और आगे चल दिया!

क़रीब एक घंटे बाद हम एक ऐसी जगह पहुँच गए जहाँ रुदुगैरा घाटी पूरी तरह से पसरकर समाप्त हो रही थी—मानो उसने गंगोत्तरी एवं जोगीन पर्वत शृंखला के सामने आत्मसमर्पण कर दिया हो। मोरेन के बीचोबीच क्रेवासों की धार पर पड़ाव स्थापित अभी हुआ ही था कि मौसम अकस्मात बदल गया। कुछ ही मिनटों पूर्व जोगिन-दो और गंगोत्तरी-तीन के बीच साफ़-साफ़ दिख रहा अर्द्धचन्द्राकार 'ऑडेन कॉल' गहरी धुंध की गर्त में समा गया। तेज़ हवाएँ चलने लगीं। साथ ही शुरू हो गई बर्फ़बारी। आज फिर हमारे धैर्य की परीक्षा लेने की ठान ली थी हिमालय ने।

दोपहर दो बजे से जो बर्फ़बारी हुई तो कई घंटों तक चलती रही। 'क्लब-हाउस' में बैठे-बैठे चाय पीकर शरीर को गर्म रखने की कोशिश जारी थी। फ़ुरसत और चाय दोनों हों तथा क़िस्सों का दौर न चले, ऐसा हो ही नहीं सकता। अड्डाबाज़ी करते हुए सब अपने-अपने अनुभव सुनाते हैं। इनमें से अधिकांश क़िस्से कई-कई बार सुने होते हैं फिर भी इनकी पुनरावृत्ति में वैसा ही आनन्द आता है जैसा कि नानी से सुनी-सुनाई कहानियों को बार-बार सुनने में मिलता है। हम सब एक दूसरे को याद दिला-दिला पुरानी बातें फिर से सुन रहे थे। हवा तेज़ थी। ऐसा लग रहा था हमारे टेंट उड़ जाएँगे। इन टेंटउड़ाऊ हवाओं ने सोनी को वह घटना स्मरण करा दी जो हमारे साथ बेलाक में घटित हुई थी।

सोनी ने बात छेड़ी, "सर, याद है आपको बेलाक की वह तूफ़ानी हवा?"

"वह मैं कैसे भूल सकता हूँ सोनी, उस घटना ने तो मेरे सारे वजूद को हिला दिया था—मुझे मेरे सामने उघाड़कर रख दिया था।" मैं भूतकाल में झाँकते हुए बोला।

"वजूद को हिला दिया, वह कैसे?" सोनी ने उत्सुकता से पूछा।

"उस क़िस्से से प्रेरित होकर मैंने एक कहानी लिखी थी, सुनोगे!" मैंने पूछा।

"ज़रूर।" सबका समवेत स्वर वादी में गूँज गया।

"कहानी का शीर्षक है—'नमक का मोल'।" मैंने अपनी डायरी निकाल पढ़ना शुरू किया।

नमक का मोल

"लाटा आने वाला है," बस के परिचालक ने गुहार लगाई। एक-एक करके हम सब बस के दरवाज़े के पास आकर खड़े हो गए। हमारे कंठ सूख रहे थे, दिल की धड़कनें एक क्षण तो तेज़ चलतीं पर अगले ही क्षण वे डूबती-सी महसूस होतीं। ठीक वही एहसास जो प्रश्नपत्र हाथ में लेने के पूर्व होता था परीक्षा कक्ष में। मेरी साथिन ने धीरे से मेरा हाथ थाम लिया। एक दूसरे की हथेली में छूटते पसीने को महसूस करते ही पकड़ स्वत: अधिक मज़बूत हो गई। पसीना छूटना लाज़िमी भी था—क्योंकि कुछ ही देर में हम बस से उतरकर हिमालय पर अपनी पहली पदयात्रा का आग़ाज़ जो करने वाले थे। कैसी होगी यह दैव भूमि? सुना है कि हिमालय के जंगल बड़े ख़तरनाक होते हैं और रास्ते अति दुर्गम। मन अनवरत इन प्रश्नों का समाधान ढूँढ़ने की चेष्टा कर रहा था।

लाटा से होकर 'बूढ़ा केदार' तक की हमारी यह पद यात्रा लगभग दस दिनों में तय की जानी थी। सोनी को इन्तज़ाम करने हेतु अग्रिम राशि भेजी जा चुकी थी और तयशुदा कार्यक्रम के अनुसार वह इस वक़्त लाटा गाँव में हमारा इन्तज़ार कर रहा होगा।

बस के रुकते ही सब नीचे उतरे ही थे कि सोनी लपकता हुआ हमारे पास आया। बिना किसी औपचारिकता के शुरू हो गई हमारी प्रथम पैदल यात्रा। बमुश्किल दस मिनट चले कि जंगल शुरू हो गया। छोटी-मोटी जलधाराओं, बड़े-छोटे झरनों और रंग-बिरंगे फूलों के बीच से गुज़रती पगडंडियों पर हम आगे बढ़ चले।

घुमावदार ऊँचे-नीचे रास्तों पर पहली-पहली यात्रा, ऊपर से सोनी और उसके साथियों द्वारा डाला जा रहा तेज़ चलने का सतत दबाव एवं साथ आए दो बच्चों का बिलावजह बिलबिलाना, इन सब ने हमें जल्द ही थका डाला। इन हालातों में

रोज़ आठ से दस घंटे चलकर आज तीसरे दिन हम बेलाक पहुँचने वाले थे, जहाँ एक पूरा दिन आराम करने की योजना ने थके मन को ढाढ़स बँधा रखा था। चलते-चलते पैर जवाब देने ही वाले थे कि दूर हमारे लाल और नीले शामियाने नज़र आने लगे। कैम्प देख चित्त कुछ शान्त होता उससे पहले ही मेरी निगाह शामियानों के आसपास बनी दो झोंपड़ियों पर पड़ी। बेलाक एक छोटा सा बुग्याल था जहाँ गाँव वाले गर्मियों में अपने जानवर चराने ले आते थे। ये झोंपड़ियाँ निश्चित रूप से उनकी ही होंगी। अभी मैं कैम्प को देख ही रहा था कि मेरा एक साथी बोला—"क्या भई, अब झोंपड़-पट्टी में रुकवाएँगे आप।" सोनी को ढूँढ़ने हेतु आसपास नज़र घुमाई पर वह आगे जा चुका था। साथी के ताने और सोनी को मौजूद न पाने के कारण मेरे मन में एकाएक क्रोध की ऐसी ज्वाला धधकी कि उसकी आँच में निर्मल झरनों की कलकल, सुन्दर फूलों से मिली ठंडक और हिमालय की वादियों से एकत्र की गई शान्ति—सब तत्क्षण जलकर ख़ाक हो गई। क्रोध के समक्ष कोई दूसरा भाव कब ठहर पाया है!

कुड़-कुड़ करते हुए हम सब जैसे-तैसे कैम्प तक पहुँचे। वहाँ पहुँच, झोंपड़ी में गर्दन डालकर अन्दर की स्थिति का जायज़ा लिया। लकड़ी-मिट्टी से बनी चार दीवारें और पत्तों से बनी छत, कच्ची पथरीली फ़र्श को घेरे हुई थी। एक तरफ़ घास का ढेर लगा था जिस पर हमारे साथ आए कुली विश्राम कर रहे थे। दूसरी तरफ़ उपलों के ढेर के पास एक मोटी लकड़ी पर सोनी बैठा हुआ था। तीसरे कोने में एक पत्थरों से बना चूल्हा था, जिस पर एक पतीली में दूध और चीनी का मिश्रण उबल रहा था। चूल्हे के सामने पसांग, हमारा कुक, बैठा था और उसके नज़दीक ही झोंपड़ी का मालिक भी विराजमान था। ऐसी जगह देखकर मेरे साथी तो मुझ पर पिल पड़ेंगे, यह ख़याल ज़ेहन में आते ही मैं लगभग चीख़ते हुए सोनी से मुख़ातिब हो बोला—

"नॉट गुड, बॉस।"

"क्या हुआ सर?" सोनी मेरी तेज़ आवाज़ सुन अचकचाकर बोला।

"क्या? क्या हुआ?" झोंपड़ी में प्रवेश करता हुआ मैं फुफकारा।

"इन्दौर से इतनी दूर और यहाँ तीन दिन मर-मर के पैदल चल, क्या हम इस कचरे में रहने आए हैं?" मैंने झोंपड़ी वाले की ओर इशारा करते हुए कहा,

जिसने एक बेहद गन्दा पैबन्द युक्त कम्बल अपने इर्द-गिर्द लपेट रखा था। कम्बल के किनारों से निकल उसके जर्जर कपड़े बाहर झाँक रहे थे। धनिकों का धन और निर्धनों का तन लाख कोशिशों से भी पूरी तरह छुपता नहीं है। मेरे तेवर देख वह झोंपड़ी वाला हिला। कम्बल के सिरे पकड़ उसने दोहड़ को स्वयं के इर्द-गिर्द और अच्छे से लपेट लिया, मानो वह कम्बल न होकर कोई बख़्तरबन्द हो जो आगे होने वाले वारों से उसे सुरक्षा प्रदान करेगा। थोड़ा सिमटकर, बिना नज़र उठाए, वह पुन: चूल्हे में छोटी-छोटी लकड़ियाँ डालने लगा। मुफ़लिसी आदमी को इतना दीन बना देती है कि अगर उसके घर में घुसकर भी उसका अपमान करें तो भी वह आपको आँख उठाकर देखेगा नहीं। वह कुछ बोलेगा नहीं क्योंकि उसकी ज़ुबान छिपकली की तरह उसके तालू से चिपक जाएगी। वह चुपचाप पाँव के नाख़ून से ज़मीन कुरेदने लगेगा—धरती को फाड़कर धँस जाने की मंशा से।

"सर, झोंपड़ी में थोड़े ही रहना है आपको, टेंट लगे तो हैं आपके लिए पास में। इस झोंपड़ी में तो हम लोग रहेंगे। देखिए ये लोग..." सोनी ने झोंपड़ी वाले की ओर इशारा करके कहना जारी रखा, "बंजारे हैं—जानवर पालते हैं—और गर्मी में यहाँ ताज़ी घास आने पर ये अपने जानवरों के साथ ऊपर आ जाते हैं। यह छानी (झोंपड़ी) इनका अस्थायी घर है। इनके पास रहने से हमें सुरक्षा के साथ इस जंगल में भी ताज़ा दूध और दही मिलेगा। साथ ही..."

"सोनी ऐसा नहीं चलेगा।" मैंने उसकी बात बीच में काटकर कहा, "हमने आपको इतने पैसे दिए हैं—इतना दोयम दर्जे का इन्तज़ाम हमें स्वीकार नहीं। तुम क्या हम लोगों को चू...समझते हो।" पैसों का ख़याल आते ही मन और उबाले लेने लगा, साँस तेज़ होने लगी—लेकिन मैंने उन्हें नियंत्रित करने की कोई कोशिश नहीं की। सोनी और उस झोंपड़ी वाले पर रोब झाड़कर ही मैं स्वयं को जागृत ग्राहक प्रमाणित कर सकता था। मेरे साथियों को भरोसा दिला सकता था कि उनके हक़ मेरे पास महफ़ूज़ हैं। अपने आसपास वालों पर रोब जमाने का अचूक नुस्ख़ा है—कमतर तथा दबे-कुचलों को बल, बुद्धि और वाणी से, सार्वजनिक तौर पर, तब तक प्रताड़ित करना जब तक उनकी समस्त भावनाएँ सुन्न न पड़ जाएँ। यद्यपि यह नुस्ख़ा नया नहीं है, अनादि काल से दुनिया भर में प्रभावशाली मानुष इसका प्रयोग करते रहे हैं, फिर भी यह अब तक असरदार है। इसीलिए आज भी विश्व भर में धन-बल-पद सम्पन्न लोग (और देश) इस नुस्ख़े का भरपूर उपयोग करते हैं।

"लेकिन सर," पसांग बीच में बोला, "छानियाँ सबसे ख़ूबसूरत स्पॉट पर ही बनी होती हैं, इसलिए लोग तो मरते हैं इनमें रुकने के लिए। हम तो अकसर ग्रुप को यहीं ठहराते रहे हैं। झोंपड़ी वाला तो बायचान्स यहाँ है, अन्यथा यह छानी तो ख़ाली रहती है।"

"पसांग तुम बीच में मत बोलो," मेरे अन्दर का ग्राहक और नेता दोनों पूर्ण रूप से जागृत हो गए थे, "पैसे मैंने सोनी को दिए हैं, मैं उससे बात करूँगा।" मेरे अप्रत्याशित जवाब को सुन पसांग पिचके गुब्बारे-सा छानी में बिछी घास पर गिर पड़ा।

"सोनी" मैंने आवाज़ को कुछ नीचा कर, एक-एक शब्द चबाते हुए कहा, "हम इस गन्दगी में नहीं रुकेंगे, हमारे टेंट वहाँ नीचे वैली में लगवा दो।"

"अरे नहीं सर, टेंट वहाँ दो सौ फ़ीट नीचे वैली में नहीं लगा सकते।"

"क्यों क्या आलस आ रहा है आप लोगों को दो सौ फ़ीट नीचे उतरने में?"

"आलस की बात नहीं है, सर। आप वैली को देखिए तो सही। वह सामने एकदम सँकरी है और आप जहाँ टेंट लगाने की बोल रहे हैं, उस स्थान पर अचानक चौड़ी हो गई है, अगर मौसम ख़राब हुआ तो..."

"सोनी! बहुत हुआ, अब ज़्यादा बहस मत करो, अगर बचे हुए पैसे चाहिए तो जैसा कहता हूँ वैसा करो। और यह भी सुन लो कि मैं इस गन्दगी में तो एक क्षण को भी न रुकूँगा और न इस छत के तले पका अन्न ही खाऊँगा—हमारा खाना यहाँ नहीं बनेगा, इज़ दैट क्लियर टू यू—अपना किचन टेंट लगाओ।"

"ओ.के., मैं इन्तज़ाम करता हूँ।" सोनी ने हथियार डाल दिए।

मैंने एक विजेता की दृष्टि छानी में बैठे लोगों पर डाली। सब सहमे थे। झोंपड़ी वाले के हाथ काँप रहे थे। वह सिर झुकाए चुपचाप चूल्हे में लकड़ी झोंक रहा था, हालाँकि चूल्हे में इतनी लकड़ियाँ पहले ही पड़ चुकी थीं कि तीन दिन तक समाप्त न हों।

मैं झटके से खड़ा हुआ, छानी से बाहर निकलकर ज़ोर से बोला—"हम नीचे जा रहे हैं, चाय नीचे ही भिजवाना।"

"आज तो तुमने ग़ज़ब कर दिया," कैम्प फ़ायर का इन्तज़ाम करते हुए मेरा ताने मारने वाला वही साथी बोला—"ये गँवठिए हम शहरवालों को बेवक़ूफ़ समझते हैं। एकदम नॉन प्रोफ़ेशनल—पैसा पूरा चाहिए सर्विस ज़ीरो।"

"और नहीं तो क्या! जानवरों की चिल्ल-पों, गोबर की बदबू, मक्खियों की भिन-भिन, ऊपर से वह गन्दा छानी वाला। ऐसी जगह में रहना तो अलग, उसके आसपास बैठना भी दूभर था।" किसी दूसरे ने कहा।

"वही तो! अरे भई चरवाहे हो तो वही बने रहो, होटल खोलने की जुर्रत क्यों करना? पर दूसरी नज़र से देखें तो तुम्हारे सोनी की ग़लती भी नज़रअन्दाज़ नहीं करना चाहिए। इस क़िस्म की दोयम दर्जे की जगह पर रुकने का निर्णय करने के पूर्व उसे भी तो दस बार सोचना था।" पहला साथी समर्थन मिलता देख अति उत्साहित था।

"अरे सोनी की सेटिंग होगी इनके साथ।" दूसरे ने कहा।

सूरज ढलते न ढलते सोनी का कोई कुली खाना हमारे सामने रख वापस चला गया। अब नीचे वैली में सिर्फ़ हमारे दो टेंट थे। बाक़ी लोग दो सौ फ़ीट ऊपर छानी तथा किचन टेंट में थे। सूर्यास्त के साथ ही ठंड बढ़ने लगी थी। हवा का वेग भी बढ़ रहा था। सामने सँकरी वैली से निकली हवा के हमारे टेंट के आसपास फैलने से एक सीटी-सी बज रही थी। वातावरण 'हॉरर' मूवी सरीखा हो गया था। ठंड तथा तेज़ हवा से बचने के लिए हम अपने-अपने टेंटों में घुस गए। हवा की गति आहिस्ता-आहिस्ता बढ़ती ही जा रही थी। थोड़ी देर में लगने लगा मानो पवन देवता ने हमारे शामियानों को उड़ाकर ले जाने की ठान ली हो। टेंट हिल रहे थे, फिर भी थकान के चलते नींद आ ही गई। अभी कुछ देर ही हुई होगी कि अचानक नींद खुली—ऐसा लगा कि कोई टेंट पर पत्थर मार रहा हो। हो न हो वह झोंपड़ी वाला ही ऊपर से पत्थर फेंक रहा होगा। यह बात सूझते ही मैं ज़ोर से चिल्लाया, "कौन है?" लेकिन कोई जवाब नहीं आया, अलबत्ता टेंट पर पत्थर गिरने की रफ़्तार तेज़ हो गई। रूह काँपने लगी—क्या ये हमें घेरकर मारेंगे? डर और क्रोध से थरथराते हुए मैंने टेंट से बाहर झाँका, पर वहाँ का दृश्य देख माथा ठनक गया। जिन्हें मैं पत्थर समझ रहा था वे तो ओले थे—छोटे-बड़े ओले।

"अरे कुछ नहीं, सो जाओ, ये तो ओले हैं ओले।" मैंने साथिन को ढाढ़स बँधाते हुए कहा। लेकिन कुछ ही देर में हवा बहुत ही तेज़ी से बहने लगी और साथ ही तेज़ बारिश शुरू हो गई। लगा कि शामियानों की शामत आने वाली थी, सो एक बार मन में ऊपर, सबके पास, जाने का विचार आया। एकदम खड़ी चढ़ाई थी और तूफ़ान के कारण चारों ओर नीम अँधेरा भी हो गया था। ऐसे में दो सौ फ़ीट ऊपर जाना बहुत मुश्किल एवं जानलेवा हो सकता था। कुछ देर में शायद तूफ़ान

थम जाए। मन कट्ठा कर मैं अपने स्लीपिंग बैग में घुसने को हुआ ही था कि पास के टेंट से आवाज़ आई—"बचाओ?"

"अब क्या हो गया?"

"हम यहाँ मर जाएँगे—हमें बचाओ।" जवाब आया।

"लेकिन हुआ क्या?"

तभी अनपेक्षित रूप से सोनी की आवाज़ हमारे टेंट के एकदम पास से आई। वह चीख़कर किसी को टेंट से बाहर निकलने से रोक रहा था।

"अरे! सोनी तुम क्या यहीं हो?" मैंने अन्दर से पूछा।

"हम लोग तो पिछले एक घंटे से आपका टेंट बाहर से पकड़कर बैठे हैं, सर।"

उसी क्षण 'बचाओ-बचाओ' की चीत्कार ने पूरी घाटी को झकझोर दिया। पास के टेंट में से दूसरी महिला सहयात्री अपने तीन वर्षीय पुत्र को गोद में उठाए—तूफ़ान और ओलों के बीच वैली में दौड़ रही थी।

"अरे मैडम-रुको उधर नहीं," सोनी मेरे टेंट की रस्सी ठीक करते हुए फिर चिल्लाया।

'बचाऽऽओ-बचाओऽऽ' पर रुकने के बजाय वह चीख़ते हुए और भी तेज़ी से ऊपर की ओर दौड़ने लगी। सोनी ने आव देखा न ताव, टेंट को छोड़ उसके पीछे दौड़ पड़ा।

हमारे टेंट अब और तूफ़ान सहन नहीं कर सकते थे। वे धराशायी हों इसके पहले हम भी बाहर निकल ऊपर छानी की ओर बढ़े। अँधेरे में तूफ़ान और ओलों से जूझते हुए जब तक हम ऊपर छानी में पहुँचे तब तक पूरी तरह से भीग चुके थे। बच्चे ठंड में नीले पड़ रहे थे। छानी वाले ने हमारी ओर देखे बिना कुछ सूखे टाट आगे सरका दिए, बैठने के लिए। फिर वह खड़ा हुआ और अपना कम्बल घास पर बैठे बच्चों के इर्द-गिर्द लपेट दिया। तूफ़ान में हमारा पूरा सामान, यहाँ तक कि राशन भी, भीग चुका था। किचन टेंट ढह गया था। बची रात इस छानी में काटने के अलावा अब हमारे पास कोई चारा नहीं था।

छानी वाले से आँख मिलाए बिना मैं भी चुपचाप उस घास के ढेर पर, जहाँ पसांग पिचके गुब्बारे-सा गिरा था, लेट गया! नींद खुली तो सुबह हो चुकी थी, मौसम शान्त था! झोंपड़ी वाला अंगारों पर रोटियाँ सेंक रहा था। नींद से जगा पाकर उसने तुरन्त टूटे हुए कप में गरम चाय भर मेरी ओर बढ़ाई। काँपते हाथों से मैंने चाय का कप पकड़ा और बाहर आ गया। हमारे बाक़ी साथी न सिर्फ़ उठ चुके थे बल्कि वे

झोंपड़ी के इर्द-गिर्द पड़े पत्थरों पर बैठ गर्म रोटी और नमक का नाश्ता कर रहे थे!

कल रात की घटना के पश्चात यहाँ एक दिन आराम करने की योजना हमने रद्द कर दी। नाश्ता करके मैंने अपना पर्स हाथों में लिया और पुन: छानी में प्रविष्ट हुआ। झोंपड़ी वाला मुझे अनदेखा कर फ़र्श पर बिखरे टाट के टुकड़े समेटता रहा।

मैं सकुचाते हुए उससे बोला, "थैंक्स भाई!"

उसने कुछ जवाब नहीं दिया। वास्तव में उसने न तो मेरी उपस्थिति और न ही मेरे 'थैंक्स' को कोई तवज्जोह दी थी—वह निर्बाध गति से ज़मीन से टाट उठाता रहा।

गला खखारकर मैं पुन: बोला—"भई तुम्हारी नाराज़ी ग़ैरवाजिब नहीं है। अच्छा यह बता दो कि कितना हुआ?" मैंने अपने पर्स से सौ-सौ के दो नोट निकाल लिये थे।

सिर झुकाए—उसने धीरे से पूछा—"कितना हुआ, मतलब?"

"कल रात ठहरने के और आज के चाय-नाश्ते के लिए तुम्हें कितने रुपये दूँ?" मैं थोड़ा झुँझलाने लगा था।

"ढाई रुपये" उसका संयत स्वर में जवाब आया।

"ढाई रुपये?" मुझे लगा वह मज़ाक़ कर रहा था।

"हाँ ढाई रुपये और क्या। यह कोई होटल थोड़े ही है, जो ठहरने और खाने के पैसे लूँगा। दूध घर का, आटा घर का, लकड़ी जंगल की—अब इनका कोई पैसा थोड़े ही लेता है।" वह मेरी ओर देखे बिना बोले जा रहा था।

"लेकिन फिर ढाई रुपये भी किसलिए, म्म्म...मेरा मतलब है कि ढाई ही क्यूँ?" मेरे लिए इस पहेली को सुलझाना आवश्यक था।

"नमक और चीनी के। ये दो चीज़ें ही तो हम मोल से लाते हैं।"

"अरे मज़ाक़ मत करो भाई, लो पकड़ो।" कहते हुए मैंने उसके हाथ में दो सौ रुपये ठूँस दिए।

"नहीं साहेब मुझे सिर्फ़ ढाई ही चाहिए।" रुपये पुन: मेरी हथेली पर धरते हुए उसने पहली बार मेरी आँखों में देखा! उसकी आँखों में माँ की करुणा थी, सागर-सी गहराई थी, ताज़ी ओस-से भीगे फूलों-सी सरसता थी, मिट्टी की सोंधी ख़ुशबू थी। मुझे यूँ प्रतीत हुआ मानो मेरे सामने पुरुष नहीं वरन् एक स्त्री हो, भूख से बिलखते अपने लाल को स्तनपान करा रही स्त्री! मेरा गला भर आया, गाल गर्म होने लगे, निगाहें झुक गईं। मेरे पैर का अँगूठा तेज़ी से ज़मीन कुरेद रहा था—पर धरती फटने का नाम न ले रही थी!

कहानी के विराम लेते न लेते बाहर हवा का कोहराम भी थम चुका था। रसोई के पंडाल में स्टोव के अलावा सब चुप थे, एकदम चुप! सोनी ने सुन्न पड़े सन्नाटे को तोड़ते हुए पूछा—

"सर आपने इसको कहीं छपने नहीं भेजा?"

मैंने सकुचाते हुए कहा, "नहीं, हिम्मत ही नहीं हुई। मालूम नहीं लोग इसे समझ पाएँगे या नहीं, मेरा मतलब है—उस घटना ने चूँकि मेरी आत्मा को झकझोर दिया था इसलिए कहानी तो बन गई, लेकिन दूसरों के लिए इसका क्या महत्त्व होगा यह कहना मुश्किल है।"

भोजन तैयार था, लहसुन से भरपूर सूप और पास्ता टमाटर प्यूरी में। भोजनोपरान्त क्लब हाउस से बाहर निकले, आसमान काला स्याह था—हल्की बर्फ़ गिर रही थी। हम अपने टेंट में समा गए—कल हमें यहीं रुककर पर्वतारोहण के विशेष उपकरणों का उपयोग करने का एवं रेपलिंग, वाल क्लाइंबिंग आदि का प्रशिक्षण लेना था।

कोई बेचैन मोनाल आवाज़ देती धीरे-धीरे ऊपर जा रही थी, हौले-हौले नींद पहाड़ों से उतर हमारे नैनों में समा रही थी!

10 जुलाई, 2009

कहने को तो आज हमारा 'रेस्ट-डे' था, पर मन में बहुत 'अनरेस्ट' था। किसी शायर का यह शेर मुझ पर मुआफ़िक़ बैठता है—

बेचैनियाँ समेटकर सारे जहाँ की,
जब कुछ न बन सका तो मिरा दिल बना दिया।

अब देखिए न कैसी छोटी-छोटी बातों पर सिर फोड़ता है मेरा दिल। उठते के साथ बर्फ़बारी होती देख वह चैन लुटा बैठा। धुंध छाई देख वह पछाड़ें खाने लगा। 'ऑडेन कॉल' को जहाँ कल छोड़ा था वहाँ न पाकर तो वह आपा ही खो देता, यदि दिमाग़ उसे समझा-बुझाकर शान्त न करता कि 'अब बस भी करो, वह कोहरे में छुपा है, चोरी नहीं हुआ।' दरअसल इसमें दिल का कोई क़ुसूर भी नहीं, आख़िर वह शहरी दिल जो ठहरा। और हर शहरी दिल पलता-बढ़ता है चोरों के सान्निध्य तथा चोरी के डर के साये में।

दूसरों के लिए आज का दिन भले ही आराम के वास्ते मुक़र्रर हो, पर आज आराम हमारे लिए हराम था। इस वक़्त हम 16,000 फ़ीट पर थे और हमारा लक्ष्य कल 18000 फ़ीट से भी अधिक ऊँचे 'कॉल' पर से गुज़रकर खतलिंग बमक पर पहुँचना था। वह कॉल जिसे बहुत कम लोग आज तक पार कर पाए थे, वह कॉल जिसके ऊपर तक जाकर भी कई लोग पलटने को मजबूर हुए थे—अब हमारा इन्तज़ार कर रहा था। उत्तर में गंगोत्तरी-3 और दक्षिण में जोगिन शिखर के मध्य स्थित इस कॉल तक का पहुँच-मार्ग कई प्रकार की बाधाओं से अँटा पड़ा था। कॉल के इर्द-गिर्द प्रकृति ने एक प्रबल सुरक्षा प्रणाली विकसित कर रखी थी, मानो वह 'कॉल' नहीं कोई क़िला हो। अपनी तलहटी तक के पहुँच मार्ग को उसने

लगभग 500-600 मीटर चौड़े, गंगोत्तरी बमक (ग्लेशियर) से रोका था। बमक पर जगह-जगह चीरा लगाकर असंख्य गहरे और क्रूर क्रेवासों की निर्मिति की गई थी। यही नहीं 'कॉल' तक पहुँचना नामुमकिन करने की ग़रज़ से उसने ग्लेशियर पर मिट्टी की पतली पर्त तथा उस पर गोल पत्थर बिछाए थे, ताकि पिघलती बर्फ़ में उस बमक पर चलना तो दूर, पैर रखने के बारे में सोचने की भी कोई हिम्मत न करे। इस बमक से कॉल तक की चढ़ाई खड़ी रखी गई थी तथा उस चढ़ाई पर भी कई क्रेवास खोदे हुए थे। साथ ही साथ इस मार्ग में एक विशाल 'आइस-फॉल' भी स्थापित किया गया था। ख़ुदा-न-ख़्वास्ता यदि कोई कॉल तक पहुँच भी जाए तो भी खतलिंग बमक पर न उतर पाए, इसलिए उस वास्तुशास्त्री ने कॉल के उस तरफ़ जाने का कोई साधन बनाया ही नहीं था। प्रकृति के रचयिता की शिक्षा-दीक्षा सैन्य वास्तुकला के किसी नामचीन महाविद्यालय में हुई होगी, अन्यथा वह ऑडेन कॉल और अन्ततः खतलिंग बमक की सुरक्षा हेतु इतना महीन एवं लगभग अकाट्य ताना-बाना कैसे बुन पाता? सामने खड़ी चुनौती से पार पाने की तैयारी करने के बजाय पाँव पसार आराम करना जायज़ काम कैसे कहलाएगा? तभी तो आज आराम हमारे लिए हराम था।

सोनी को खींचकर बरसते पानी में लाया गया। उसे हम तीनों को पर्वतारोहण की चुनिन्दा प्रक्रियाओं में प्रशिक्षित जो करना था। कैम्प से निकलते ही सबसे पहले आइस से सामना हुआ। पूर्व में बर्फ़ पर तो बहुत चल चुके थे पर आइस से हमारी गुत्थमगुत्था पहली बार हुई थी। अमूमन बर्फ़ पर पैर नहीं फिसलते हैं, पर आइस पर क़दम रखा कि—धड़ाम। उन्हें मेरी इस बात से पूरा इत्तफ़ाक़ होगा जिन्होंने 'आइस स्केटिंग' की या देखी हो। आइस पर चलने के लिए नटों जैसी दक्षता चाहिए। पिछले चार-पाँच माह से हम अपनी सन्तुलन क्षमता विकसित करने हेतु कुछ ख़ास व्यायाम कर भी रहे थे। परन्तु आइस पर पहला क़दम रखते ही तैयारी का सारा गुमान उड़न-छू हो गया और हम ज़मीन पर चारों खाने चित! आइस पर चलने का अभ्यास कराते-कराते सोनी हम सब को बर्फ़ की एक विशाल दीवार तक ले आया। यहाँ सोनी एवं रनी ने क्रेम्पॉन पहनकर, टिप-टॉप क्लाइंबिंग का प्रदर्शन किया। हमें पिटान लगाना, बर्फ़ की हथौड़ी का इस्तेमाल करना तथा रस्सी के सहारे चढ़ना और उतरना सिखाया। क़रीब दो घंटे के प्रशिक्षण के पश्चात हम पुनः अपने पड़ाव पर लौट आए।

कुछ करने को तो था नहीं, सो सबके साथ किचन टेंट में बैठ गए। सुबह

से बादल तथा धुंध कमोबेश सतत बने हुए थे। मौसम, पहाड़ों पर, न जाने कितने तीसमारखाओं को गर्त में मिला चुका है। पर्वतों पर मानव ने ख़ूँख़ार मौसम से अनेक बार जंग लड़ी है। इस विषय को लेकर कई चलचित्र बने, कई पुस्तकें लिखी गईं। जब-जब ख़राब ऋतु से हमारा सामना हुआ, तब-तब उन फ़िल्मों और पुस्तकों की वे दारुण कथाएँ आँखों के सामने स्वत: प्रकट होने लगतीं। आज फिर मौसम का मिज़ाज सुबह से ही चिड़चिड़ा था। आज फिर मन घबरा रहा था। जब भी बिजली कौंधती, अन्दर कहीं कुछ दरक जाता। जब भी पहाड़ का कोई हिस्सा टूटकर ज़मींदोज़ होता, भीतर कहीं कोई सहमकर सिमट जाता। हर आहट रोंगटों को चौंका रही थी, हवा का हर झोंका कनपटी पर सुलगती लौ को भड़का रहा था। रनी मुँह लटकाए बैठा था। अपर्णा की सूनी दृष्टि बाहर कहीं किसी अदृश्य दृश्य पर जमी हुई थी। सोनी भी कहीं ऐसा खोया था कि अपने हाथ में पकड़े प्याले से छलकती चाय का भी उसे भान नहीं था। मैंने खखारकर टेंट में बिछी सन्नाटे की चादर का एक कोना उठाया और सोनी से पूछा—"सोनी, तुम्हारे अनुमान के अनुसार मौसम कल तक खुलेगा?" प्रश्न पूरा होने के पहले ही मुझे वह बेतुका लगने लगा था। सोनी के पास कोई अलादीन का चिराग़ तो था नहीं कि झट रगड़ो और पट उत्तर पा लो। पर बेतुके प्रतीत होने वाले प्रश्न हमेशा बेमतलब हों यह मानना भी ठीक नहीं। कई मर्तबा ऐसे प्रश्न श्रोता के मन की थाह पाने में मददगार साबित होते हैं।

"क्या बोल सकते हैं? पर जल्दी नहीं खुला तो परेसानी हो जाएगी।" भले ही सोनी 'श' को 'स' बोलता हो पर उसका यह जवाब कुछ लोगों की आशा के अनुरूप था। भौतिकीशास्त्र के अनुसार भले ही समान गुण वाले एक दूसरे को धकियाते हों, पर वास्तविक जीवन में तो अकसर इसका उलटा ही देखने में आता है। समान स्वभाव वाले तुरन्त साथ हो लेते हैं, जितने तामसी गुण उतने प्रगाढ़ सम्बन्ध। बस यही हुआ हमारे रसोईघर में भी। मौसम पर सब अपनी-अपनी राय देने लगे, बिहारी उनमें सबसे आगे था।

"मौसम तो अब ऐसा ही रहेगा।" उसने घोषणा कर दी।

"ऐसा क्यों लगा तुमको?" अपर्णा ने व्यग्रता से पूछा।

"मानसून शुरू हो गया है मैडम। अब तो सात-सात दिनों की झड़ी लगेगी। सोनी भाई को मैंने पहले ही बोला था कि जून के अन्त में इस वैली में आना ठीक नहीं, पर..."

"प...ऽऽऽ...र...ऽऽ" अपर्णा घबराने लगी थी।

“पर क्या मैडम, अब आगे जाने के अतिरिक्त और कोई चारा भी तो नहीं। रुदुगंगा का ताप अब हमें पीछे नहीं जाने देगा...,” अपर्णा का चेहरा सफ़ेद पड़ रहा था पर बिहारी बिना किसी झिझक के बोले जा रहा था,... “वैसे ‘रिसक’ तो आगे भी कम नहीं है मैडम। आपने देखा ही होगा कि ‘कॉल’ पर कैसे बड़े-बड़े क्रेवास हैं। चलो क्रेवास से तो एक बार पार पा भी लें, पर उस विशाल ‘आइस-फॉल’ से कैसे निपटेंगे? लोग तो यहीं फँसते हैं, मर भी...”

“बिहारी अब बस भी करो...,” अपर्णा को रुआँसा होते देख सोनी ने हस्तक्षेप किया, “क्या तुझे कोई उड़ती चिड़िया बता गई है मौसम का हाल?” बिहारी खिसियाकर चुप हो गया।

“मैडम आप जरा भी मत डरो। हमारे पास न तो समय की कमी है और न ही रसद की। इस वक़्त तथा इस स्थान पर हम पूरी तरह से सुरक्षित हैं। मौसम अनुकूल होने पर ही आगे बढ़ेंगे, चाहे जितना इन्तज़ार क्यों न करना पड़े। रहा सवाल क्रेवास एवं आइस-फॉल का, तो वह चिन्ता मुझे करने दें।” बिहारी पर आग्नेय दृष्टि डालते हुए सोनी आगे बोला, “सुबह आप लोगों के समक्ष ‘टीप-टॉप’ क्लाइंबिंग का प्रदर्शन करने के दौरान मैंने उस आइस-फॉल तथा उन क्रेवासों को देख लिया था। मुझे लगता है कि हम आसानी से ‘कॉल’ तक पहुँच जाएँगे।”

अब मन कुछ अजीब सा हो गया था। आपस में ज़्यादा बात करने को दिल नहीं कर रहा था। डर तो नहीं लग रहा था—बस एक चुप्पी थी हम सब के बीच। शाम को सात बजे, बहुत हल्का भोजन करके हम विश्राम के लिए चल दिए। प्रस्थान के पूर्व तय हुआ कि सुबह तीन बजे स्थिति का जायज़ा किया जाएगा। अगर मौसम अनुकूल रहा तो चार बजे आगे बढ़ेंगे, ताकि बर्फ़ में पकड़ बराबर मिल पाए और बारह बजे तक खतलिंग बमक पर पहुँच पाएँ। यह भी तय हुआ कि हम कॉल पर उसके बाईं ओर से चढ़ना शुरू करेंगे तथा आड़ा चलकर, दो बड़े क्रेवास के बीच से होकर, दाहिनी ओर स्थित आइस-फॉल तक पहुँचेंगे। यदि आवश्यक हुआ तो पिटान और रस्सी लगाकर जुमारिंग करके आइस फॉल को पार करेंगे। उस तरफ़ कैसे उतरना है—उसकी योजना तो उधर का हाल देखकर ही तय होगी।

रात ठंड ज़्यादा थी। कपड़ों की सात परतें एवं उम्दा स्लीपिंग बैग (-15 रेटिंग का) भी शीत के प्रहारों से हमें मुश्किल से ही बचा पा रहे थे। थका तन

आराम चाहता था और क्लान्त मन ऊहापोह से मुक्ति। शरीर श्रम से टूटा था और अन्त:करण अपराधबोध के वज़न से। गहरे तक समाए बिहारी के संवाद, पलक ढलकते ही चित्र बनकर दिखाई देने लगते। मस्तिष्क में लगा एल.सी.डी. प्रोजेक्टर अँधेरा होते ही स्वत: क्रियाशील हो जाता। इधर आँखें मीचीं उधर अँधेरा हुआ, इधर पलकें मीचीं उधर मन चितेरा हुआ।

सोनी के कथन सत्य से परे थे। इस वक़्त हमारे शामियानों पर मौत मँडरा रही थी। वास्तव में हमारे पास इन्तज़ार का समय बिलकुल भी नहीं था—मानसून प्रारम्भ हो चुका था तथा उसे उत्तरोत्तर बढ़ना ही था। तेज़ हवाओं से बचने के लिए, हमारा कैम्प पहाड़ के किनारे जिस स्थान पर लगाया गया था वह एक प्रचंड 'रॉक-फॉल एरिया' था। दरअसल यहाँ पहुँचते ही यह समझ में आ चुका था कि अब हमारे सामने दो ही विकल्प हैं या तो अन्धड़ में उड़ जाएँ अथवा पत्थरों से नेस्तनाबूद हो जाएँ। आँधी सतत चल रही थी, पत्थरों का गिरना एक सम्भावना! मैंने पत्थरों को चुना। सच तो यह भी था कि हमारे पास अब बस चार दिनों के लिए पर्याप्त रसद थी।

एक सत्य और सोनी द्वारा छुपाया गया था। हमारी टीम में ऐसा एक भी व्यक्ति न था जिसने यह ट्रेक आद्योपान्त किया हो। शंकर नामक एक कुली ज़रूर घुत्तु से खतलिंग बमक तक आया था। शंकर एक निहायत दुबला-पतला, चार्ली चैपलिन नुमा लम्बे मुँह वाला व्यक्ति था—जिसकी आवाज़ भी उसकी कमर जैसी पतली थी। खड़े-खड़े हिलता रहता था, पहली बार जब ध्यान उस पर गया तो मुझे ऐसा लगा मानो हवा के तेज़ झोंके उसे हिला रहे हों! ऐसे व्यक्ति के भरोसे हमें ख़तरनाक खतलिंग ग्लेशियर पार करना था।

यदि इन दोनों (अद्वैत और अपर्णा) से सच छुपाने का ही मैंने एकमात्र अपराध किया होता तो कुछ देर कुनमुनाने के बाद शायद मैं सो भी जाता, किन्तु सिर पर मँडराती मौत के भय से मेरे कई जघन्य अपराध मुझे सालने लगे थे। अद्वैत तो हिमालय पर आना ही नहीं चाहता था, मैंने भाषणों की झड़ी लगाकर उसे इस ख़तरे में धकेला। अपर्णा को भी तो 'चलते-चलते' मनाई जाने वाली ये छुट्टियाँ नापसन्द थीं। मेरे कारण उसे उसकी पसन्दीदा, पाँव पसारकर पड़े रहने वाली, छुट्टियाँ एक बार भी मयस्सर नहीं हुईं। कल को अगर कुछ हो गया तो? पर मैं भी तो बेबस हूँ। इन वादियों के अतिरिक्त कहीं मन रमता ही नहीं। आरम्भ में सूनी प्रतीत होने वाली इन वादियों का ज़र्रा-ज़र्रा कालान्तर में आपसे बातें करने लगता

है। हज़ारों वर्षों पूर्व बोले गए मंत्रों की अनुगूँज आज भी यहाँ की पवन लिये फिर रही है। वर्षों पूर्व सम्पन्न हो चुके यज्ञों में प्रयुक्त समिधा की सुगंध आज भी जस की तस है। यहाँ की एक यात्रा आपको लम्बे समय के वास्ते बेख़ुदी के आलम में धकेल देती है। पर ऐसी भी क्या बेख़ुदी जो अपने साथ दूसरों के प्राण भी संकट में डाल दे। उफ़! मेरे अपराध अक्षम्य हैं। मैंने बेचैन होकर करवट बदली। अपर्णा को हौले से हिलाते हुए बोला—

"सॉरी, जानूँ।"

"क्या हुआ?" उसने उनींदे स्वर में पूछा।

"सॉरी, मैंने तुम दोनों को बहुत सी बातें नहीं बताईं, एक प्रकार से छल किया तुम्हारे साथ।"

"मम्मी इस आदमी को सोने को बोलो," यह स्वर अद्वैत का था।

"मुझे नींद नहीं आ रही है। मैं तुम दोनों को वास्तविकता बताना चाहता हूँ।"

"हमको सब पता है," वे दोनों तकरीबन एक साथ बोले।

"क्या ख़ाक मालूम है तुमको। कुछ अन्दाज़ भी है कि इस वक़्त हम..."

"रॉक-फॉल की आशंका वाले क्षेत्र में लेटे हैं, हमारी रसद समाप्ति की कगार पर है, विषम मौसम के चलते हमारे साथियों का मनोबल अपने न्यूनतम स्तर पर है..." मेरी बात अपर्णा पूरी कर रही थी।

"फिर भी तुम लोग शान्त हो। बग़ैर किसी चिन्ता के सो रहे हो?"

"चिन्ता किसकी? उसकी जो एक सम्भावना मात्र है।"

"तो तुम मुझसे नाराज़ नहीं हो?"

"नाराज़ी? भला किसलिए?"

"मेरी ज़िद के कारण तुम्हें यह सब भुगतना पड़ रहा है इसलिए।"

"कतई नहीं," अपर्णा स्थिर एवं गम्भीर स्वर में बोल रही थी—"मन से यह ख़याल निकाल दो कि हमें यहाँ जबरन लाया गया है। हमारी सामाजिक व्यवस्था ने, तुम पुरुषों के ज़ेहन में यह सामन्तवादी धारणा गहरे तक पैठा दी है कि स्त्री और बच्चे पुरुष के मातहत हैं। मेरा इस समय यहाँ होना तुमसे हमारे जुड़ाव का द्योतक है, न कि बन्धन का लक्षण। हम विवश नहीं—स्वतंत्र हैं। हम अधीन हैं किन्तु—स्वाधीन। मैं तथा अद्वैत, हम दोनों यहाँ हैं क्योंकि हम यहाँ आना चाहते थे।" अपनी वाणी को विराम देते हुए अपर्णा मेरे निकट सरक आई थी।

"आप लोगों का हो गया हो तो अब थोड़ा सो लें। मौसम ठीक रहा तो रनी

भैया कुछ ही देर में उठाने आ जाएँगे," अद्वैत ने करवट बदल मेरी ओर देखते हुए कहा। टेंट में रोशनी न होने के बावजूद उसके अश्रु मुझसे छुप न सके। घुमड़ते नयनों में बिजलियाँ जो कौंधती हैं!

उधेड़बुन में कब आँख लग गई मालूम नहीं, रनी की आवाज़ से चेत आया।

"सर जी, चाय?"

"क्या टाइम हुआ है रनी?" अपर्णा ने पूछा। नींद खुलने के बाद भी मैं सोने का बहाना किए, बिना हिले-डुले पड़ा था।

"तीन बजे हैं।"

"मौसम कैसा है?" इस बार अद्वैत ने करवट बदलते हुए पूछा। मैं बिना हिले पड़ा रहा।

"मौसम ठीक है। सर जी नहीं उठे क्या? उठो जी, आगे जाना है या नहीं?" रनी हँकाल रहा था। अब ये लोग मुझे सोने थोड़े ही देंगे। आवाज़ में भरसक उत्साह का पुट देते हुए मैंने कहा, "उठ गया हूँ भई, दस मिनट में पहुँचते हैं किचन में।"

11 जुलाई, 2009

सात परतें कपड़े की, उनके ऊपर डाउन-फेदर जैकेट। सिर पर कनटोपा, हाथ में ग्लव्स। पैर डबल पाजामे में और पंजे डबल मोजे में—इतना ताम-झाम अपने शरीर पर जमाने में हमको लगभग आधा घंटा लग गया।

टेंट के बाहर एक अप्रतिम नज़ारे ने हमारा स्वागत किया। प्रकृति ने स्वर्ग मार्ग को असंख्य सितारों से सजाया हुआ था। कमर में हल्की-सी लोच लिये चाँद, अपनी सम्पूर्ण मादकता के साथ, ऑडेन कॉल के ठीक ऊपर चमक रहा था। चन्द्ररस से सराबोर पूर्ण नग्न कॉल आतुर प्रेमी की तरह आसमाँ की ओर बाँहें फैलाए लेटा हुआ था। काम-रत प्रेमी के मानिन्द उसके भी चक्षु पट बन्द ही होंगे, अन्यथा हमें वहाँ देख वह शरमाकर उठ न बैठता? मृग-नक्षत्र इतना नज़दीक नज़र आ रहा था कि मन हुआ हाथ बढ़ाकर उस मृग को सदियों से लगे तीर से मुक्त कर दूँ। पर अभी हाथ शायद ओछा पड़ जाए, कॉल पर पहुँचकर एक कोशिश निश्चित ही करूँगा। मुक्त मृग जब नभ में कुलाँचें मारकर दौड़ेगा, तब जाकर सितारों की सदियों की ऊँघ टूटेगी। सम्भावना है कि उसी वक़्त असंख्य भूखे, दबे-कुचले तथा बेजार धरती वासियों के सितारे भी जाग जाएँ।

नक्षत्रों से नज़र हटाकर सीधे किचन-टेंट में पहुँचे, जहाँ बेचैनी से हमारा इन्तज़ार किया जा रहा था। रसोई में बैठकर अभी दूध और मूसली का नाश्ता हाथ में लिया ही था कि मौसम ने एकदम से पलटा खाया। चारों तरफ़ धुंध हो गई। हल्की बर्फ़ गिरने लगी। यह समय आगे बढ़ने के लिए अनुकूल नहीं था। हालाँकि हमारी इच्छा जल्दी निकलने की थी ताकि आइस पिघलने से होने वाली फिसलन से बचें और स्नो से आवृत्त क्रेवासों को आसानी से पार कर पाएँ। इसके अलावा हम कॉल पार करके खतलिंग ग्लेशियर (बमक) पर आज ही पहुँचना चाहते थे।

हमसे पहले बहुत कम लोगों ने इस कॉल को पार किया है, अत: इसका सम्पूर्ण विवरण मुश्किल से मिलता है। फिर भी भारत बी. राव के ब्लॉग में इस पथ का अच्छा वर्णन किया गया है। राव के अनुसार वे लोग सुबह आठ बजे चलकर कॉल पर दोपहर सवा तीन बजे तक पहुँचे पर समय की कमी के कारण वहीं—बहुत ही ख़तरनाक स्थान पर—कैम्प करना पड़ा था। वे खतलिंग पर नहीं उतर सके तथा उन्हें अगले दिन गंगोत्तरी की तरफ़ ही लौट जाना पड़ा था। अनिश्चितता मौसम की, अनियतता अन्तिम परिणाम की एवं अस्पष्टता अगले क्षण की, यही तो इस प्रकार के अभियानों की ख़ासियत है। जिस तरह अस्पष्टता तथा असम्पुष्टता मानव को जीने का कारण प्रदान करती है, ठीक उसी तरह अनिश्चितता ऐसे अभियानों की आत्मा मानी जा सकती है। जीवन की तरह ही ट्रेकिंग भी एक शतरंज की बाज़ी ही तो है, जिसमें प्रकृति की अदृश्य चालों को भाँपते हुए अपने लक्ष्य की ओर बढ़ने का सतत प्रयास किया जाता है। चूँकि यहाँ प्रकृति 'मौसमास्त्र' से हमें रोकने का प्रयास कर सकती थी अतएव हमारा ध्येय जल्दी निकलकर, दोपहर एक बजे के पहले खतलिंग बमक पर पहुँचना था।

मौसम ने पुन: पासा पलटा। आधे घंटे पश्चात वह फिर हमारे अनुकूल हो गया। सुबह साढ़े चार बजे ऑडेन कॉल ने हमें बुलावा भेजा—आगे बढ़ने का।

हम चाँद की रोशनी में आगे बढ़े। इस बार भी हमने ठान लिया था कि बिना कोफ्लॉज और क्रेम्पान के ही यह यात्रा पूरी करने का प्रयास करेंगे—सो हम तीनों (और रनी) अपने सामान्य जूतों में (पर्वतारोहण के लिए बने सामान्य जूतों में, देखें यात्रा से परे...) आगे बढ़े। चारों तरफ़ आइस थी—जो कि गंगोत्तरी और जोगिन बमक का हिस्सा थी। इतनी सर्दी में भी आइस की सतह पर पानी पिघल रहा था। बहुत सँभलकर चलना था, क्योंकि बहुत से क्रेवास पूरे फील्ड में बिखरे पड़े थे। ज़रा सी चूक जानलेवा न सही तो 'चोट-देवा' तो साबित हो सकती थी! अभी कुछ ही आगे बढ़े थे कि मौसम ने पुन: पलटा खाया—फिर तो वह गिरगिट के समान रंग बदलने लगा। मौसम की गीदड़ भभकियाँ अब हमें समझ में आ रही थीं। अपनी सुरक्षा प्रणाली को इस प्रकार छिन्न-भिन्न होते देख व्याकुल हिमालय डरा-धमकाकर हमारा हौसला पस्त करने का प्रयास कर रहा था। हमने भी कमर कसकर अपने लक्ष्य पर नज़र जमा ली।

कॉल की तलहटी तक पहुँचने में ढाई घंटे ख़र्च हो गए। योजनानुसार हमने बाईं तरफ़ से ऊपर चढ़ना शुरू किया। कोशिश थी कि आइस-फॉल के नीचे से

होकर निकल जाएँ और यह कार्य सूरज अधिक ऊपर आए उसके पहले सम्पन्न होना आवश्यक था, अन्यथा एवालांच का ख़तरा हमारे सिर पर मँडराने लगेगा। उक्त आइस-फॉल तक के मार्ग में अनेक छोटे-बड़े क्रेवासेस थे—कुछ खुले, कुछ बर्फ़ में छुपे। रनी सबसे आगे था—उसके साथ अपर्णा—फिर मैं और सोनी और सबसे पीछे अद्वैत, जिस पर इस बार पूरे ट्रेक की वीडियोग्राफ़ी की ज़िम्मेदारी थी। धुंध बनी हुई थी। धुंध से एक फ़ायदा भी था कि सूर्योदय के बावजूद मौसम ठंडा था और बर्फ़ चलने लायक थी, आँखों में रोशनी का चिलका नहीं था। पर धुंध से नुक़सान भी कुछ कम नहीं थे। जाड़े से हाल बेहाल था पर इससे बड़ी परेशानी थी दिखने की। कभी तो कुछ फ़ीट दूर का भी दिखना मुहाल हो रहा था। जबकि ऐसे में आप चाहते हैं कि आपको कम से कम सौ फ़ीट दूर तक तो साफ़ दिखता रहे—ताकि सुरक्षित मार्ग की पहचान हो सके। इस समस्या का एक ही हल था—आगे चल रहे लोगों के पदचिह्नों पर चलना। किन्तु सबसे आगे जो चल रहे हैं उन्हें किसका आसरा? न जाने कितनी बार ऐसा हुआ जब हमसे आगे चल रहे रनी और अपर्णा कई-कई मिनटों तक नज़रों से ओझल हो जाते, एक बार तो पूरे बारह मिनट तक नज़र नहीं आए वे दोनों। ऐसे में दोनों की सलामती कैसे पुख़्ता की जाए? इस मुश्किल से बचने का एक तरीक़ा था—रस्सियों से एक दूसरे को बाँधकर चलना। कालिन्दी खाल दर्रे के समय हमने यह महसूस किया था कि रस्सी से बँधकर चलने से चाल बहुत धीमी हो जाती है। कालिन्दी में 'रोप-इन' होकर चलना लाज़िमी था—क्योंकि वहाँ चढ़ाई खड़ी थी और मार्ग बहुत ही ख़तरनाक। यहाँ चढ़ाई तो थी पर अब तक वह कालिन्दी की तुलना में कुछ कम तीव्र मालूम हो रही थी। उस वक़्त मौसम हमारे साथ था आज वह हमसे आँख-मिचौली खेल रहा है। चलने की गति यदि तेज़ न रखी तो बिगड़ैल मौसम हमें मुआफ़ नहीं करेगा। अत: रस्सी बिना ही आगे बढ़ना तर्कसंगत था।

धीरे-धीरे चलकर हम आइस-फॉल और बड़े क्रेवास के नीचे से गुज़रकर एक ऐसे स्थल पर पहुँचे जहाँ से कॉल ठीक ऊपर नज़र आ रहा था। किन्तु उस तक (कॉल तक) पहुँचने का मार्ग कई कारणों से जटिल जान पड़ रहा था। एक तो आगे चढ़ाई अधिक तीव्र—लगभग खड़ी चढ़ाई थी। दूसरे इस मार्ग के बाईं तरफ़ उपर्युक्त आइस-फॉल तथा दोनों ओर खुले क्रेवास तो थे ही परन्तु हम उन क्रेवासों के कारण ज़्यादा फ़िक्रमंद थे जो बर्फ़ में छुपकर हमारे वास्ते घात लगाए बैठे होंगे। आगे की योजना तय करने हेतु सोनी, रनी और बाक़ी सब अपने-अपने

नेपथ्य में ऑडेन कॉल

पिट्ठू को बर्फ़ पर डालकर बैठ गए। रनी और बिहारी का सुझाव था कि एक व्यक्ति पीटान और रस्सी लगाता हुआ कॉल की दाहिनी दिशा में आगे बढ़े। यह कार्य समयखाऊ सिद्ध हो सकता था। ऊपर चढ़ते-चढ़ते हमें चार घंटे हो चले थे। मौसम काफ़ी देर से साफ़ था। सूर्य अच्छी-ख़ासी गर्मी पैदा कर रहा था। ऐसे में किसी भी वक़्त एवालांच हो सकता था, अत: समय की नज़ाक़त देखते हुए बिना रस्सी बाँधे, दो-दो के समूह में, ऊपर चढ़ने का मन बनाया ही था कि तभी उस आइस-फॉल से एक बड़ा आइस का टुकड़ा टूट, हमारे पैरों के पास से होता हुआ, नीचे गिरा और हमारे पदचिन्हों को समतल करता हुआ रुदुगैरा घाटी में समा गया। बर्फ़ पर से हमारे निशान मिटाते हुए एवालांच यह सन्देश भी दे गया कि अब अगर और देर की तो नाम भी मिटने में कोई कसर नहीं रहेगी। जहाँ भरभराकर वैली की ओर जाता बर्फ़ का ज़लज़ला हमारे मनोबल को नीचे धकेल रहा था, वहीं सूरज की किरणों में स्नान कर तरोताज़ा हो चुका 'ऑडेन कॉल' हमारी मनोशक्ति को ऊपर खींच रहा था। चोटी तथा घाटी के इस रस्साकशी के मध्य फँसे कुछ साधारण मानवों ने कसमसाकर एक-दूसरे की ओर देखा। वे उठे। उन्होंने एक-दूसरे के हाथ थामे और ऊपर को चल दिए। जहाँ वाणी साथ छोड़ती है—वहाँ निगाहें बोलती हैं, जहाँ दृष्टि चुप होती है—वहाँ स्पर्श साथ देता है। जिह्वा से

छूटते ही शब्द ऊर्जा खोने लगते हैं, किन्तु 'नि:शब्द' की ऊर्जा कालान्तर में भी अन्तर्मन झकझोरती है!

एवालांच की धमक से विचलित हुई धड़कनें व्यवस्थित होने को ही थीं कि सोनी ज़ोर से चिल्लाया। उसकी अभ्यस्त निगाहों ने एक छुपा क्रेवास ताड़ लिया था। उक्त क्रेवास ऊपर से, बाईं ओर, नीचे जा रहा था। नीचे तो वह खुल गया था, पर ऊपर, जहाँ अपर्णा और रनी खड़े थे, वहाँ वह बर्फ़ में छुपा था, अतएव उसकी चौड़ाई का आकलन करना मुश्किल हो रहा था। सोनी ने चीख़कर पहले आगे चल रहे रनी को क्रेवास की उपस्थिति से आगाह किया, फिर मेरे पीछे से निकलकर स्वयं तेज़ी से ऊपर की ओर चल दिया। उसने हमें एक और तकनीक बताई—बन्द क्रेवास की यदि सही चौड़ाई ज्ञात न हो पाए तो उसको, चलकर पार करने के बनिस्बत लेटकर—सरक-सरककर, पार करना उचित होता है। ऐसी खड़ी चढ़ाई पर लेटकर, पिघलती बर्फ़ में चारों हाथ-पाँव से चलना एक अतिभयावह एवं अरुचिकर प्रस्ताव था। पर ट्रेकिंग का एक नियम है 'नेवर डिसओबे दि लीडर'। अत: पेट के बल बर्फ़ पर लेटे, कोहनी तथा घुटनों के बल ऊपर (तथा आगे) सरकने लगे। सोनी अगाड़ी, हम सब पिछाड़ी। सोनी की जागरूक नज़रों तथा प्रति उत्पन्नमति के चलते एक बड़ा ख़तरा फिर टल गया!

वायु की विरलता अब महसूस होने लगी थी। श्वास तेज़ से तेजतर होती जा रही थी। पैर मन-मन भर के हो चुके थे। चढ़ाई सीधी थी। चलने हेतु सिर्फ़ पंजों पर ही ज़ोर देना था—एड़ी हवा में, शरीर पंजों पर। 'अगर पसीना सूखने के पूर्व ही मज़दूरी हथेली पर हो, तो शारीरिक त्रास का एहसास क्षीण हो जाता है'—इसी सिद्धान्त पर अमल करते हुए हिमालय भी हर एक क़दम पर हमें अपने नज़ारों की बख़्शीश से नवाज़ रहा था। इस वक़्त हम अच्छी-ख़ासी ऊँचाई तक आ पहुँचे हैं—इतनी ऊँचाई कि यहाँ से वह बर्फ़ की विशाल दीवार, जिस पर कल हमने 'क्लाइंबिंग' का प्रशिक्षण लिया था, पिद्दी-सी लग रही थी। उत्तरीय दिशा में गंगोत्तरी शिखर की तलहटी से निकलकर दक्षिण में जोगिन शिखरों के चरणों में स्थित जोगिन बमक से मिल, गंगोत्तरी बमक तेज़ी से पूर्व दिशा में मुड़ रहा था। ठीक वहीं से इन बमकों की क़ैद से आज़ाद हो रुदुगंगा सरपट रुदुगैरा वैली में दौड़ पड़ी थी। तेरह किलोमीटर से कुछ अधिक की दौड़ पूरी कर जब रुदुगंगा भागीरथी

से मिलेगी तब जाकर वह भयमुक्त होगी। हर क्षण उसकी साढ़े आठ मील की यह 'हाफ मैराथन' रेस पूरी होती भी है और जारी भी रहती है। क्या यह मेरा दृष्टि दोष है जो मुझे सतत आदि और अन्त के भ्रमजाल में उलझाए हुए है? रुदुगंगा तो बता रही है कि जहाँ वह शुरू होती लगती है—वहाँ उसका प्रारम्भ नहीं। तथा जहाँ वह ख़त्म होती लगती है—वहाँ उसका अन्त नहीं। आदि और अन्त तो यात्रा का है, न की नदी का। जो बात ग्रंथ कई वर्षों में न समझा सके वह गूढ़ रहस्य हिमालय चुटकी में समझा गया!

क़रीब नौ बजकर तीस मिनट पर हम ऑडेन कॉल पर थे! कॉल की दाईं (उत्तरी) तरफ़ इस कॉल की पहचान, 'रेबिट इअर'—एक नुकीला, पथरीला पिलर जिस पर कभी बर्फ़ नहीं जमती—स्थापित था।

वहाँ पहुँचते ही बिहारी पूजा की तैयारी करने में डूब गया और हम नज़ारों में। मौसम साफ़ था, दृश्य सुन्दर। पर कहीं कुछ खटक रहा था। दृश्य अप्रतिम थे किन्तु मन फिर भी भटक रहा था। 'वो मज़ा कहाँ वस्ले यार में, लुत्फ़ जो मिला इंतज़ार में।' जिसकी जुस्तजू यहाँ खींच लाई, वह नदारद था। मैं तलाश रहा था बाण से बिंधे उस मृग को। अब मैं इतना ऊँचा था कि उसमें धँसा तीर आसानी से निकाल फेंकता। उसे दर्द से मुक्त करता तो यात्रा सार्थक हो जाती। उसके दौड़ने से ग़मज़दा लोगों के सितारे बदल जाते तो जीवन सार्थक हो जाता। किधर गया वह मूढ़ मृग? थोड़ा तो इन्तज़ार करना था उसको। कुछ वक़्त बाद मैं यहाँ से चला जाऊँगा, फिर उसकी पीड़ा कौन हरेगा? मन में क्षोभ भी था और क्रोध भी।

बिहारी और रनी एक तरफ़ मन्दिर बना चुके थे। भारी मन से मैं भी उस 'मन्दिर' तक पहुँचा। घुटनों के बल बैठकर पहले हाथ जोड़े, फिर आँखें मूँद लीं। अचानक भीतर कुछ कौंधा। एक करुणा की लहर उठी। क्षोभ क्षीण हो गया, क्रोध तिरोहित। लगा कोई फुसफुसा रहा हो—*क्या प्रकृति को नये सिरे से रचना चाहते हो? इस आगार में तुम मेहमान हो। जिस घर में अतिथि बनकर आए हो उसकी साज-सज्जा बदलने का हक़ तुम्हें किसने दिया? वह मृग बिंधा है—घर-धणी की इच्छा। इस घर में टँगे पहाड़, पुष्प, वृक्ष, नदी, नाले, सागर सब—घर-धणी की इच्छानुरूप हैं। उनमें नये रंग भरने का प्रयास मत करो...*, हिमालय का गुरुतत्त्व मेरे भीतर ज्योत जगा रहा था—*तुम्हारे यहाँ होने से पैदा हुए असन्तुलन तथा तुम्हारे*

क्रिया-कलापों से उत्पन्न अवशिष्ट हटाने के अतिरिक्त तुम्हारी कोई ज़िम्मेदारी नहीं है। तुम कर्ता नहीं—माध्यम हो, तुम रंगकार की कूँची हो—रंगकर्मी नहीं।

मैं आत्मलीन था। पलकों में क़ैद चश्मा सारे बंध तोड़कर गालों पर ढुलक रहा था। सब समझे कि 'ऑडेन कॉल' तक पहुँचने का आनन्द मुझे रुला रहा है। किसी को कैसे मालूम होता कि मेरे मन का मैल, भीतर जारी सफ़ाई की बदौलत, उफनकर बाहर जा रहा था? मन की 'सीवरेज लाइन' आँखों में जो खुलती है!

जब कुछ सामान्य महसूस करने लगा तब ध्यान पुन: आसपास की वादियों पर गया। कॉल के उत्तर-पश्चिम में गंगोत्तरी-3 नज़र आ रहा था—चूँकि उसका दक्षिणी भाग हमारे सामने था—शायद इसीलिए पथरीला था—बिना बर्फ़ का। स्वयं के दक्षिण-पश्चिम में गंगोत्तरी-3 (6877 मीटर), जोनली पर्वत (6630 मीटर) से मिल रहा था। इनके अलावा वहाँ और भी अनेक अनाम पर्वत शिखर सिर ऊँचा किए खड़े थे। जोनली की तलहटी से ही शुरू हो रहा था खतलिंग बमक। खतलिंग बमक की सतह पर अनगिनत बड़े-बड़े चीरे नज़र आ रहे थे। ऐसा लगा कि मानो किसी ने सफ़ेद और भूरे रंग की बड़ी सी केक बनाई, फिर उस पर टीलेनुमा कुछ खिलौने चिपकाए और उसके पश्चात उसे बीच-बीच में तेज़ धार वाले चाकू से काट दिया। उत्सव प्रारम्भ हो जाने के बाद का केक! इसी खतलिंग बमक पर उतरकर हमें केदारनाथ तक की यात्रा करनी थी। यह मत समझ लीजिएगा कि केदार तक की यात्रा 'केक-वॉक' होगी। केदार और हमारे मध्य विशाल खतलिंग बमक, फिर फतलिंग बमक, मश्र टॉप (5000 मीटर), मियाली पास (5400 मीटर) के अतिरिक्त और भी न जाने कितने रोड़े होंगे।

पूजा कब की सम्पन्न हो चुकी थी। हमें कॉल पर आकर एक घंटा हो चला था, इससे अधिक वक़्त हमने शायद ही किसी दर्रे पर व्यतीत किया हो। हवा की गति बढ़ रही थी। कुछ देर पूर्व तक साफ़ नज़र आ रहे जोनली पर्वत और खतलिंग बमक धुंध में पूरी तरह से छुप गए थे। मौसम अपनी मौसीक़ी के सुर बदल रहा था। अब नीचे उतरने का जुगाड़ करना होगा। जिस स्थान पर हम खड़े थे वहाँ से नीचे जाना असम्भव था—एकदम खड़ी ढलान और नीचे विशाल क्रेवास—करेला वह भी नीम चढ़ा! हम कॉल के थोड़ा बाईं (दक्षिण) तरफ़ गए। उतराई तो वहाँ से भी एकदम खड़ी थी पर चरणबद्ध तरीक़े से। जो आव देखे न ताव और दुश्मन पर टूट

ऑडेन कॉल : ऊँचाई लगभग 18000 फ़ीट पर चौड़ाई मात्र कुछ क़दम। क़दम ज़रा बहके कि गए रसातल में। शीर्ष से लोग अकसर गर्त में क्यों समा जाते हैं—आज कुछ-कुछ समझ में आ रहा था।

पड़े—वह जानवर, इसके विपरीत जो दुश्मनों पर चरणबद्ध तरीक़े से पार पाने का जुगाड़ बैठाए—वह इंसान। इसीलिए वे 'प्रिडिक्टेबल' हैं, हम 'अन प्रिडिक्टेबल', वे भरोसेमन्द हैं, हम ग़रज़मंद। बहरहाल, वक़्त का तक़ाज़ा है कि फ़िलॉसफ़ी को दरकिनार कर, खतलिंग तक पहुँचने का साधन ढूँढ़ा जाए। कॉल से लगभग सौ मीटर नीचे एक तीस-चालीस फ़ीट चौड़े समतल स्थान को देख हम सब की बाँछें खिल गईं। बीच समुद्र में डूबते-उतरते मानुष को जो आनन्द छोटे वीरान टापू को देखकर मिले वही आह्लाद हमें उस छोटे से समतल स्थान को देख प्राप्त हो रहा था। ऑडेन कॉल से खतलिंग बिना रेपलिंग किए पहुँच पाना सम्भव नहीं है, इसका पूर्वानुमान तो हमें था, पर खतलिंग तक जाने के लिए कितनी 'रोप' लगेगी इसका हमें कुछ अन्दाज़ न था। हमारे पास सत्तर मीटर लम्बी 'रोप' थी और खतलिंग ग्लेशियर तो मीलों दूर प्रतीत हो रहा था। ऐसे में उस समतल स्थान को देख हमारा झूम जाना तर्क संगत ही था।

यद्यपि उक्त स्थान से आगे कुछ नज़र नहीं आ रहा था फिर भी वहाँ तक जाने हेतु रोप बैठाने की प्रक्रिया आरम्भ हो गई थी। इस तरफ़ का पहाड़ पथरीला होने से साथ लाए पिटान अनुपयोगी थे। अत: पत्थरों के एक विशाल टीले के गिर्द

ऑडेन कॉल से खतलिंग बमक का दृश्य—इस सम्मोहक सुन्दरता से भ्रमित न हों। क्रेवास का रूप धरे एकाधिक सुरसाएँ आपको निगलने को आकुल यहाँ बरफ की झीनी चादर तले छुपी हैं।

रस्सी को बाँधा गया। तत्पश्चात उतरने का सिलसिला शुरू हुआ। सबसे पहले बिहारी तथा दो कुलियों को इस हिदायत के साथ नीचे रुख़सत किया गया कि वे उस समतल स्थान पर जाकर तीन तरफ़ फैल जाएँगे। बिहारी रस्सी के नज़दीक रहेगा तथा अन्य उसके दाएँ-बाएँ, कुछ दूरी पर तैनात हो जाएँगे। ग़रज़ यह कि किसी अनहोनी की सूरत में इन तीनों में से कोई तो गिरते व्यक्ति को थाम ले। हालाँकि यह एक अति-महत्त्वाकांक्षी सोच लग सकती है, पर सोनी की योजनाएँ कभी बेमतलब नहीं होतीं। चुनांचे उन तीनों द्वारा अपनी-अपनी पोजिशन सँभालने के बाद ही अन्य लोगों ने नीचे उतरना प्रारम्भ किया। हमारे पास उपलब्ध एकमात्र हार्नेस पहन अपर्णा, रनी के साथ नीचे चल दी। पाँच-सात मिनट बाद जब वे दोनों आँखों से ओझल हुए, तब मन उद्विग्न होने लगा। मैं मुँह उतारे उस ओर देखता रहा जिधर अपर्णा गई थी—अब वह समतल स्थान पर पहुँचने के पूर्व नज़र नहीं आएगी।

इधर मौसम तेज़ी से ख़राब हो रहा था, हार्नेस लौटने का इन्तज़ार महँगा साबित हो सकता था। पर इसके अलावा दूसरा चारा भी तो नहीं था। उस वक़्त सोनी ने मुझे रेपलिंग का एक नया तरीक़ा वहीं खड़े-खड़े समझाया—'शोल्डर ब्ले'। इसके तहत रस्सी मेरे बाएँ हाथ में पकड़ाई गई, फिर उसे कंधे के पीछे से होते हुए मेरी बाईं काँख से घुमाकर पेट की तरफ़ लाया गया—फिर मेरी दोनों टाँगों

के बीच से गुज़ारकर दाहिनी जाँघ के सामने मेरे दाहिने हाथ में थमा दी गई, जैसे कि मेरा बायाँ हाथ मन्दिर की छत से लटकी घंटी बजा रहा हो और मेरा दाहिना हाथ ज़मीन पर रखे नगाड़े पर थपकी दे रहा हो। इस स्थिति में मुझे बाएँ हाथ से रस्सी पकड़नी भी थी और उसे ढीला छोड़ नीचे भी सरकना था—साथ ही दाहिने हाथ में पकड़ी रस्सी को जाँघों के सामने लाकर फिसलने की रफ़्तार को नियंत्रित भी करना था। पैरों को जमाने के लिए उपलब्ध थी—पिघलती बर्फ़ और फिसलते पत्थर। यह सारी प्रक्रिया समझने में ही वक़्त लग गया। पाँच क़दम उतरने में पाँच बार नीचे गिरते-गिरते बचा, तब जाकर बात भेजे में उतरी। फिर तो तेज़ी से नीचे उतरने लगा। अभी कुल जमा दो मिनट भी नहीं गुज़रे होंगे कि लगा मानो मेरी टाँगों के बीच किसी ने अंगारे भर दिए हों। एकाएक शरीर असन्तुलित हो गया। ऊपर खड़ा सोनी ओझल हो चुका था। नज़र नीचे गई तो दम हलक़ में आ गया। मैं बाएँ हाथ से रस्सी पकड़ लटका था। पंजे पहाड़ पर बस टिके भर थे—खड़े पहाड़ का उससे अधिक हिस्सा कोई पैरों तले लाकर बता दे तो मान जाऊँ—नीचे, उसी रस्सी से, हमारी टीम लटकी थी। बिहारी और उसके साथी धुंध की मोटी पर्त में समा चुके थे। पचहत्तर किलो की लाश के वज़न से मेरा कंधा खिंचकर धड़ से जुदा होने पर आमादा था। बाएँ हाथ तथा पैरों के बीच तेज़ी से सरकती रस्सी का मिज़ाज भी गर्म हो रहा था। घर्षण से उपजी ऊर्जा मेरी हथेली, गुप्तांगों को भस्म करने पर आमादा थी। असहनीय पीड़ा थी, हर पल लग रहा था कि गिर जाऊँगा। तभी मुझे अनुभूति हुई कि जिसको पकड़ मैं लटका हूँ वह कोई रस्सी नहीं अपितु मेरी आस है। ऊपर जो रस्सी को थामे खड़ा है वह पत्थर नहीं हिमालय है। जब हिमालय अपनी कमर में रस्सी बाँध मुझे नीचे उतारने का प्रयास कर रहा है—तो मैं क्यों विश्वास क्षीण करूँ? क्यों आस छोड़ दूँ केदार जाने की या खतलिंग का चित्रण कर पाने की? सारा दर्द निमिष मात्र में काफ़ूर हो गया। पंजे पहाड़ पर 'होल्ड' ढूँढ़ते हुए सरपट नीचे जाने लगे। ऊपर से आते अद्वैत को देख मैंने चीख़कर कहा, 'टेक इट इज़ी, चलो, चलते रहो।'

लगभग तीन सौ मीटर ऊँची यह दीवार पार कर हम सब क़रीब बारह बजे तक खतलिंग ग्लेशियर पर पहुँच ही गए। हमने वह हिस्सा तय कर लिया था जिसको देख टीमें ऑडेन कॉल से वापस पलटकर गंगोत्तरी लौट जाती हैं।

कुछ देर विश्राम किया। भूख का समय हो गया था पर जठराग्नि अभी शान्त थी। रस्मी तौर पर कुछ मेवे पेट में डाले और चल पड़े खतलिंग बमक के क्रेवासों के बीच।

दर्द और शरीर के बीच एक विचित्र सम्बन्ध होता है। शरीर एक सीमा तक तो पीड़ा का एहसास आपको कराता है तदोपरान्त उसकी दर्द समझने की क्षमता समाप्त हो जाती है—वह दर्द के एहसासों से इतर चला जाता है। काया की इसी खूबी के चलते ही क्रान्तिकारी अमानुषिक उत्पीड़न के बावजूद भी अपना मुँह नहीं खोलते। पीड़ा सहने की इस शक्ति का उद्‌गम स्थल मन में पोषित विश्वास तथा जीवनी शक्ति में अटूट आस्था ही है। इसी तरह सुबह से क्रेवासों के बीच चलते हुए अब हमारी संवेदनाएँ कुंद हो चुकी थीं। छोटे-मोटे क्रेवासों में गिरे भी, कभी घुटनों तक, कभी कमर तक, लेकिन किसी को यह ध्यान नहीं आया कि रस्सी से आपस में बाँध लें एक दूसरे को। सब यंत्रवत् चल रहे थे। शंकर आगे, हम सब भेड़ों जैसे शंकर के पीछे। चारों तरफ़ सफ़ेद बर्फ़ की लम्बी चादर, जिसके दक्षिण की तरफ़ हल्की ढलान थी। अब तो किसी ऐसे स्थान की तलाश थी जहाँ पड़ाव लगाया जाए। एक मन हुआ कि यहीं कैम्प किया जाए, लेकिन आसपास लगातार एवालांच हो रहे थे। पूरी फील्ड पर पत्थर बिखरे थे, जिससे यह साबित होता था कि वह 'रॉक फॉल' जोन है—पड़ाव के लिए सर्वथा अनुपयुक्त जगह!

मौसम ठंडा था। चारों तरफ़ बादल। धुंध नहीं—घने काले बादल—ऊपर आसमान में नहीं ठीक हमारी नज़रों के सामने—ज़मीन को छूते हुए बादल। हमारा रास्ता इन्हीं बादलों में से होकर गुज़र रहा था। जैसे नम ज़मीन पर पैर रखने पर उसमें छुपा जल बाहर आ जाता है ठीक वैसे ही बादलों को धकेलने से उनमें छुपी नमी बाहर निकल हमारे चेहरे तथा कपड़ों पर फैल रही थी। आसपास हाथ घुमाने पर बादलों का मखमली स्पर्श महसूस किया जा सकता था। उस वक़्त ध्यान नहीं रहा अन्यथा अँजुरी में कुछ बदलियाँ ज़रूर समेट लाता! महाकाल का अभिषेक करता बादलों से या दबा देता उन्हें अपने शहर की ज़मीं तले कहीं—आने वाली पीढ़ियाँ, जीवाश्म के रूप में ही सही, निर्मल बादल देख तो पातीं!

कॉल से दक्षिण-पूर्व की ओर चलते हुए, क़रीब एक बजे के आसपास, एक सपाट स्थान मिला जहाँ बर्फ़ की मोटी चादर ने सारे क्रेवासों को मज़बूती से ढाँक रखा था। कालिन्दी खाल के दौरान मिले राजपड़ाव की याद ताज़ा हो गई। कैम्प स्थापित होते ही दिनेश ने फटाफट मैगी और सूप बनाकर खिलाया—और

हम अपने टेंट में समा गए, पाँव पसारने की इच्छा लिये। क़रीब साढ़े चार बजे सोनी ने आवाज़ लगाई—

"सर, बाहर आइए, कुछ बात करनी है।"

मुझे लगा कोई बीमार हो गया होगा—मैं उसके साथ किचन टेंट में आ गया, पीछे-पीछे अपर्णा और अद्वैत भी। किचन टेंट का वातावरण उत्सवमय था। सब चहक रहे थे—सब ने यह कॉल पहली बार जो पार किया था। उनके चहकने का एक कारण और भी दिखाई दिया—'रम'!

"सर थोड़ी सी लो।" बिहारी ने आग्रह किया।

मैं कुछ जवाब दूँ इसके पहले सोनी बोल पड़ा—"हम हमेशा ट्रेक ख़त्म होने के बाद ही जश्न करते हैं लेकिन सर आज तो आप लोगों ने रिकॉर्ड बना डाला, इसलिए जश्न आज ही।"

"पर सोनी, इतनी ऊँचाई पर शराब पीना ठीक नहीं है। और अभी ट्रेक आधा भी नहीं हुआ है। अभी तो फिर ऊपर चढ़ना है—दो दर्रे और पार करना है केदार नाथ पहुँचने के लिए..."—मैंने विरोध किया,..."यह 'रम' नहीं, एक महत्त्वपूर्ण दवा है। आने वाले दिनों में यदि सर्दी से कोई बीमार पड़ा..." पर सोनी मेरी बात पर कान धरे बिना गिलासों में मदिरा डालने लगा। रम की गंध ने विरोध का दम कम कर दिया, रही-सही कसर तभी बनकर आए भजियों ने पूरी कर दी। ठंड, थकान, ख़ुशी, गरमागरम भजिए, तेज़ रम की बोतल, चारों तरफ़ बिछी बर्फ़—जश्न का सामान पूरा था! मुझे ट्रेकिंग का वह नियम भी याद आया 'नेवर डिसओबे दी लीडर' (हिन्दुस्तानी जो हूँ, स्वार्थ सिद्धि हेतु नियमों को याद करना या भूल जाना—इस सरज़मीं का हर बाशिन्दा घुटने चलने पूर्व ही सीख जाता है!)।

"इसके अलावा और क्या बात है सोनी?"—मैंने गिलास हाथ में थाम कर पूछा।

"सर उस दिन आप कह रहे थे कि मिस्टर ऑडेन इस कॉल को पार करने वाला पहला व्यक्ति नहीं था"—सोनी पहले कही बात कभी नहीं भूलता था।

"हाँ, मुझे लगता है इसको सबसे पहले पार करने वाले पांडव हैं।"

"इसका क्या प्रमाण है?" अद्वैत ने पूछा।

मैंने पांडवों और हिमालय से जुड़ी तीनों कथाएँ उन्हें सुनाईं और अपना तर्क इस तरह रखा—"जरा विचार करो कि पांडवों को हर-की-दून, जहाँ वे दुर्योधन को ढूँढ़ते हुए पहुँचे थे, से गंगोत्तरी आना हो तो विकल्प में उनके सामने दो ही तो मार्ग रहे होंगे? पहला बरासू पास होते हुए तथा दूसरा धूमधार कांडी होते हुए (वर्तमान

में हर्षिल गाँव के समीप)। गंगोत्तरी स्थित पटंगना में महारुद्र यज्ञ करने के पश्चात केदार जाने के लिए उनके पास ऑडेन कॉल पार करने के अलावा क्या चारा रहा होगा?"

"पौराणिक कथाओं एवं किंवदन्तियों पर आधारित आपकी बात सुनने में तो ठीक लगती है लेकिन इसे ऐतिहासिक तथ्य नहीं माना जा सकता।" अद्वैत ने तर्क रखा।

"अद्वैत, मुझे लगता है कि हमें 'इतिहास' तथा 'तथ्य' दोनों शब्दों को पुन: परिभाषित करना चाहिए। जो लिपिबद्ध है वही सत्य है—तथ्य है किंवा इतिहास है, यह अवधारणा ही त्रुटिपूर्ण है। इसका मतलब तो लिपियों के विकास के पूर्व घटित हर घटना को नकार देना होगा। उस कालखंड में जब अक्षर ज्ञान वर्ग विशेष तथा जाति विशेष तक ही सीमित था, जानकारियाँ ऐसे अकाट्य तरीक़ों से सम्प्रेषित की गईं कि वे आज भी हर बाशिन्दे तक पहुँच रही हैं, पर दुर्भाग्य से उन्हें किंवदन्ती अथवा कर्ण-श्रुति कहकर नकार दिया जाता है। इसी प्रकार जिनका हम पौराणिक कथा या 'मिथ' कहकर उपहास उड़ाते हैं वे वास्तव में हमारा इतिहास व्यक्त करते ग्रंथ हैं। उस काल में शुष्क इतिहास को रुचिकर एवं 'यूजर फ्रेंडली' बनाने हेतु कथाओं के माध्यम से लिपिबद्ध करने का चलन रहा होगा। कर्णश्रुति से आगे बढ़ने वाली कहानियाँ भी इतिहास हैं। पुराने ग्रन्थों को, जिन्हें हम पूरी तरह समझ नहीं पाते, काल्पनिक और 'माइथोलॉजी' कहकर उनके महत्त्व को कमतर आँकना इतिहास बदलने के षड्यंत्र के समान है"—सबको मेरी बात ध्यान से सुनते देख मैंने बात आगे बढ़ाई—"एक पुस्तक है—किन्हीं गुरुदत्त साहब की लिखी हुई 'भारतवर्ष का इतिहास'। इसमें उन्होंने वेदों-पुराणों की व्याख्या कर हमारा इतिहास ढूँढ़ने की एवं हमारे ऋषियों द्वारा प्रतिपादित वैज्ञानिक सिद्धान्तों को आधुनिक ज्ञान के परिप्रेक्ष्य में देखने की कोशिश की है। इस सारगर्भित किताब को पढ़ने के बाद यह इल्म होता है कि पुरातत्त्व विभाग द्वारा जुटाई गई जानकारी को ही प्रमाण के रूप में स्वीकार करना, इतिहास के एक बड़े हिस्से को नकार देना होगा। किसी चीज़ की जानकारी न होना उस चीज़ के न होने का प्रमाण कैसे हो सकता है?"

"तुम्हारी बात ग़ौरतलब है। ऑडेन और एरिक शिपटन के इस इलाक़े में आने के सैकड़ों वर्ष पहले से लोग गोमुख और गंगोत्तरी की यात्राएँ किया करते थे। उस काल में भी लोगों द्वारा इन दुर्गम स्थलों पर मन्दिर आदि बनाना प्रमाणित

करता है कि उन्हें इन जगहों की भौगोलिक तथा प्राकृतिक स्थिति का विस्तृत ज्ञान था।" अपर्णा ने मेरी बात को आगे बढ़ाया।

"इन सब बातों को कोई मानता नहीं है। यह विज्ञान का युग है—तथ्य यदि ठीक न हों या आपके तथ्यों को सिद्ध करने के लिए प्रमाण न हों तो उनको स्वीकार करना आज के युग में असम्भव है।" अद्वैत का विरोध जारी था।

"सर, कल चलेंगे या रेस्ट लेंगे?" उत्तेजना बढ़ती हुई देखकर सोनी ने विषय परिवर्तन किया। बातचीत बहस में बदल रही थी और चूँकि बहस से कुछ हासिल नहीं होता, अतएव मैंने भी उस गर्म बातचीत को वहीं विराम देना उचित समझा।

"रेस्ट क्यों? धीरे-धीरे आगे चलते हैं।" अद्वैत गर्म पकौड़ी को फूँकते हुए बोला।

"सोनी आगे का रास्ता सीधा ही है। हमें सामने वाली धार पर चढ़ना होगा, मुश्किल होगी तो सिर्फ़ एक झरने से जिसको पार करने के बाद तो सब ठीक ही है।" मैंने अपना किताबी ज्ञान बघारा!

"उतना सीधा भी नहीं है सर, शंकर तो डर रहा है, उस झरने के नाम से ही।" रनी ने हमें सूचना दी।

शंकर का झरने से भयभीत होना अनहोनी नहीं थी, आज तक जो भी इस मार्ग से गया सबकी घिग्घी बँधी है उस झरने को देखकर। इंटरनेट पर उपलब्ध जानकारी के अनुसार (और यह बात भी मैंने अपर्णा और अद्वैत से छुपाई थी, उफ़! मेरा दोगलापन) यहाँ से आगे जाने के लिए उस प्राणघाती प्रपात के मध्य से गुज़रना होगा, वह भी झरने के बीच, फिसलन भरी बिल्लात भर के स्थान पर पैर जमाकर। फिर उसकी धारा के साथ कई फ़ीट नीचे उतरना होगा। शंकर ने वह प्रपात हाल ही में पार किया था, अत: झरने के नाम से ही उसे झुरझुरी होना आरम्भ हो चुकी थी।

इधर रम हल्का सुरूर दिखा रही थी। मैंने सोनी से कहा, "सोनी, आज तक हमने कोई भी ग्लेशियर शुरू से लेकर अन्त तक चलकर पार नहीं किया है। हम हमेशा ग्लेशियर के आसपास यानी कि उसके साथ-साथ ही चले हैं। क्यों न हम खतलिंग बमक पूरा पार करें—उस पर चलकर—पैर पैदल।" यह योजना सबको जँच गई। योजना की तुरन्त स्वीकृति दो कारणों से मिली—झरने में बह जाने का भय तथा खतलिंग बमक से अपरिचय। अव्वल तो इस बमक की जानकारी किसी

को थी ही नहीं और जो भी थी वह टूटी-फूटी। मेरी मालूमात के अनुसार खतलिंग बमक का मार्ग भी चुनौतियों से भरा था। सोनी को एक तरफ़ ले जाकर मैंने उसे वह जानकारी देना उचित समझा जो मुझे 'अल्पाइन-जरनल' के एक लेख से मिली थी। उस निबन्ध के अनुसार माइक बैंक्स और जॉस लिनाम नामक पर्वतारोहियों का, उनके जोनली पर्वत अभियान के दौरान, इस बमक से पाला पड़ा। मई, 1989 में खतलिंग बमक से होकर जोनली पहुँचने का उनका प्रयास खतलिंग के छह सौ मीटर के एक आइस-फाल ने ध्वस्त कर दिया था। बहुत प्रयासों के बाद भी जब सफलता न मिली तो उन्हें मार्ग बदलने पर मजबूर होना पड़ा था। मेरी बात ध्यान से सुनने के बाद भी सोनी खतलिंग बमक पार करने की योजना पर अटल रहा।

12 जुलाई, 2009

सुबह अपने टेंट से बाहर निकले तब तक सूर्य की किरणें इस रंगभूमि की पश्चिमी धार पर खड़े उत्तुंग पर्वत शिखर को बसन्ती रंग में रँग चुकी थीं। देखते-देखते ऊँचे शिखर के तीखे ढलान पर फूँक-फूँक कर चलते हुए सूर्य-किरणें हमारे टेंट के आसपास के बर्फ़ीले मैदान पर फैल गईं। बर्फ़ पर अचानक हज़ारों छोटे-छोटे बल्ब चमकने लगे। रोशनी की चकाचौंध ने मेरा ध्यान भंग कर दिया। मुझे ख़याल आया कि आज का रास्ता ग्लेशियर का रास्ता था। सूरज को और ऊपर आने का मौक़ा दिए बिना हमें तुरन्त आगे बढ़ना चाहिए। हम दक्षिण-पूर्व दिशा में अग्रसर हुए। एक लम्बा सपाट हिस्सा सबसे पहले पार करना था। मासूम से दिखने वाले उस सपाट मैदान का असली चरित्र उस पर दस मिनट चलने के बाद ही समझ में आ गया। पूरा मैदान अनगिनत क्रेवासों से अँटा पड़ा था। कुछ इतने गहरे कि दूसरा छोर न दिखे, कुछ ऐसे उथले जैसे गिल्ली-डंडे की गुच्ची। कुछ सीधे और सरल तथा कुछ अजगर सरीखी अलबेटियाँ लिये हुए। मुझे 'नन्दन' में छपने वाली मेरी पसन्दीदा पहेली याद आ गई—जिन्हें मैं बड़े चाव से हल किया करता था। उस पहेली में एक तरफ़ बिल्ली बैठी होती थी, दूसरी तरफ़ चूहा और उनके बीच में हुआ करती थी एक भूल-भुलैया। रास्ता लगता तो सीधा था लेकिन जिधर से भी आगे बढ़ो वह हर मोड़ पर बन्द मिलता। बिल्ली चूहे तक पहुँचे कैसे? कुछ इसी तरह कभी दाएँ, कभी बाएँ, कभी ऊपर, कभी नीचे होते हम क्रेवासों के मध्य से गुज़र रहे थे। इस बात का डर भी था कि कहीं कोई पूरे मैदान को, एक छोर से दूसरे छोर तक, काटता क्रेवास न मिल जाए। क्योंकि ऐसे क्रेवासों को पार करने के दो ही तरीक़े होते हैं—अगर वे सँकरे हों तो उन पर सीढ़ी बिछाकर पार किया जाए और अगर वे ज़्यादा चौड़े पर कम गहरे हों तो उनमें नीचे उतरकर फिर उस पार ऊपर

चढ़ें। चौड़ा और बहुत गहरा क्रेवास हमें मार्ग बदलने को मजबूर कर सकता था। भाग्य हमारा साथ दे रहा था, हमारी क्षमतानुरूप ही अड़चनें अब तक हमारे सामने आ रही थीं। क़रीब एक घंटे चलकर हम उस स्थान तक पहुँच गए जहाँ दाहिनी तरफ़ से एक अन्य ग्लेशियर खतलिंग बमक से मिल रहा था। यह स्थान अत्यन्त मनोहारी था। चारों तरफ़ बर्फ़ से ढके ऊँचे-ऊँचे पहाड़, तरह-तरह की आकृतियाँ लिये हुए बर्फ़ के टीले (आइस फ़ॉर्मेशन)। बाईं (पूर्व) तरफ़ एक चोटी पर निगाह बरबस थम गई। शेषनाग के फननुमा बर्फ़ से ढके उस शिखर को देख एक क्षण को तो स्वर्ग में होने का भ्रम हुआ। एक बर्फ़ का फ़ॉर्मेशन ऐसा नज़र आया जिसमें अनेक अजगर गुत्थमगुत्था होते प्रतीत हो रहे थे। कुछ बर्फ़ के टीलों ने तपस्या में बैठे मुनियों का सा रूप धर रखा था—लम्बी, उलझी जटाएँ, सीधी पीठ, पद्मासन की मुद्रा। कहीं बर्फ़ की मेज़ें थीं तो कहीं मिट्टी, पत्थर और बर्फ़ से बने जानवर। पहाड़ों से जहाँ-तहाँ बर्फ़ की चाँदीनुमा विशाल झूमरें लटक रही थीं। ग्लेशियर के नीचे बहते अदृश्य जल द्वारा रचित पार्श्वसंगीत सारे परिवेश को नशीला बना रहा था। लन्दन के एक संग्रहालय में प्रसिद्ध लोगों की मोम की मूर्तियाँ रखी जाती हैं—यह हमारे हिमालय का संग्रहालय था जिसमें शिल्पकार ने बर्फ़ तथा पत्थर के विशालकाय शिल्प सहेजे हैं। लन्दन की नक़्क़ाशी सदा ख़बरों में रहती है—पहाड़ों की रूप-सज्जा करने वाले संगतराश की खोज अनादि काल से जारी है!

दस बज रहे थे। ग्लेशियर की सतह पिघलने लगी थी। शुद्ध बर्फ़ का स्थान मोरेन ने ले लिया था। फिसलते पत्थरों और विशाल बोल्डरों से भी अब निपटना पड़ रहा था। चलना यूँ भी आसान न था पर अब मुश्किलों में कई गुना इज़ाफ़ा हो चुका था। तापमान बढ़ने के साथ ही पहाड़ों से शिलाएँ गिरने लगी थीं। चूँकि इस वक़्त हम रॉक फॉल एरिया से गुज़र रहे थे, अत: गिरती शिला एवं फिसलते पत्थरों के चपेट में आने की सम्भावना प्रबल थी। मामूली सी गड़गड़ाहट पर भी दिल लरज रहा था। ऐसे वातावरण में जब एक मधुर गान कानों में पड़ा, तो क़दम स्वयं ही अचकचाकर थम गए। भय कम्पित फ़िज़ा में भी गीत गुनगुनाने का साहस कोई विहग ही कर सकता था। ऊपर से गिरते पत्थरों को छोड़ नज़र घाटी की तलहटी में दौड़ने लगी। मधुर स्वर रह-रहकर उभरता—कभी इस ओर से कभी उस ओर से, निगाहें भी सावन के झूले की तरह डोलतीं—कभी इस तरफ़, कभी उस तरफ़।

किन्तु सरपट दौड़ती निगाह देखने के काम नहीं आती—नज़र डालना अलग बात, देखना अलहदा। दृष्टि की लगाम खींच उसे चहलक़दमी करने पर मजबूर किया, तब जाकर एक शिला की ओट में वह फुदकता जीव दिखलाई दिया। वह भय भंजक एक अतिसुन्दर पक्षी था। एकाकी, लेकिन प्रसन्न। अकिंचन लेकिन चपल। वह एक चट्टान पर बैठता, अपने चमकीले नीले शरीर को लम्बा खींचकर दूर तक देखने की कोशिश करता, फिर दो-तीन बार कर्णप्रिय ध्वनि में चहकता और दूसरी चट्टान तक उड़ जाता। कुछ ही देर में अपनी पीली चोंच में एक कीट पकड़ वह लम्बी उड़ान भर गया। उसने कीड़ा खाया नहीं—वह शायद अपने भूखे बच्चों की क्षुधा शान्ति का इन्तज़ाम करने निकला था। उस पक्षी को निहारते हुए क्लान्त मन फिर स्फूर्ति पा गया। कितनी विचित्र बात है कि जो ग्लेशियर हर क़दम पर हमारे लिए इतनी अड़चनें खड़ी कर रहा था, जो पत्थर हमें हर मोड़ पर पछाड़ने को बेताब थे, जो क्रेवासेस हमारी जान के पीछे हाथ धोकर पड़े थे—उन्होंने ही अपने पहलू में जीवनदायिनी शक्ति भी छुपा रखी थी। खतलिंग ग्लेशियर दिखता क्रूर है पर वैसा है नहीं, शिलाएँ दिखती मगरूर हैं पर वैसी वे भी नहीं। मुझे निदा फ़ाज़ली की बात याद आ गई—

हर आदमी में होते हैं दस बीस आदमी
जिसको भी देखना हो कई बार देखना।

भयाक्रान्त मन को कुछ ढाढ़स अवश्य मिला पर आँखें जो सत्य देख रही थीं उसे नकारना भी तो उचित नहीं था। दोपहर हो चली थी। सूरज की गर्मी से बर्फ़ पिघलने के कारण आसपास के पर्वतों से बड़ी-बड़ी शिलाएँ सरककर गिरने लगी थीं। आज हमें यह ग्लेशियर पार करना ही होगा इस पर रात काटना तो दूर, कुछ पल विश्राम हेतु बैठना भी ख़तरनाक था।

मोरेन के क्षेत्र, फिर आइस-फॉल या आइस फ़ॉर्मेशंस—बस अब यही था चारों ओर। बीच-बीच में कुछ बड़े क्रेवास आए, उनमें टिप-टॉप करते हुए नीचे उतरना पड़ा। लेकिन आख़िरकार वही हुआ जिसका डर था—हम एक ऐसे क्रेवास के ऊपर खड़े थे जिसने पूरे क्षेत्र को एक से दूसरे सिरे तक फाड़ रखा था। क्रेम्पान फिर काम आए। रस्सी निकाली गई। हमें लगभग तीस मीटर नीचे, क्रेवास की तलहटी में उतरना था। इस बार कमर में रस्सी बाँध, केराबिनर के सहारे, रेपल करके नीचे उतरे। बारंबार ऐसी थका देने वाली प्रक्रिया से गुज़रकर अब शरीर

जगह-जगह से फटा खतलिंग बमक : पिघलती बर्फ़ में क्रेवासों के बीच से निकलना तथा कई दफ़ा तो उनमें उतरकर फिर दूसरी तरफ़ चढ़कर उनके पार होना तभी सम्भव है जब जान हथेली पर धरी हो।

क्लान्त हो चुका था। भूख भी तेज़ लग रही थी। पानी भी समाप्त था। लेकिन आगे बढ़ने के अलावा दूसरा कोई चारा था ही नहीं।

दोपहर के तीन बजते न बजते मौसम ख़राब होने के आसार दिखने लगे, पर खतलिंग बमक ख़त्म होने का नामोनिशान न था। चलते-चलते हमारे पाँव सुन्न तथा घुटने शरीर के वज़न से दोहरे हो रहे थे। ग्लेशियर पर चलकर उसका पूरा चित्रण करने की ज़िद हमें महँगी पड़ रही थी! थके तन-मन से आगे जाते तो ग्लेशियर निश्चित तौर से हमें पराभूत कर देता, अत: वहीं, खतलिंग बमक के बीचोबीच कैम्प करने हेतु जगह ढूँढ़ी जाने लगी। रात्रि विश्राम के लिए स्थान का चयन करना ज़रा मुश्किल कार्य था। एक स्थान को चुना गया क्योंकि वहाँ ग्लेशियर चौड़ा और अपेक्षाकृत समतल था। सामने खुली घाटी थी लेकिन पीछे की तरफ़ बर्फ़ की एक विशाल दीवार थी, जो घाटी में हवा तेज़ होने पर हमारा बचाव करती। दाएँ-बाएँ

खड़े पहाड़ों और हमारे पड़ाव स्थल के बीच ख़ूब चौड़ी और गहरी खाई थी, अत: पहाड़ों से गिरने वाले पत्थरों का हम तक पहुँचना मुश्किल था। हालाँकि अनेक समस्याएँ भी थीं। पीछे वाली बर्फ़ की दीवार वास्तव में एक आइस-फॉल का हिस्सा थी। आइस-फॉल—जिनसे पर्वतारोही हर हाल में बचना चाहता है। आइस-फॉल—जो एवालांच के लिए सबसे ज़्यादा बदनाम है। आइस-फॉल—दबे पाँव सरकना जिनकी प्रकृति है। रात को यदि ऐसा कुछ हुआ तो हमें नेस्तनाबूद होने से दुनिया की कोई शक्ति बचा नहीं सकती। एक अन्य दिक़्क़त उस क्रेवास के कारण थी जिसने इस सपाट ग्लेशियर को दो भागों में विभक्त किया हुआ था, एक हिस्सा बड़ा था, उस पर रसोई का टेंट लगाया गया और दूसरे छोटे हिस्से पर हमारा शामियाना ठोंका गया। रसोई में जाने के लिए क्रेवास पर 'लॉन्ग जम्प' मारकर जाना पड़ेगा!

वास्तव में हम उस आइस फॉल के शीर्ष पर विराजमान थे जिसने 1989 में बैंक्स की टीम को जोनली जाने से रोका था। पर मौसम की मेहरबानी हम पर बनी हुई थी। वरुण देव भी अपना द्रुतगामी रथ रोक विश्राम कर रहे थे। लेकिन पत्थर नहीं पसीजे, वे दोनों तरफ़ से लगातार गिर रहे थे। जहाँ टेंट थे उस स्थान विशेष के नीचे भी अनवरत हलचल जारी थी। भोजनोपरान्त हम जूते खोल टेंट में घुस गए। रह-रहकर पत्थर गिरने और ग्लेशियर टूटने की आवाज़ें आ रही थीं। इनकी धमक से टेंट यदा-कदा हिल भी जाता। पर थके-माँदे शरीर में अब डरने की शक्ति भी न बची थी—नींद ने आगोश में ले शीघ्र ही उसकी चेतना हर ली।

न मालूम कितनी देर तक यह बेहोशी का आलम रहता यदि मुझे अचानक ऐसा न लगता जैसे मेरे कानों के पास कोई साँस ले रहा हो। अपर्णा होगी, ऐसा मानकर मैं पुन: सोने को उद्यत हुआ ही था कि लगा जैसे मेरे कानों में कोई बुदबुदाया। सम्भवत: अपर्णा नींद में बड़बड़ा रही होगी। किन्तु वह पुरुष स्वर था और वह अद्वैत नहीं था। फिर लगा कि जैसे कोई मेरे चेहरे को, बालों को सहला रहा हो। अचकचाकर मैंने आँखें खोल दीं। पाया कि मेरी बाईं हथेली तेज़ी से मेरा चेहरा सहला रही थी। कुछ समझ पाता उसके पहले फिर वही स्वर सुनाई दिया—धीर-गम्भीर, बिलकुल साफ़-साफ़—'अजय अब नीचे चल।' क्या हो रहा है कुछ पल्ले नहीं पड़ रहा था। यह कोई स्वप्न नहीं था। मैं अपनी हथेली देख रहा था, उसका स्पर्श महसूस कर रहा था। आवाज़ एकदम स्पष्ट रूप से सुन पा रहा था—'बस

अब नीचे चल'। मैंने अचकचाकर अपने हाथ को रोका। चारों तरफ़ नज़र घुमाई। अभी रात थी, टेंट के बाहर कोई न था। टेंट के भीतर हम तीनों के अतिरिक्त अन्य कोई नहीं था। उस रात वहाँ क्या हुआ यह आज भी मेरे लिए एक रहस्य है। इतना सब होते हुए भी मुझे डर क्यों नहीं लगा था? मैं क्यों चीख़ा नहीं, चिल्लाया नहीं?

उस अदृश्य मार्गदर्शक का कहा मान मैं बोल पड़ा—"सुनो, मैंने निर्णय कर लिया है कि कल हम ऊपर केदारनाथ की तरफ़ न जाकर नीचे घुत्तु की ओर जाएँगे।"

"क्यूँ?" अपर्णा ने कसमसाते हुए पूछा।

"बस, डिसाइड कर लिया है कि अब केदार न जाकर घुत्तु ही जाएँगे।" मैंने अपना कथन दृढ़ता से दोहराया।

तभी अद्वैत बोल पड़ा, "अरे इस बुड्ढे को कोई समझाओ यार, ये नींद में भी डिसाइड करता रहता है। पापा सो भी जाओ, कल की कल सोचेंगे।"

मैं चुपचाप पड़ा रहा। नींद तो अब क्या आनी थी, सुबह का इन्तज़ार था, ताकि सोनी को अपना निर्णय बता सकूँ।

13 जुलाई, 2009

सूरज की रोशनी पूरी तरह से घाटी में प्रवेश करे इसके पूर्व ही मैं उठा, क्रेवास को लम्बी कूद लगाकर पार किया और रसोई के शामियाने में पहुँच गया। मेरा निर्णय सुन मायूस हुए सोनी और रनी मुझे समझाने लगे कि आगे तो कोई मुश्किल नहीं है, अगले तीन-चार दिनों में केदारनाथ आसानी से पहुँच जाएँगे। मुझे टस-से-मस न होते देख वे अन्ततः मान तो गए पर कारण जानने का दबाव डालने लगे। इसी बीच अपर्णा और अद्वैत भी वहाँ आ चुके थे, वे भी निर्णय बदलने का कारण जानने को आतुर थे। लेकिन क्या बताता उनको? कौन विश्वास करता इस बात पर! कोई कह देता मतिभ्रम है। कोई पूरी घटना को मिर्गी निरूपित कर देता। चाहे वे मुझे भगोड़ा घोषित कर दें या मेरे डरपोक होने की मुनादी सारे जहाँ में करा दें, कुछ परवाह नहीं। हिम-वाणी की अवहेलना करना मेरे बस के बाहर था।

सब अनमने भाव से उठे और आगे बढ़ने की तैयारी में जुट गए। तभी एकाएक मौसम ख़राब हो गया। वायु का वेग बढ़ने लगा। और कुछ समय बाद ही तेज़ बर्फ़बारी होने लगी। इस स्थान पर अब एक क्षण भी रुकना आत्महत्या करने सरीखा था। हम सब जितनी तेज़ी से हो सकता था, चलने लगे! हमारी उम्मीद के विपरीत आगे का रास्ता आसान नहीं था। अभी तक खतलिंग ने हमारी अर्द्धवार्षिक परीक्षा ही ली थी, फ़ाइनल एक्ज़ाम तो बाक़ी था! बर्फ़ और बारिश की बदौलत ग्लेशियर पर जमी मिट्टी, फ़र्श पर गिरे तेल जैसी चिकनी हो गई थी। हम हौले-हौले इस घाटी के बाईं तरफ़ जाने की चेष्टा करने लगे। दो घंटों की ज़द्दोजहद हमें वहाँ ले आई जहाँ से हमें एक पतली लेकिन तेज़ जलधारा खतलिंग बमक को छोड़कर जाती दिखाई दे रही थी—खतलिंग की कोख भिलंगना नदी को जन रही थी! यहाँ मोरेन कुछ कम था एवं ग्लेशियर और पहाड़ के बीच की खाई समाप्त सी हो गई

थी। अब ग्लेशियर छोड़ बाईं ओर के पहाड़ पर जाना उचित था और सम्भव भी। बाईं ओर के पहाड़ पर कुछ ही आगे बढ़े कि एक के बाद एक, दो अतिविशाल 'लैंड स्लाइड' हिमालय ने हमारे समक्ष रख दिए। हिमालय पर इधर हमारी 'बाधा दौड़' जारी थी, उधर आसमाँ से तेज़ वृष्टि। लैंड स्लाइड पार करने हेतु पुनः रोप का उपयोग करना पड़ा। गिरते-पड़ते आख़िरकार हम नीचे उतरकर भिलंगना नदी के किनारे पहुँच ही गए। वहाँ हमारे स्वागत में हरी घास और कतिपय फूल हिमालय ने अपनी माटी पर उगा रखे थे। चार दिनों के बाद कोई दूसरा रंग नज़र आया था!

सामने (दक्षिण) फतलिंग बमक और केदार जाने का रास्ता था, पर हमें पश्चिम में घूमती घाटी की राह पकड़ घुत्तु जाना था। वर्षा अनवरत जारी थी, धुंध भी गहरा रही थी। हम भी तो पिछले पाँच घंटों से बिना विश्राम किए चल रहे थे। अब काया आराम चाहती थी।

14 से 17 जुलाई

मौसम को जितना हमारा साथ देना था वह दे चुका—अब हिमालय पर मानसून पूरे शबाब पर था। आज भी बारिश थी पर रिमझिम। मौसम का बदला हुआ मिज़ाज देखकर यह सन्तोष हुआ कि हमने मियाली पास जाने की योजना पर अमल नहीं किया अन्यथा अनहोनी अवश्यम्भावी थी। अब जल्द से जल्द इन ऊँचाइयों को छोड़ना श्रेयस्कर था, क्योंकि बढ़ती बारिश के साथ भू-स्खलन एवं बादल फटने की सम्भावना प्रबल होती जाएगी। यहाँ चूँकि बर्फ़ नहीं थी एवं पगडंडियाँ हमारे मार्गदर्शन के लिए मौजूद थीं, अत: मौसम कैसा भी हो चलना सम्भव था।

यहाँ से घुत्तु पहुँचने में हमें तीन रात और चार दिन लगे।

इन चार दिनों की कुछ निम्नलिखित मुख्य बातों एवं घटनाओं का ज़िक्र किए बिना यह यात्रा-वृत्तान्त अधूरा रह जाएगा।

जंगल

पहली बात मार्ग के जंगल के बारे में। गंगोत्तरी की तरफ़ तो जंगल बहुत ही विपन्न थे। उनमें पेड़ ही नहीं, घास और फूल भी बहुत कम थे, जीव-जन्तु तो नदारद ही मानना चाहिए। लेकिन इस तरफ़ जंगल सघन तथा सजीव थे। जंगली जानवरों के चिह्न जगह-जगह नज़र आ रहे थे। अनेक स्थानों पर भालू की विष्ठा नज़र आई—कहीं पुरानी तो कहीं गर्म और ताज़ा। यहाँ-वहाँ ख़ूब ढूँढ़ मचाई पर मन में वर्षों से छुपी भालू को रूबरू देखने की साध पूरी न हो सकी। अनेक वृक्षों पर जानवरों के पंजों से निर्मित 'टेटू' दिखाई दिए। जंगली सूअरों द्वारा खोदी मिट्टी पेड़ों की जड़ों के आसपास बहुतायत से मिली। साही के काँटे जगह-जगह बिखरे

पड़े थे। ये 'एक्शन पैक' जंगल थे पर फ़िल्मों की तरह इनमें रूमानियत भी थी। बिना रोमांस के एक्शन बेमज़ा हो जाता अगर यहाँ बहुतायत से फूल न होते। जंगल की कीचड़युक्त रंगहीन-मटमैली मिट्टी के हृदय में वाबस्ता रंगों का पता उन फूलों को देखकर हुआ। रंग भी सीधे-साधारण नहीं, हर रंग के कई रूप, दसियों तरह के पीले, उतने ही प्रकार के नीले-बैगनी-गुलाबी-कोई रंगकर्मी सारे जीवन बैठकर भी इतने रंग अपनी रंगशाला में नहीं गढ़ सकता। इन फूलों के चलते ही यहाँ कई आशिक़ मिज़ाज भँवरे भटक रहे थे। पुष्पों की मीठी गंध ने परियों को आसमाँ से धरती पर उतरने को विवश किया, जो धरा पर तितलियों का रूप धर मँडरा रही थीं। इन तितलियों के आशिक़, पंछी बन उन पर नज़र रख रहे थे। यद्यपि इन्द्र देव धनुष ताने खड़े थे तब भी सम्पूर्ण स्वर्ग ज़मीं पर उतर ही आया। नभ में रह-रहकर कौंधती बिजली इन्द्र की क्रोधाग्नि नहीं तो और क्या थी?

गाँव-बाँटा

रास्ते में दो गाँव पड़े। सबसे पहले आया गंगी और उसके बाद रीह। न जाने कितने नाले और झरने पार करने के बाद हम पहुँचे गंगी। यहाँ तक पहुँचते-पहुँचते हमारी रसद भी समाप्त हो चुकी थी। गाँव में इस उम्मीद से प्रविष्ट हुए कि दूध, दही या सब्ज़ी मिल जाएगी। पचास-साठ झोंपड़ियों के इस गाँव में सिर्फ़ बुज़ुर्ग और बच्चे ही मिले, वह भी आधुनिक मापदंडों के अनुसार पूरी तरह फ़टेहाल। लेकिन उनके अनुसार वे प्रसन्न थे—सन्तुष्ट थे। गाँव में एक स्कूल था एवं प्राथमिक चिकित्सालय, जहाँ यदा-कदा शिक्षक या डॉक्टर भी आ जाते थे। इसी गाँव में हमें एक बुज़ुर्ग मिले, होंगे कोई सत्तर-अस्सी वर्ष के, लेकिन तन्दुरुस्त। युवा अवस्था में वे पर्वतारोहियों के साथ मार्गदर्शक के रूप में जाते थे। उनका कहना था कि आज से कोई दस-बीस साल पहले तक खतलिंग बमक चौकी के पास तक हुआ करता था और उनके देखते-देखते वह बमक कई किलोमीटर पीछे सरक चुका है। यही बात हमें कुछ और लोगों ने भी बताई। लेकिन हमारी सरकार तो मानती नहीं कि भारतीय ग्लेशियर पिघल रहे हैं!

गंगी में हमें एक आदिम परम्परा देखने को मिली—मिल-बाँटकर खाने की। हम शहरी लोगों को मिल-जुलकर रहना एवं मिल-बाँटकर खाना आदिम नहीं तो और क्या लगता? यहाँ खेती थी पर उन्हें लकड़ी और गोश्त तो जंगल से ही मिलता।

दो-चार दिन में जब भी कोई शिकार जाल में फँसता शिकारी उसे गाँव में ले आता है। जानवर को साफ़ करके उसकी बोटियाँ कर दी जाती हैं और उस गोश्त को छोटी-छोटी ढेरियों में विभाजित किया जाता है। जितने परिवार उतनी ढेरियाँ—इसे यहाँ 'बाँटा' कहते हैं। गाँव वाले आकर अपना हिस्सा ले जाते हैं—बदले में शिकारी को मिलता है आलू-आटा आदि। हाँ, दो-तीन हिस्से फ्री-फोकट में देने के लिए बनाए जाते हैं—जंगल वालों तथा कुछ अन्य सरकारी महकमे के लोगों के लिए। यह जंगल में किए जा रहे आखेट को अनदेखा करने का उनका 'पारिश्रमिक' था।

जब हम गंगी पहुँचे तब गाँव सूना था। दरअसल कुछ दिनों पूर्व ही बादल फटने से यहाँ के कई घर पूरी तरह से तहस-नहस हो गए थे। नुक़सान का आकलन करने हेतु सरकारी लोग कभी भी आ सकते थे, अत: गाँव के लोग बातचीत के मूड में नहीं थे।

पटवारी

मार्ग का दूसरा गाँव रीह था। वहाँ गढ़वाल पर्यटन वालों के गेस्टहाउस में दो कमरे थे—एक में कुछ लोग पहले से ठहरे थे। उस कमरे में कोई व्यक्ति लगातार किसी पर चिल्ला रहा था। उत्सुकतावश उधर झाँका तो पाया कि एक वाचाल व्यक्ति कुर्सी पर बैठा सब पर रौब झाड़ रहा था तथा चार-पाँच निरीह पुरुष उसके हुक्म की तामील के लिए इधर-उधर भाग रहे थे। प्रेमचन्द के उपन्यास के किरदारों सरीखे दिखने वाले ये निस्तेज लोग, गंगी के वे अभागे थे जिनके मकान बादल फटने से ढह गए थे। पहले ये लोग घुत्तु गए थे—सरकारी दफ़्तरों में हादसे की इत्तला करने। अब वह रौब झाड़ू व्यक्ति जो इस इलाक़े का पटवारी था, उनके साथ गंगी जा रहा था मौक़ा-मुआयना करने। इसकी रिपोर्ट पर ही निर्भर थी गाँव वालों को मिलने वाली मुआवज़े की रक़म। मोटे थुलथुल पेट तथा लीचड़पन के बोझ से लटके गालों का मालिक, वह पटवारी मुसीबत के मारों से पूरे पाँच हज़ार की पेशगी लेने के बाद ही निकला था घुत्तु से। रास्ते की सेवा अलग। सेवा में शामिल थी शराब—बन्दे ने घुत्तु से निकलते ही जो पीना शुरू की तो अब तक बन्द नहीं हुई। इस समय उसका ग़ुस्सा था गोश्त की अनुपलब्धता को लेकर। सब उसे समझा रहे थे कि 'साहब गाँव में 'बाँटा' लगा ही नहीं है तो मांस लाएँ कहाँ से?' पर मीट नहीं मिलने की ख़बर पटवारी के लिए नागवार रही होगी, तभी तो इसे सुनने के बाद वह गाँव

की सारी माँ-बहनों के साथ मुँहजुबानी सम्बन्ध स्थापित करने में व्यस्त हो गया। लेकिन किसी की मजाल कि कोई उसे आँख उठाकर भी देखे। वह कहता, 'तेरी माँ कोऽऽ', सामने वाला सिर हिला देता, वह चीख़ता 'उसकी बहन की...' सामने बैठा इंसान (?) खीसें निपोर देता। मेरे समक्ष नक्सलवाद का बीजारोपण चल रहा था। कौन कहता है 'सारा' देश आज़ाद है? जम्हूरियत भी ग्रामीण अंचलों में निवास नहीं करती!

हद तो तब हो गई जब वह पटवारी हमारे पास आ धमका और लगा अपनी शेखी बघारने। बातों-बातों में उसने हमारे सामने चौकी से रीह के बीच, कहीं भी ज़मीन ख़रीदने का प्रस्ताव रख दिया। कहने लगा—

"अभी बहुत सस्ती है—जो बोलो वह टुकड़ा आपके नाम करवा देंगे।"

हमारे मना करने पर समझाने लगा कि "साहब, ले लो, कई दिल्ली वाले तो ले भी चुके हैं।"

"लेकिन करेंगे क्या यहाँ पटवारी जी?" मैंने अनमने भाव से पूछा।

वह झूमते हुए बोला—"सर, घुत्तु से चौकी तक चौड़ी सड़क बनेगी। प्रस्ताव पास हो चुका है।"

यह ख़बर हिला देने वाली थी। सड़क—इस इलाक़े में—कुल जमा अस्सी परिवारों के गाँव के लिए खतलिंग बमक तक सड़क? दिल बैठने लगा।

"होश की दवा करो पटवारी जी, इस जंगल में सड़क और वह भी ग्लेशियर तक गाड़ी ले जाने को उपयुक्त सड़क! ऐसा क़दम तो कोई आत्महत्या को आतुर सरकार ही उठाएगी।"

पटवारी मेरे इस कथन से बहुत आहत नज़र आया। वह तमककर बोला—"अरे मैं झूठ क्यों बोलूँगा, हाथ में शराब है—इसकी क़सम खाकर बता रहा हूँ आपको। घुत्तु के मेरे ऑफ़िस में नक़्शा रखा है—आप चाहें तो देख लो। और वहाँ भी क्यों जाएँ—जब आप कल यहाँ से नीचे उतरेंगे तब आपको मालूम पड़ ही जाएगा।"

"क्या मालूम पड़ जाएगा?" मैंने शंकित स्वर में पूछा।

"सड़क का एक हिस्सा तो रीह गाँव के बहुत क़रीब आ पहुँचा है।" उसने आँखें घुमाते हुए जवाब दिया।

"उफ़!, ओह!!" हम सबके मुँह से एक साथ निकला।

पटवारी का कथन सच साबित हुआ। अगले दिन, कुछ घंटे चलने के बाद ही, हमने पाया कि पेड़ों की संख्या घट रही थी और पगडंडी कच्ची लेकिन चौड़ी

सड़क में बदल गई थी। पहाड़ जे.सी.बी. से कट रहे थे। शिलाओं को डाइनामाइट से ध्वस्त किया जा रहा था। पहाड़ों को, पेड़ों को, फूलों को, पक्षियों को, कीट-पतंगों को, पर्यावरण को और एक प्राचीन सभ्यता को सज़ा-ए-मौत सुनाई जा चुकी थी—"तब तक विस्फोटकों से उड़ाया जाए, जब तक कि सब समतल न हो जाएँ। टु बी बम्बारडेड टिल डेथ।"

नीचे पहुँचकर एक क्षण के वास्ते भी रुकने का मन नहीं हुआ। इसके पहले कि कोई विस्फोट हमारी आँखों के सामने होता हम भाग जाना चाहते थे—सुन्दर हिमालय के हवा में उड़ते लोथड़े देखने की ताक़त हममें नहीं थी!

यात्रा से परे

ग्लेशियर या बमक

ठंडे इलाक़ों में गिरने वाली बर्फ़ का वह हिस्सा जो पिघलने से बचा रह जाता है, शनैः-शनैः जमकर वह आइस का रूप धारण करता है—साल-दर-साल यह प्रक्रिया चलने के पश्चात सैकड़ों वर्षों में जाकर जब यह क्षेत्र 0.1 वर्ग किलोमीटर से बड़ा तथा पचास मीटर से मोटा हो जाता है तब वह ग्लेशियर कहलाता है। मानो प्रकृति स्वच्छ जल का एक बैंक बना देती है जो कालान्तर में धीमी गति से पिघलकर हमारी पानी की आवश्यकताओं की पूर्ति करता है। ग्लेशियर का मध्य भाग जो कि अधिक ऊँचाई पर रहता है, वहाँ बर्फ़ जमती है पर अपने वज़न के चलते ग्लेशियर नीचे की ओर बहता है। तथा परिधि पर पतला होकर पिघलने लगता है, इसी स्थान को ग्लेशियर स्नाउट या ग्लेशियर का मुँह कहा जाता है। जैसे भागीरथी नदी का उद्‌गम स्थल गोमुख—गंगोत्तरी बमक का स्नाउट है। सामान्य रूप से ग्लेशियर निकलने और बनने की प्रक्रिया में एक सन्तुलन बना रहता है। यदि बर्फ़ कम गिरे या गर्मी अधिक पड़े तो यह सन्तुलन बिगड़ता है। इसके विपरीत ज़्यादा बर्फ़ पड़ने पर या तापमान के असामान्य रूप से कम रहने पर ग्लेशियर का पिघलना भी रुक जाता है, ग्लेशियर पर बर्फ़ की मात्रा बढ़ने से वह अपने वज़न के कारण फिसलकर टूटने लगता है तथा नष्ट होने लगता है। अतः बमकों का सामान्य से ज़्यादा तेज़ी से पिघलना तथा असामान्य तरीक़े से बढ़ना दोनों ही उसकी अस्वस्थता के लक्षण हैं। ग्लेशियर के बहने से उसमें

बड़ी-बड़ी दरारें पड़ जाती हैं जो क्रेवास कहलाती हैं। ग्लेशियर जब तेज़ी से फैलता है तो उसके फटने से कुंड बनने लगते हैं। ग्लेशियर पर होनेवाले परिवर्तनों का आकलन क्रेवास तथा ग्लेशियर कुंडों के अध्ययन से ही किया जाता है।

यात्रा से परे

गंगा की जैव विविधता

गंगा को नदी न कहकर महानदी या नदियों का हाइवे कहना ज़्यादा उचित होगा। भागीरथी, मंदाकिनी, अलकनन्दा, भीलंगना, धोली गंगा एवं पिंडार नदियाँ बड़ी शिद्दत के साथ आपस में मिलकर 'गंगा' बनाती हैं कि वे बंगाल की खाड़ी तक के अपने पहुँच मार्ग के इर्द-गिर्द बसी भारत की 43 प्रतिशत जनता का पालन-पोषण तो करें ही साथ ही साथ 104 तरह के सूक्ष्म जीवों, 370 से अधिक प्रकार की मछलियों, लगभग चालीस तरह के सरीसृप एवं जल-जीव, क़रीब पौने दो सौ जल-पक्षी तथा ग्यारह तरह के स्तनधारी जीवों को भी जीवन दे। पर गंगोत्तरी बमक के कठोर सीने को चीर के निकली भागीरथी को टिहरी में ही दबोच लिया जाता है। वहाँ से छूटकर निकली नदी को हरिद्वार और इलाहाबाद में फिर से तीन अलग-अलग स्थानों पर विशाल नहरों द्वारा उलीचा जाता है। हालात ऐसे हो जाते हैं कि गंगा की ख़ास मछली 'रिवर डॉल्फिन' बेचारी को तैरने हेतु पर्याप्त जल तक नहीं मिल पाता। उसके झुंड बाँधों द्वारा बाँट दिए जाते हैं, जिसके चलते उसके प्रजनन की सम्भावना पर भी आघात होता है। ऊपर से तुर्रा ये कि गंगोत्तरी के बाद से ही गंगा के जल में मानव निर्मित कारख़ानों का दूषित जल एवं मानव शरीर के कारख़ानों का प्रचुर मल बिना किसी सोच-विचार के छोड़ दिया जाता है। दुनिया की सबसे पवित्र नदी मैदानी इलाक़ों में पहुँचते न पहुँचते नहाने लायक भी नहीं बचती है। गंगा एवं यमुना के किनारे स्थित साल के घने जंगल लगभग पूरी

तरह से काट दिए गए हैं। गंगोत्तरी ग्लेशियर के आसपास के भोजवृक्ष तथा जुनिफर की झाड़ियाँ नेस्तनाबूद कर दी गई हैं। जिसके कारण यह इलाक़ा एक ठंडे रेगिस्तान में बदल गया है। जानकार लोगों के अनुसार गंगोत्तरी ग्लेशियर के तेज़ी से पिघलने का एक कारण यह भी है। कई बार मन होता है कि हर की पौड़ी पर बैठ, गंगा के जल में उँगलियाँ फिराते हुए उससे पूछूँ 'गंगा तू बहती है क्यूँ'।

यात्रा से परे

प्राकृतिक अल्टोमीटर

किसी एक इलाक़े में भी जैव विविधता एक जैसी नहीं रहती। स्थान, औसत बारिश एवं मानवों द्वारा किए जाने वाले हस्तक्षेप के अलावा अगर कोई चीज़ जैव विविधता पर असर डालती है तो वह है स्थान विशेष की समुद्रतल से ऊँचाई। ऊँचाई को मद्देनज़र रखकर हम हिमालय को निम्न श्रेणियों में बाँट सकते हैं—

सबट्रापिकल ज़ोन : गढ़वाल हिमालय में यह हिस्सा लगभग 1400 मीटर तक की ऊँचाई तक माना जाता है। जंगल विहीन यह क्षेत्र पूरी तरह से मानवों द्वारा उपयोग में लाया जाता है। नेपाल, मेघालय में आज भी इस ज़ोन में सुन्दर फूल और वृक्ष पाए जाते हैं, पर पश्चिमी हिमालय में यह हिस्सा अपना नैसर्गिक सौन्दर्य लगभग खो चुका है!

टेम्परेट जोन : यह वह क्षेत्र है जहाँ आज भी जंगल हैं। इस क्षेत्र में ओक, देवदार, भोज वृक्ष आदि बहुतायत में पाए जाते हैं। यह क्षेत्र लगभग 1400 से 3700 मीटर तक की ऊँचाई को घेरता है। जहाँ पेड़ ख़त्म होते हैं उस स्थान पर यह ज़ोन भी समाप्त होता है। इसी इलाक़े में घास-फूस, फूल, पक्षी, पतंगे, झरने आदि बहुतायत से मिलते हैं। यहाँ बारिश भी ख़ूब होती है, बर्फ़बारी कम।

एल्पाइन ज़ोन : यह ज़ोन ट्री-लाइन के ऊपर का क्षेत्र है जो कि स्नो-लाइन तक जाता है। स्नो-लाइन यानी जहाँ वर्ष भर बर्फ़ जमी रहती है! यह क्षेत्र 3700 मीटर से लगभग 4500 मीटर तक की ऊँचाई को घेरता है। इस क्षेत्र में बड़े-बड़े बुग्याल मिलते हैं तथा यही

क्षेत्र जड़ी-बूटियों का भंडार भी होता है। इस क्षेत्र के निचले हिस्से में जुनिफर नामक झाड़ियाँ पाई जाती हैं। इस क्षेत्र के उपरान्त सर्वदा बर्फ़ में दबे रहने वाला 'ज़ोन ऑफ़ परमानेंट स्नो' होता है, सारे बमक और नामी-गिरामी चोटियाँ यहीं होती हैं।

सन्दर्भ सूची

1. http://myyatradiary.blogspot.com/2011/04/other-places-to-visit-in-and-around.html.
2. http://www.guardian.co.uk/environment/2012/jan/03/trees-allies-against-climate-change.
3. Trekking in the Indian Himalaya, by Garry Weare, lonely Planet, 5th edition, 2009.
4. Flowers Of The Western Himalaya, Rupin Dang, Wilderness Films India, New Delhi.
5. Himalaya Through The Lens of a Sadhu, Swami Sunderanand, Tapovan Kuti Prakashan, Gangotri, Uttarkashi, 2001.
6. Pocket Guide to the Birds Of the Indian Subcontinent, Richard Grimmett, Oxford University Press, 2000.
7. सौन्दर्य की नदी नर्मदा, अमृतलाल वेगड़, मध्यप्रदेश हिन्दी ग्रन्थ अकादमी, भोपाल, 1999
8. जंगल रहे ताकि नर्मदा बहे, पंकज श्रीवास्तव, नर्मदा संरक्षण पहल, इन्दौर, 2007
9. भारतवर्ष का संक्षिप्त इतिहास, गुरुदत्त, भारतीय साहित्य सदन, नई दिल्ली, 1991
10. ज्योतिपुंज हिमालय, विष्णु प्रभाकर, अमरसत्य प्रकाशन, दिल्ली, 2011
11. The Six Mountain Travel Book, Eric Shipton, Bãton Wicks (London) and The Montaineers (Seatle).
12. Trek to Auden Col, Oct. 2008, http://achinmay.blogspot.in/2008/10/trek-to-audens-col-oct. 2008.html.
13. Footprints In The Rudra Valley, Himalayan journal 59, Lt. Col. A Abbey, 2003, http://www.himalayanclub.org/journal/footprints-in-the-rudra-valley/.
14. http://bharata.sulekha.com/blog/post/2008/10/a-himalayan-trekking-expedition-to-auden, Bharata B. Rao.
15. A Season's Work in The Central Himalaya, J.B. Auden, 1940, Himalaya Journal, vol viii, 1936, page 96;
http://www.himalayanclub.org/journal/a-seasons-work-in-the-central-himalaya/.
16. Antibiotics Can Cause Pervasive, Persistent Changes To Microbiota In Human Gut,
http://www.sciencedaily.com/releases/2008/11/081118121941.htm

17. Retreat of Glaciers since 1850, Wikipedia article. http://en.wikipedia.org/wiki/Retreat_of_glaciers_since_1850.
18. Himalayan glaciers advancing, despite global warming, Charu Dudan Kasturi, http://www.hindustantimes.com/India-news/NewDelhi/Himalayan-glaciers-advancing-despite-global-warming/Article1-654581.aspx.
19. Humans Have Ten Times More Bacteria Than Human Cells: How Do Microbial Communities Affect Human Health?, Science Daily June 5, 2008, http://www.sciencedaily.com/releases/2008/06/080603085914.htm.
20. Details of Ganga Basin, http://www.webline.co.in/gap_final/details.php?proID=7.
21. Status Paper On River Ganga, State of Environment and Water Quality, National River Conservation Directorate Ministry of Environment and Forests Government of India, August, 2009.
22. Biogas project under CDM, April, 2012, http://www.af-ecologycentre.org/cdm-biogas/cdm-biogas-project.asp.
23. Kalindi Khal Trek, Charanik's Weblog, http://charanik.wordpress.com/kalindi-khal-trek/.
24. Jadh Ganga Valley Trek, Following Harrer's tale, http://bameduniya.tripod.com/jadhganga.html.
25. Kalindi Khal- Pinnacle of Trekking, Sumanta Roy Chowdhury, http://www.indiatravelogue.com/adve/trek/trek33.html.
26. Tribute to Omkar Krishna Mazumdar, http://www.indiatravelogue.com/adve/trek/trek32.html.
27. Flowers of Himalaya, Oleg Polunin & Adam Stainton, Oxford University Press, 2009.
28. History of Early India From Origin to AD 1300, Romila Thapar, Penguin Books, 2002.
29. The Invincible Traveller, Editor Raj Thapar, Vikas Publishing House Pvt. Ltd, 1980.
30. Into The Thin Air, Jon Krakauer, Anchor Books-Doubleday, 1997.
31. Trekking-Great walks of the world, John Cleare, Unwin Hyman Limited, 1988.
32. Bhartiya Chronology 3228 BC to 1947 AD, www.thevedicfoundation.org.
33. Bhartiya Civilization after Mahabharat war and the Harappan culture, www.thevedicfoundation.org.
34. Report of the task force on the Mountain Ecosystem for Eleventh Five Year Plan, Planning Commission, Government of India, November, 2006.
35. Ganges in Hinduism, en.wikipedia.org.
36. Incidence of Oak Borers and Oak Mortality in Garwal Himalay, Arun P. Singh, Forest Entomology Division, Forest Institute, Dehradun.
37. Himalayas. The History Channel website. 2012. Available at : http://www.history.com/topics/himalayas. Accessed Jul 27, 2012.
38. आनन्द पंछी निहारने का, विश्वमोहन तिवारी, नेशनल बुक ट्रस्ट, इंडिया, 1998